轨道交通车辆关键零部件系列丛书之六

轨道交通齿轮箱
状态监测与故障诊断技术

GUIDAO JIAOTONG CHILUNXIANG ZHUANGTAI
JIANCE YU GUZHANG ZHENDUAN JISHU

主编\周平

西南交通大学出版社
Http://press.swjtu.edu.cn

图书在版编目（CIP）数据

轨道交通齿轮箱状态监测与故障诊断技术 / 周平主编. —成都：西南交通大学出版社，2012.10
（轨道交通车辆关键零部件系列丛书；6）
ISBN 978-7-5643-2001-0

Ⅰ. ①轨… Ⅱ. ①周… Ⅲ. ①轨道交通–齿轮箱–设备状态监测②轨道交通–齿轮箱–故障诊断 Ⅳ. ①U260.332

中国版本图书馆 CIP 数据核字（2012）第 230162 号

轨道交通车辆关键零部件系列丛书之六
轨道交通齿轮箱状态监测与故障诊断技术
主编 周 平

责 任 编 辑	李芳芳
特 邀 编 辑	赵雄亮
封 面 设 计	何东琳设计工作室
出 版 发 行	西南交通大学出版社 （成都二环路北一段 111 号）
发行部电话	028-87600564 028-87600533
邮 政 编 码	610031
网　　　址	http://press.swjtu.edu.cn
印　　　刷	四川森林印务有限责任公司
成 品 尺 寸	170 mm × 230 mm
印　　　张	18
字　　　数	322 千字
版　　　次	2012 年 10 月第 1 版
印　　　次	2012 年 10 月第 1 次
书　　　号	ISBN 978-7-5643-2001-0
定　　　价	35.00 元

图书如有印装质量问题　本社负责退换
版权所有　盗版必究　举报电话：028-87600562

序

随着高速铁路的快速发展，轨道交通越来越贴近人们的生活，轨道交通安全也越来越受到人们的关注。作为轨道交通关键零部件的齿轮传动系统，其安全性直接影响到列车的行车安全。如何检测其运行状况及对常见故障进行诊断，已经成为轨道交通安全需要研究解决的关键技术之一。

《轨道交通齿轮箱状态监测与故障诊断技术》是作者为机械行业特别是轨道交通业的工程技术人员以及相应专业人士撰写的一本工程应用类参考书籍。书中凝聚了作者多年从事轨道交通行业，参与状态监测与故障诊断的工作经验及研究成果。

本书针对性强，结合工程实践，全面、系统地对轨道交通齿轮箱状态监测与故障诊断进行了阐述，对直接从事轨道交通业的技术人员，是难得一见的良书益友。本书具有针对性的同时，也从设备的更高角度，系统总结了许多一般性知识，由对齿轮箱状态监测与故障诊断的一般流程可以类推到许多装备的诊断流程，具有一定的普遍性，不失为从事设备状态监测与故障诊断的技术人员的有价值的参考资料。

通过本书，可以了解、学习并掌握轨道交通齿轮箱状态监测与故障诊断技术；另一方面，本书对状态监测及故障诊断技术做了普遍性介绍，对于该技术在轨道交通设备的逐渐普及与广泛应用起着一定的积极意义。希望本书的出版能够在深入研究、广泛交流、大力推广诊断技术在轨道交通设备应用以及促进诊断技术学科的建设和发展等方面起到积极作用，为经济建设及轨道行业的发展作出有益贡献。

王奉涛
2012 年 5 月于大连理工大学

前　言

随着高速铁路的迅速发展，服役中的轨道装备数量激增。齿轮箱作为轨道装备驱动系统中的关键零部件之一，其故障或失效不仅会带来重大的经济损失，也会对轨道装备安全、平稳及正常运作带来巨大隐患，对社会及轨道行业造成不利影响。因此，对轨道交通齿轮箱的工作状态进行监测及故障诊断，以明确齿轮箱工作服役状况、判断其服役的安全性就显得十分重要。

设备工作状态监测及故障诊断技术是一门多学科交叉和融合的新型技术，现代微电子技术、检测技术、信息技术、计算机技术等为这一新型技术提供了先进的、多样化的技术手段，使之不断地完善和充实。近二三十年来，国内外对设备的监测、诊断技术的研究开发及应用异常活跃，多种诊断方法已在工厂中实际应用，取得非常良好的效果。

基于轨道交通齿轮箱状态监测及故障诊断的工作经验，编者在参考了一批设备故障诊断方面的专著和译著后，结合轨道交通自身的特点，编制本书。其主要内容如下：

第 1 章绪论部分，介绍了轨道交通齿轮箱的应用特点，并对轨道交通齿轮箱状态监测与故障诊断的意义进行了阐述，最后总结了其发展趋势；第 2 章总结了状态监测和故障诊断的常用术语；第 3 章介绍了轨道交通齿轮箱典型故障与振动噪声产生机理；第 4 章介绍了轨道交通齿轮箱典型故障振动信号特征；第 5 章介绍了目前轨道交通齿轮箱状态监测与故障诊断仪器；第 6 章介绍了轨道交通齿轮箱故障诊断方法；第 7 章介绍了故障诊断专家系统原理；第 8 章针对齿轮箱状态监测的评价标准进行了阐述；第 9 章描述了轨道交通齿轮箱状态监测与故障诊断流程；第 10 章介绍了轨道交通齿轮箱状态监测及故障诊断的具体应用实例；附录 A 中列举了几种常用的在线监测分析系统；附录 B 中介绍了风电齿轮箱振动分析案例。

第 1 章、第 4 章、第 7 章、第 9 章由陈维金执笔，第 2 章、第 5 章、第 8 章、第 10 章、附录由金思勤执笔，第 3 章、第 6 章由赵永强执笔。全书由周平负责审核及统稿。

本书的编写得到了南车戚墅堰机车车辆工艺研究所有限公司的大力支持，特别是王育权、王本涛、叶小芬、吴成攀和黎康康等为本书的编写与出版做了大量的工作，在此一并表示谢意。

由于编写人员较多，各人文风不一，加之本人的学术水平及工作经验有限，教材难免存在不妥之处，希望读者不吝指正。

编　者
2012 年 5 月

目 录

1 绪 论 ·· 1
  1.1 轨道交通齿轮箱的应用特点 ··· 1
  1.2 齿轮箱状态监测与故障诊断的意义和任务 ······················· 2
  1.3 齿轮箱状态监测与故障诊断的现状与发展趋势 ················· 3
  1.4 齿轮箱状态监测与故障诊断的常用方法 ·························· 6

2 状态监测和故障诊断的常用术语 ··· 12
  2.1 机械振动 ·· 12
    2.1.1 按时间历程及信号特点振动的分类 ······················· 12
    2.1.2 按动力学特点振动的分类 ···································· 17
  2.2 涡动和进动 ··· 18
  2.3 绝对轴振动和相对轴振动 ·· 19
  2.4 振 幅 ·· 20
    2.4.1 峰-峰值、单峰值、有效值 ··································· 20
    2.4.2 振动位移、振动速度、振动加速度 ······················· 21
    2.4.3 振动烈度 ··· 22
  2.5 频 率 ·· 22
    2.5.1 频率、周期 ··· 22
    2.5.2 工频、倍频 ··· 23
    2.5.3 故障特征频率 ·· 24
  2.6 相 位 ·· 25
    2.6.1 相位的定义 ··· 25

2.6.2　相位差、相对相位 ………………………………………… 26
　　　2.6.3　相位的应用 …………………………………………………… 27
　2.7　刚度、阻尼 ……………………………………………………………… 30
　　　2.7.1　刚　度 ………………………………………………………… 30
　　　2.7.2　阻　尼 ………………………………………………………… 30
　2.8　临界转速和共振 ………………………………………………………… 31
　　　2.8.1　临界转速 ……………………………………………………… 31
　　　2.8.2　共　振 ………………………………………………………… 33

3　轨道交通齿轮箱典型故障与振动噪声产生机理 …………………………… 34
　3.1　齿轮箱故障的主要形式 …………………………………………………… 34
　3.2　齿轮振动机理分析 ………………………………………………………… 36
　　　3.2.1　齿轮的简化振动模型 ………………………………………… 36
　　　3.2.2　齿轮的啮合刚度 ……………………………………………… 38
　3.3　齿轮啮合调制机理分析 …………………………………………………… 38
　　　3.3.1　齿轮振动信号的啮合频率及其各次谐波 …………………… 39
　　　3.3.2　齿轮振动信号的啮合频率调制现象 ………………………… 40
　3.4　齿轮箱噪声产生的机理 …………………………………………………… 45
　3.5　齿轮箱冲击振动的几种形式 ……………………………………………… 46
　3.6　齿轮箱轴承振动的产生与特点 …………………………………………… 47
　　　3.6.1　滚动轴承基本参数与特征频率 ……………………………… 47
　　　3.6.2　正常轴承的振动信号特征 …………………………………… 49
　　　3.6.3　故障轴承的振动信号特征 …………………………………… 50
　　　3.6.4　滚动轴承振动信号的分析频带选择 ………………………… 52

4　轨道交通齿轮箱典型故障振动信号特征 …………………………………… 54
　4.1　齿轮常见失效形式 ………………………………………………………… 54
　4.2　齿轮故障的特征信息 ……………………………………………………… 56
　4.3　典型故障振动信号特征 …………………………………………………… 58
　　　4.3.1　齿形误差 ……………………………………………………… 58

  4.3.2 齿轮均匀磨损 ··· 60
  4.3.3 断　齿 ··· 61
  4.3.4 齿轮不平衡 ··· 62
  4.3.5 轴不对中 ··· 63
  4.3.6 轴弯曲 ··· 64
  4.3.7 轴横向裂纹 ··· 65
  4.3.8 支承系统连接松动 ··· 67
  4.3.9 箱体共振调制 ··· 69
  4.3.10 轴承故障 ··· 69

5 轨道交通齿轮箱状态监测与故障诊断仪器 ··· 71
 5.1 传感器 ··· 71
  5.1.1 压电式加速度传感器 ··· 71
  5.1.2 磁电式速度传感器 ··· 75
  5.1.3 电涡流传感器 ··· 77
  5.1.4 传感器的选用原则 ··· 78
 5.2 简易振动监测仪器 ··· 79
  5.2.1 SKF简易式测振笔 ··· 80
  5.2.2 盛迪振通测振表 ··· 81
 5.3 简易噪声测试仪 ··· 82
  5.3.1 传声器 ··· 82
  5.3.2 声级计 ··· 82
 5.4 在线监测分析系统 ··· 83

6 轨道交通齿轮箱故障诊断方法 ··· 85
 6.1 轨道交通齿轮箱振动信号处理方法 ··· 85
  6.1.1 振动信号的分类 ··· 86
  6.1.2 振动信号时域处理方法 ··· 88
  6.1.3 振动信号频谱分析方法 ··· 93
  6.1.4 振动信号倒频谱分析 ···109

6.1.5 振动信号细化谱分析 ……………………………………………110
6.1.6 振动信号解调分析 …………………………………………… 112
6.1.7 振动信号小波分析 …………………………………………… 113
6.1.8 振动信号启停机分析 ………………………………………… 114
6.2 轨道交通齿轮箱模态分析 …………………………………………… 116
6.3 轨道交通齿轮箱噪声分析 …………………………………………… 118
6.4 轨道交通齿轮箱滚动轴承故障诊断方法 ……………………………118
6.4.1 低频信号接收法 ……………………………………………… 120
6.4.2 包络分析法 ……………………………………………………120
6.4.3 冲击脉冲法 ……………………………………………………121
6.4.4 尖峰能量法 ……………………………………………………122
6.5 故障程度的评估 ……………………………………………………… 123
6.6 故障部位的诊断 ……………………………………………………… 125
6.7 故障趋势的预测 ……………………………………………………… 126

7 故障诊断专家系统原理 ……………………………………………………127
7.1 故障诊断专家系统概述 ……………………………………………… 127
7.1.1 专家系统与人工智能 ………………………………………… 127
7.1.2 设备故障诊断专家系统特点 ………………………………… 128
7.1.3 专家系统的几个概念 ………………………………………… 128
7.2 专家系统的基本结构及功能 ………………………………………… 130
7.2.1 专家系统的基本结构 ………………………………………… 130
7.2.2 专家系统各部分功能 ………………………………………… 131
7.2.3 设备故障诊断专家系统 ……………………………………… 133
7.3 设备故障的灰色诊断技术 …………………………………………… 134
7.3.1 基本概念 ……………………………………………………… 135
7.3.2 灰色关联度及其故障诊断技术 ……………………………… 136
7.4 设备故障的模糊诊断技术 …………………………………………… 141
7.4.1 模糊集合的基本概念 ………………………………………… 142
7.4.2 基于模糊变换的故障诊断技术 ……………………………… 145

7.4.3 基于模糊综合决策的故障诊断技术 ························147

7.4.4 灰色诊断与模糊诊断的比较 ································148

8 齿轮箱状态监测评价标准 ··150

8.1 建立标准的方法 ··150

8.2 齿轮箱振动评价标准 ··151

8.2.1 轴承座振动评价标准 ····································152

8.2.2 转轴振动评价标准 ·······································165

8.3 齿轮箱噪声评价标准 ··171

8.3.1 声强法测量标准 ··173

8.3.2 声压法测量标准 ··176

8.3.3 声功率级评价标准 ·······································178

9 轨道交通齿轮箱状态监测与故障诊断流程 ···················184

9.1 状态监测及故障诊断的流程及任务 ·······················184

9.2 齿轮箱基本参数获取 ··185

9.2.1 齿轮箱系统简图 ··186

9.2.2 整合齿轮箱故障及维修记录 ···························186

9.2.3 现场技术人员的信息输入 ······························186

9.3 齿轮箱特征频率分析 ··188

9.4 振动监测系统数据库设置 ··································189

9.4.1 建立齿轮箱故障诊断程序树型结构 ··················190

9.4.2 建立机器图 ··191

9.4.3 数据库设置 ··192

9.5 振动监测系统搭建 ···198

9.6 振动信号采集及故障分析 ··································201

9.6.1 振动信号采集 ···201

9.6.2 故障分析 ···204

10 轨道交通齿轮箱状态监测及故障诊断应用实例 ………… 208

10.1 地铁齿轮箱振动分析案例 ………… 208
10.1.1 地铁齿轮箱振动试验 ………… 208
10.1.2 振动试验结果及分析 ………… 209
10.1.3 地铁齿轮箱振动特征 ………… 217

10.2 动车组齿轮箱振动分析案例 ………… 217
10.2.1 概 述 ………… 217
10.2.2 参数计算 ………… 218
10.2.3 试验结果 ………… 220
10.2.4 结果分析 ………… 226

10.3 地铁齿轮箱模态分析 ………… 226
10.3.1 概 述 ………… 226
10.3.2 齿轮箱基本结构 ………… 227
10.3.3 模态试验理论 ………… 228
10.3.4 箱体模态测试和分析 ………… 229

附录 A 在线监测分析系统 ………… 236

A1 SKF ………… 236
A1.1 SKF IMX-P 测试系统 ………… 236
A1.2 SKF@ptitude Observer 分析软件 ………… 238

A2 LMS ………… 238
A2.1 LMS SCADAS 数据采集前端 ………… 239
A2.2 Test. Lab Desktop-Standard 分析软件 ………… 242

A3 NI ………… 243

A4 B&K ………… 246
A4.1 LAN-XI——新一代采集硬件 ………… 246
A4.2 PULSE Reflex 软件 ………… 249

A5 Commtest ………… 251

A6 CRYSTAL instruments（CI） ………… 254

A7 东 华 ………… 257

附录 B 风电齿轮箱振动分析案例 ·· 260
  B1 齿轮箱故障类型及振动频率组成部分 ··· 260
    B1.1 故障类型 ··· 260
    B1.2 振动频率组成部分 ··· 261
  B2 风电增速齿轮箱特征频率 ·· 261
    B2.1 齿轮特征频率 ·· 261
    B2.2 轴承缺陷特征频率 ··· 262
  B3 风电增速齿轮箱振动测试及分析 ··· 263
    B3.1 共振点扫描分析 ·· 263
    B3.2 加速度信号分析 ·· 265
    B3.3 速度信号分析 ·· 267
    B3.4 拍频振动分析 ·· 269
  B4 结果分析 ·· 270

参考文献 ··· 272

1 绪　论

1.1　轨道交通齿轮箱的应用特点

　　近年来，在国家宏观政策的指引下，铁路行业进入快速发展时期。全国先后建设了武广高铁、郑西高铁、沪宁高铁、京沪高铁等多条高速铁路客运专线，同时轨道交通事业也迅猛发展，全国有20多个城市相继获批开工轨道交通建设。高速铁路和轨道交通的迅速发展，给铁路机车车辆装备制造业带来了新的契机。

　　目前轨道交通工具主要有地铁、轻轨、市郊铁路、有轨电车以及悬浮列车等多种类型，其中以地铁最为常见。高速铁路指的是运营时速200公里及以上的铁路线路，目前主要包括时速200公里及以上的客运专线及城际快速铁路等。

　　铁路机车车辆由于在轨道上运行，其走行特点和传统的交通车辆区别很大但高速铁路和轨道交通车辆存在一定的相似性。下面以轨道交通车辆中的地铁车辆为例，介绍铁路机车车辆的主要特点。地铁车辆是一种电传动动车组，即是以电力传动方式来实现能量转换及传递的机车。和其他公共交通相比，地铁具有以下特点：占地少，运能大，输送能力是公路交通输送能力的近10倍；每一单位运输量的能源消耗量少，因而节约能源；采用电力牵引，对环境的污染小。在轨道交通车辆的运行过程中，频繁的启动与制动，加上众多的弯道，运行条件十分恶劣，轮对和轨道间冲击振动，转向架一系、二系悬挂振动，齿轮箱与转向架间的冲击振动，电机振动等非平稳振动普遍存在。这种普遍存在的异常振动冲击可能造成比较大的危害：一方面，严重影响旅客乘坐舒适性；另一方面，容易导致车辆零部件松动或者过早疲劳损坏，对轨道交通车辆的安全运行构成潜在威胁。北京交通大学夏禾等认为，在地铁系统中，地铁车辆（包括车辆跳动、车轮在钢轨上的滚动、车辆侧滑等对轨道的附加脉动冲击）、车轮（包括车轮不同心、轮对不平衡、车轮表面的缺陷、轴载荷过重等都会增加振动的扰动）和轨道系统（包括钢轨非均匀支承、钢轨接缝、不同道砟道床支承、枕木下局部间隙等轨道影响所增加的振动扰动）三者的动力相互作用产生振动，并通过结构（隧道基础和衬砌或桥梁的墩台及其基础）传递到周围的地层，进而通过土壤向四周传播，诱发了附近地下结构以及建筑物（包括其结构和室内家具）的二次振动。可以说，车辆振动是监测车辆运行状况的重要因素，通过监测振动能快速掌握车辆及各部件的工作状况，同时在对振动信号进行深入分析后还能为排除故障提供依据，此外，在车辆设计阶段，振动分析结果也是一项重要参考资料。

1.2 齿轮箱状态监测与故障诊断的意义和任务

齿轮箱是轨道交通车辆的关键部件，其自身容易产生不平稳振动并可通过转向架传递振动，属于故障多发件。一旦齿轮箱出现故障，将直接威胁到轨道交通车辆的安全运行，因此，对轨道交通齿轮箱的典型故障进行分析研究具有重大意义。

齿轮箱一般为多轴系统，安装隐蔽、结构复杂、难于拆卸，工作环境一般比较恶劣，在工作过程中，由于存在多对齿轮和滚动轴承同时工作的情况，频率成分多且复杂，各种干扰较大，加之测试条件的限制，故障诊断难度相当大，所以，在状态监视和故障诊断过程中，若条件允许，应采用多种方法来进行综合诊断。

齿轮箱的状态监测及故障诊断是建立在多个学科基础上的交叉学科，它综合了机械、力学、电子、数学、物理、计算机等学科的精华，具有工程应用性强、技术基础可靠、与高新技术发展密切相关的特点。采用这一先进技术对齿轮箱进行状态监测与故障诊断，可实现齿轮箱由事后维修、定期维修到视情维修的根本转变，减少一些不必要的经济损失，从而创造更大的经济效益和社会效益，具有重大的意义。

状态监测与故障诊断的任务主要有：

（1）提供齿轮箱状态的准确描述。在正常运行时，判断出主要零部件的劣化程度，为齿轮箱的检修提供针对性的依据。当齿轮箱发生故障时，反映故障的位置、造成故障的零部件及故障的程度，为是继续运行还是拆解检修提供决策依据。

（2）反映被监测齿轮箱的运行状态并对异常状况发出警告。通过监测与诊断系统对齿轮箱进行监测，并通过与正常状态的特征值比较，判断是否发生异常，若发现或判定异常，则提出故障警告。

（3）预测齿轮箱状态的发展趋势。通过对齿轮箱状态特征参数的时间历程的趋势分析，描绘出状态特征参数的时间历程曲线和趋势拟合方程曲线，对齿轮箱状态发展进行预测，以提供制订齿轮箱后期大修内容的依据，避免欠维修或过维修现象发生。

1.3 齿轮箱状态监测与故障诊断的现状与发展趋势

诊断技术发展几十年来，产生了巨大的经济效益，成为各国研究的热点。从诊断技术的各分支技术来看，目前美国处于领先地位。美国的一些公司，如 Bently、HP 等，他们的监测产品基本上代表了当今诊断技术的最高水平，不仅具有完善的监测功能，而且具有较强的诊断功能，在航天、军事、化工等方面具有广泛的应用。美国西屋公司的三套人工智能诊断软件（汽轮机 TurbinAID、发电机 GenAID、水化学 ChemAID）对其所产机组的安全运行发挥了巨大的作用。另外，还有美国通用电器公司研究的用于内燃电力机车故障排除的专家系统 DELTA，美国 NASA 研制的用于动力系统诊断的专家系统，Delio Products 公司研制的用于汽车发动机冷却系统噪声原因诊断的专家系统 ENGING COOLING ADCISOR 等。近年来，由于计算机特别是便携式计算机的迅速发展，基于便携式计算机的在线、离线监测与诊断系统日益普及，如美国生产的 M6000 系列产品应用非常广泛。

英国于20世纪70年代初成立了"机器保健与状态监测协会",到了20世纪80年代初,它在发展和推广设备诊断技术方面做了大量的工作,起到了积极的促进作用。英国曼彻斯特大学创立的沃森工业维修公司和斯旺西大学的"摩擦磨损研究中心"在诊断技术研究方面都有很高的声誉。英国原子能研究机构在核发电方面,利用噪声分析对炉体进行监测以及对锅炉、压力容器、管道进行无损检测等,起到了英国故障数据中心的作用。目前英国在摩擦磨损、汽车、飞机发动机监测和诊断方面仍具有领先的地位。欧洲国家的诊断技术发展各具特色,如瑞典 SPM 公司的轴承监测技术,AGEMA2 的红外热像技术,挪威的船舶诊断技术,丹麦 B&K 公司的振动、噪声监测技术等都各有千秋。

日本在钢铁、化工等民用工业中的诊断技术占有优势。东京大学、东京工业大学、京都大学、早稻田大学等高等学校着重基础性理论研究,而其机械技术研究所、船舶技术研究所等国立研究机构重点研究机械基础件的诊断,三菱重工等民办企业在旋转机械故障诊断方面开展了系统的工作,所研制的"机械保健系统"在汽轮发电机组故障监测和诊断方面已经起到了有效的作用。

我国诊断技术的发展始于20世纪70年代末,而真正的发展是从1983年的南京"首届设备诊断技术专题座谈会"开始。我国诊断技术虽起步较晚,但经过近几年的努力,加上有关部门多次组织外国诊断技术专家来华讲学,已基本跟上了国外诊断技术的步伐,在某些理论研究方面已和国外不相上下。目前,我国在一些特定设备的诊断研究方面很有特色,形成了一批自己的监测诊断产品。全国各行业都很重视在关键设备上装备故障诊断系统,特别是智能化的故障诊断专家系统,如在电力系统、石化系统、冶金系统以及高科技产业中的核动力电站、航空部门和载人航天工程等系统上安装。工作比较集中的是大型旋转机械故障诊断系统,已经开发了20种以上的机组故障诊断系统和十余种可用来做现场故障诊断的便携式现场数据采集器。透平发电机、压缩机的诊断技术已列入国家重点攻关项目并受到高度重视。西安交通大学的"大型旋转机械计算机状态监测与故障诊断系统",哈尔滨工业大学的"机组振动微机监测和故障诊断系统",东北大学设备诊断工程中心的"轧钢机状态监测诊断系统"、"风机工作状态监测诊断系统"均取得了可喜的成果。

纵观我国的设备诊断技术现状,其应用范围集中在化工、电力、冶金等行业,科研则主要集中在高校进行,如西安交通大学、华中理工大学、清华大学、上海交通大学、东北大学、哈尔滨工业大学等都成立了颇具实力的诊断工程中心。目前,全国性的设备诊断会议仅中国振动工程学会故障诊断分会已举办过 5 次以上,各种国际会议也举办过数次。这对我国的诊断技术的发展起到了巨大的推动作用。

齿轮箱故障诊断技术作为设备故障诊断技术的分支也正在日益发展,它是一门多学科综合技术,涉及动态信息处理、计算机、人工智能等众多领域。齿轮箱状态监测和故障诊断最常用的方法是振动噪声诊断。齿轮箱中的轴、齿轮和轴承在工作时会产生振动,若发生故障,其振动噪声信号的能量分布就会发生变化,振动噪声信号是齿轮箱故障特征的载体。对振动噪声状况进行分析,可实现不停机操作状态下的故障诊断,大大减少由于停机所造成的经济损失,而且基于振动噪声分析的故障诊断系统性能可靠,价格便宜,操作简单、方便。所以,振动噪声诊断是一种行之有效的故障诊断方法,在我国及世界范围内得到了广泛的应用。振动噪声诊断又可分为简易、精密和自动诊断三种方法。由于齿轮箱振动频率复杂,需要定位诊断故障,所以工程实际中大多需要进行精密诊断,精密诊断方法在近年来也有很快的发展。目前我国齿轮箱故障诊断仍然以人工分析为主,现有的仪器和分析系统仅仅为我们提供了必要的手段,但对人的依赖程度较大。国内外通用的能综合诊断齿轮箱故障、实用简便的自动诊断或智能诊断系统很少,研制一套通用的齿轮箱故障自动诊断或智能诊断系统可以填补该领域空白。

近年,用于齿轮箱状态监视和故障诊断的信号处理和分析方法也取得了相当大的发展,传统的分析方法,如时域波形分析、转速同步分析、功率谱分析、细化谱分析、相关分析、相干分析、倒频谱分析、解调分析、瀑布图、伯德图中的很多方法的精度和速度在近些年得到了很大的提高和发展。一些较新的信号处理方法,如 Wigner-Ville 分布技术、小波分析、循环平稳理论解调分析和希尔伯特-黄变换解调等时频分析方法已开始得到应用,并取得了一定的效果,出现了一些新的分析方法。例如,Glenn White 研究了诊断齿轮故障的同步时域平均方法,并成功地将其应用于某大型工厂的两级齿轮传动系统中;成琼等提出了一种基于高斯调频小波变换诊断齿轮故障的新方法,它具有比小波变换及其他时频分析方法更强的非平稳信号分析功能;林京研究了机械动态信号的小波处理技术,并取得一定的效果;唐德尧研究了共振解调故障诊断技术的主要特性,并将该技术应用于铁路机车、客车车辆走行部件的故障诊断中。

目前的齿轮箱故障诊断研究主要集中在齿轮箱状态监测仪器和分析系统的开发、信号处理和分析、故障机理研究和典型故障特征的提取、诊断方法研究和人工智能的应用等几个方面。

由于齿轮箱的结构复杂,工作条件多样,诊断中涉及的问题较多,现有的故障诊断系统都不同程度地存在着一些问题,主要体现在以下几个方面:

(1)对轨道交通齿轮箱故障和振动产生机理研究不够透彻,没有系统的研究。要建立完整的数学力学模型来进行定量分析存在着相当大的困难。

(2)目前,一般将齿轮箱作为一个线性系统进行研究,但实际研究和工程实践表明,齿轮箱的振动涉及很多非线性因素。

(3)用于齿轮箱故障诊断的专家知识库很缺乏,知识库可靠性和推广性差,很多诊断实例无法表达成通用的知识规则。

从以上分析可知,研究有效的诊断方法,多种方法的融合诊断,分析故障机理、建立数学模型,研究非线性振动问题,构造专家知识库,进行人工智能、模式识别和神经网络方面的探索,是当前齿轮箱故障诊断的主要发展方向。

1.4 齿轮箱状态监测与故障诊断的常用方法

当前设备的故障诊断方法很多,传统的诊断方法包括振动检测技术、油液分析技术、噪声检测技术、红外测温技术、声发射技术以及无损检测技术等。数学诊断方法包括基于贝叶斯决策判据以及基于线形与非线形判别函数的模式识别方法、基于概率统计的时序模型诊断法、基于距离判据的故障诊断法、模糊诊断原理、灰色系统诊断法、故障树分析法、小波分析法以及混沌分析与分形几何法等。智能诊断方法包括模糊逻辑、专家系统、神经网络、进化计算方法等。

（1）振动分析法。

振动分析法是对设备的振动进行信号采集、处理和分析后，根据获得的振幅、频率、相位及其他相关图谱，对设备所进行的状态及故障分析。

振动分析法是旋转机械状态监测与故障诊断中运用最广泛、最有效的方法，是当前各种监测技术中的主要方法，其原因如下：

① 在旋转机械中，发生振动故障的概率最高，振动故障引起的设备损坏率最高，振动故障造成的设备损坏程度最严重；

② 振动信号含有的状态信息量最大，它既含有转子、轴承、联轴器、齿轮、壳体、基础、管线等机械部件自身状态的信息，又含有转速、流量、压力、温度、介质组分、油温等运行参数影响运行状态的信息，因为机械零部件或运行参数的异常变化，都会引起振动增大；

③ 振动信号易于拾取，不会影响设备运行，又易于转换为电信号，处理成多种能够反映故障状态的信息图谱，实行在线监测和诊断。

振动分析法能够对旋转机械的各种故障进行准确诊断。例如，转子不平衡、轴弯曲、轴系不对中、轴承工作不稳定、摩擦、松动、轴横向裂纹、支承刚性差、旋转失速及喘振、油膜涡动及油膜振荡、流体压力脉动、气隙激振、电磁力激振、齿轮故障、滚动轴承故障、皮带轮偏心，等等。

（2）扭振分析。

扭振分析也是齿轮箱状态监测和故障诊断的方法之一。在齿轮箱故障诊断中，常常采用箱体的振动信号进行分析处理，但是由于箱体振动信号中包含了各齿轮的啮合振动信号以及整个机器系统中其他振动的响应，并且在振动传递到测点的过程中有较大的衰减和畸变，因此将待诊断的齿轮啮合振动信号从很强的噪声中分离出来是较困难的；而利用从齿轮传动系统的回转信号波动中得到的扭振形式振动信号进行分析，则可以避免以上利用箱体振动信号分析所带来的困难，这是因为采用扭振信号分析，从故障激励到扭振信号之间变换的传递过程，比同样激励到箱体振动之间的过程要简单得多，而且扭振信号不像横向振动信号那样容易受到其他振源产生的振动干扰，所以扭振信号对于故障更加敏感，信噪比高，较适合应用于早期的故障发现。但是扭振测试分析要在测试过程中在轴系中安装扭振传感器，所以测试过程复杂，有些齿轮箱甚至无法安装测试。

（3）油液分析。

油液分析也是齿轮箱故障诊断的一种方法。利用油液分析进行故障诊断是建立在齿轮箱中产生故障的摩擦副材料不同和磨粒大小、数量和形状不同的基础上的。齿轮箱在工作过程中，齿轮和滚动轴承各摩擦副都会产生摩擦，使摩擦副材料的磨粒发生脱落而进入润滑油中。磨损的程度不同，进入润滑油中的磨粒的数量、大小和形状是不同的，通过油液中的化学元素成分分析或油液中磨粒的数量、大小和形状分析，可以监测和诊断齿轮箱的故障。油液分析法分两种，一种是润滑油油液本身性能的理化分析，另一种是对油中所含微小磨损金属颗粒所进行的铁谱分析和光谱分析。

通过对润滑油油液的黏度、闪点、酸值、破乳化度、灰分、残碳、凝固点、极压性、机械杂质、水分、锈蚀试验、抗氧化安全性等主要性能指标的检验分析，可以准确掌握润滑油本身的性能信息，也可以大致了解轴承、密封等工作状况。

利用颗粒计数、铁谱分析、光谱分析技术，还有简单、粗线条的磁旋塞技术，对油液中的磨损颗粒进行监测，可以掌握轴承、齿轮、气缸、活塞环、十字头、连杆、齿式联轴器等摩擦副的磨损状态，并进行相应的故障诊断。

磨损机理表明：正常磨损的磨粒为鱼鳞状，表面光滑，周边圆滑，长 $0.5 \sim 10 \, \mu m$（通常小于 $5 \, \mu m$），厚 $0.15 \sim 1 \, \mu m$，长厚比为 $3 \sim 10$；异常磨损的磨粒，由于产生的原因不同分别为带状、球状、晶体型层状、螺旋状、弯曲状等，表面有划痕，周边不圆滑或有锐利的棱边，尺寸变大（除滚动轴承疲劳磨损的球状磨粒直径为 $1 \sim 5 \, \mu m$ 外），均大于 $5 \, \mu m$，多数为 $20 \sim 100 \, \mu m$，长厚比变小。机器产生异常磨损后，油液中大颗粒的数量（即浓度）增多。

根据磨损机理，磨粒分析的基本思路为：

① 磨粒的大小和大磨粒的浓度，反映了磨损的程度；

② 磨粒的形貌，反映了磨损的原因；

③ 磨粒的成分，反映了磨损的零部件。

光谱分析能迅速、准确地测定出油液中几十种元素的成分及含量（有效范围是 0.1~10 μm 的颗粒，大于 2 μm 时准确性明显降低），便于确定磨损异常的零部件，对使用者无专业要求，在一些行业得到广泛应用；但是，光谱分析不能检测大、小磨粒的浓度和形貌，即难以确定磨损的程度和原因。

铁谱分析对磨粒的元素不能定量，对非铁磁性磨粒的检测效果也欠佳，但是，铁谱分析能对金属磨粒进行元素定性，能显示磨粒的尺寸和形貌，能对磨粒进行计数，即显示大、小磨粒各自所占的浓度，测定有效范围为 1~100 μm，这正是磨损过程中产生磨粒的范围。因此，铁谱分析能够提供机器产生磨损的程度、原因、部位，比光谱分析得到了更为广泛的应用。

铁谱分析技术的具体方法是：

① 定量分析。由铁谱仪进行颗粒计数，其原理是：让油液流过位于梯度磁场中的一块玻璃片或玻璃管，油中的磨粒按其粒度的大小有序地分离并沉积下来，由光密度计等测出象征大、小磨粒数量的读数 D_L、D_S，即大、小磨粒的浓度。铁谱仪有分析式、直读式、旋转式和在线式，其中，分析式铁谱仪由制谱仪、光密度读数器、铁谱显微镜组成成套测试系统。

② 定性分析。先用铁谱显微镜区分金属与化合物：铁谱显微镜的红色反射光源和绿色透射光源分别照射到谱片上的磨粒，由于金属吸收绿光而反射红光，呈红色，化合物透射绿光而呈绿色，可初步判断磨粒的种类。然后用加热分析法对金属进行区分：铁系金属按照加热时回火颜色加以区分；有色金属中，铜有特定红黄色，易被识别，铅、锡合金加热后生成的氧化膜在白光照射下呈黑色，铝、铬、银、钛、镉、镁、钼、锌等白色金属，可以酸碱侵蚀后加以鉴别。

③ 形貌分析。使用铁谱显微镜对磨粒的形状、表面及周边、尺寸大小进行观察与分析，通过磨粒的形貌判断磨损的类型以及磨损的状态，查找磨损原因。铁谱显微镜的最高放大倍数约为 1 000 倍，可以观察到微米级磨粒的形貌。此外还有扫描电镜，不仅可以更细微地观察磨粒形貌，配有 X 射线时，还可以分析磨粒的成分，但分析程序复杂。

(4)温度监测法。

在转速和负荷相同的情况下,对轴承座的温度进行监测是状态监测及故障诊断的一种有效的方法。温度的变化反映了安装在这个轴上的齿轮和滚动轴承的劣化和故障程度。但是这种诊断方法的缺点是测点一定要在轴承座上或非常靠近轴承座的位置,否则故障初期温度的变化就不灵敏。这就要求在轴承座上预先安装温度传感器,但这一点在很多场合是无法实现的。

温度监测可分为直接测量和热红外分析两种。

温度的直接测量,是用膨胀式温度计以及热电阻、热电偶等接触式测温传感器或其他非接触式传感器来直接测量温度,如机器进出口处工作介质温度、润滑油油温、轴承温度、电机定子绕组温度等。对于旋转机械的轴承,尤其是高速滑动轴承,轴承温度监测非常必要。美国石油学会 API 标准规定,滑动轴承进出口润滑油的正常温升应小于 28 ℃,轴承出口处的最高油温应小于 76 ℃。另外,用铂电阻在距轴承合金约 1 mm 处测量瓦块温度时,一般不应超过 110~115 ℃。由于具体测量的方法、位置等各不相同以及温度反应往往滞后,因此应具体情况具体分析。

热红外测量分析仪器有:红外测温仪、红外热像仪和红外热电视,主要用于对设备温度进行远距离、非接触测量。红外测温仪是测量物体表面某一点的温度,测温简单、快捷,尤其适用于人手不太方便达到的部位,近年来已得到广泛应用。红外热像仪和红外热电视可以实时、大范围地显示物体的二维、三维热图像,把看不见的物体热分布状态转变为可见光图像,通过将异常状态下的设备热图像与正常状态时的热图像相比较,就可以做出设备是否发生故障以及故障具体部位的判断。对于大型、特大型设备,想通过温度变化来了解和分析设备有无故障,红外热像仪和红外热电视的优势就更加突出。

(5)轴位移监测法。

旋转机械绝大多数的转子,由于结构上的原因都会受到轴向力的作用而产生轴向位移。例如,叶轮两侧流体压差产生的轴向力,斜齿轮螺旋角产生的轴向力,汽轮机叶片反动度产生的轴向力,螺杆、齿轮两侧端面流体压差产生的轴向力,电机磁力中心线不居中产生的轴向力,等等。在某些非正常的工况下,转子会因轴向力过大而引起推力轴承磨损,或者推力轴承因装配不当或润滑不良而磨损，推力轴承磨损后转子端面与隔板或缸体将发生强烈摩擦，事故一旦发生往往都是灾难性的。因此，大型旋转机械需要配置位移传感器对轴位移进行监测。

汽轮机在开车和停车过程中，会因转子与缸体受热和冷却不均而产生差胀，转子热容量小，胀得快，缸体热容量大，胀得慢，膨胀不同步会使原有间隙变小，甚至消失，转子就会与缸体发生摩擦。因此，大型汽轮机需要配置位移传感器来监视差胀。

此外，轴位移监测技术还被用于往复式机械，通过监测活塞杆的横向位移，即活塞杆下沉，来监测活塞环及活塞支承环的磨损量，以防拉缸或打量不足。

（6）其他。

在相同的转速和负荷情况下，通过监测功率变化情况来诊断齿轮箱是否发生故障和异常也是一种有效方法。但这种诊断方法一般不能诊断故障产生的部位和原因，只能诊断有无异常和故障，通常作为一种辅助诊断手段。

2 状态监测和故障诊断的常用术语

2.1 机械振动

机械振动是指物体相对于平衡位置所作的往复运动,简称振动。例如,机器箱体的颤动、管线的抖动、叶片的摆动等都属于机械振动。振动一般用基本参数,即"振动三要素"——振幅、频率、相位——加以描述。

2.1.1 按时间历程及信号特点振动的分类

按振动的历程及信号特点,振动可分为确定性振动和随机振动两大类。两大类更细的分类如图 2.1 所示。

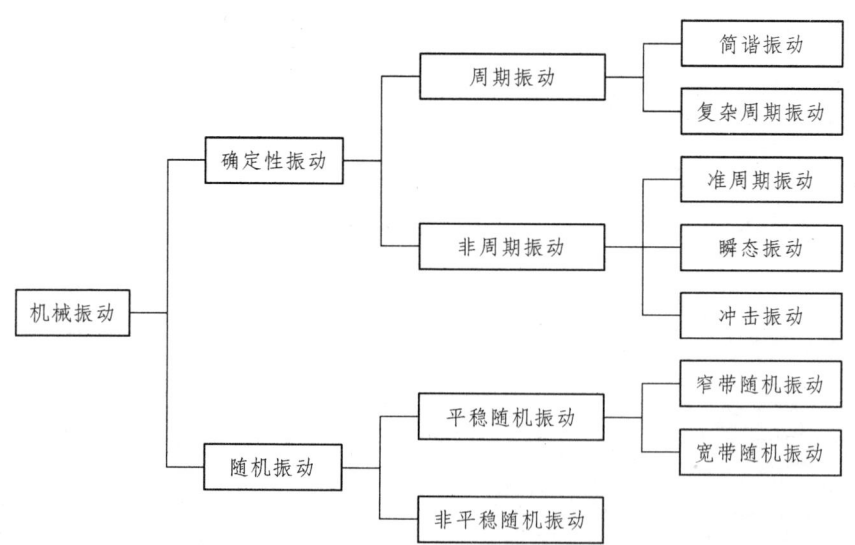

图 2.1 按振动时间历程及信号特点分类

2.1.1.1 确定性振动

确定性振动是指可以用确定的时间函数进行精确描述的振动类型。其中，组成周期振动和准周期振动的都是简谐波，可以通过傅里叶级数变换展开进行频谱分析，所得的频谱谱线是离散的；瞬态振动和冲击振动可由傅里叶积分进行变换，所得的谱线是连续的。

（1）简谐振动。

简谐振动是指振动的历程按正弦函数变化的振动，简谐振动是最简单的振动，波形为正弦波，频率成分单一，在频谱图上只有一根谱线，如图 2.2 所示。

一般情况下，主要由不平衡引起的振动可以近似地认为是简谐振动。

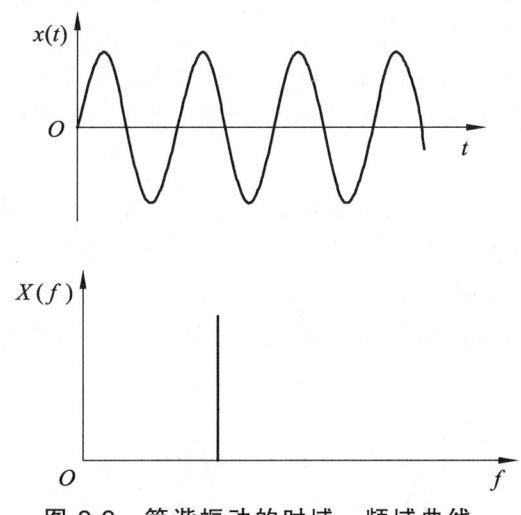

图 2.2 简谐振动的时域、频域曲线

（2）周期振动。

周期振动是指经过一定时间间隔，振动历程能够完全重复的振动。周期振动是由若干谐波迭加组成的振动，波形不再是正弦波，但显现周期性，即波形的重复性好，在频谱图上为若干根频率间隔成比例的离散谱线，如图 2.3 所示。

一般情况下，主要由不平衡和不对中所组成的振动可视为周期振动。

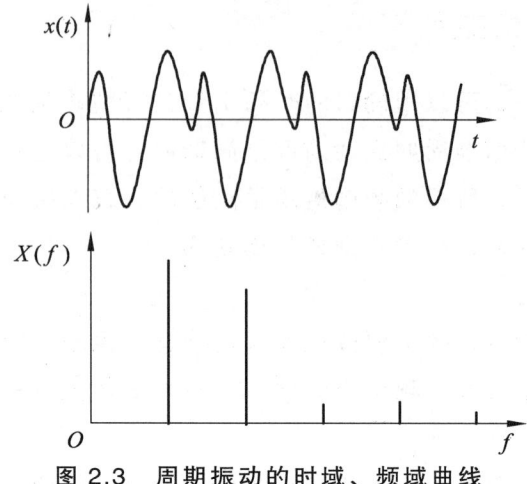

图 2.3　周期振动的时域、频域曲线

周期振动的频率称为基波频率，它是各谐波频率的最大公约数，基波频率在频谱图上不一定能直接反映出来。例如，谐波频率为 50 Hz、75 Hz、100 Hz 时，频谱图上找不到 25 Hz 的基波频率。而周期振动基波频率的倒数则是完成一个振动循环过程所需的时间，即振动周期。

（3）准周期振动。

准周期振动是由若干频率不成公倍数的简谐振动合成的振动。准周期振动属于非周期振动，由于组成振动的各振动分量不再都是谐波，因此波形不显周期性，在频谱图上为若干根谱线之间的间隔不成比例的离散谱线，如图 2.4 所示。例如，由摩擦、松动、油膜涡动、气隙激振等引起的振动可视为准周期振动。

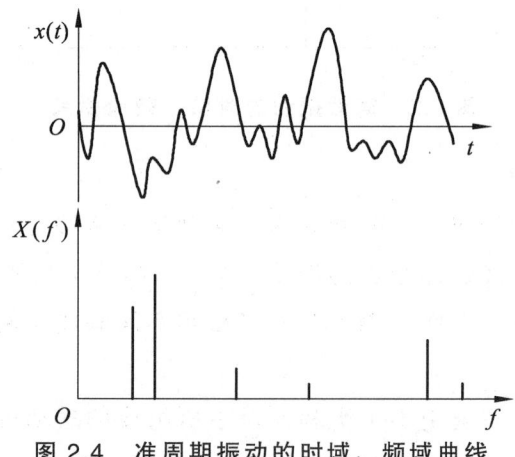

图 2.4　准周期振动的时域、频域曲线

（4）瞬态振动。

瞬态振动是一种短暂的、衰减的非周期振动。

瞬态振动的特点：能量释放过程的持续时间很短，但所包含的能量却很大。

瞬态振动的波形为减幅正弦波，有若干往复振荡的周期，振幅随时间衰减，频谱图上显示的是有一定带宽的连续谱，如图2.5所示。

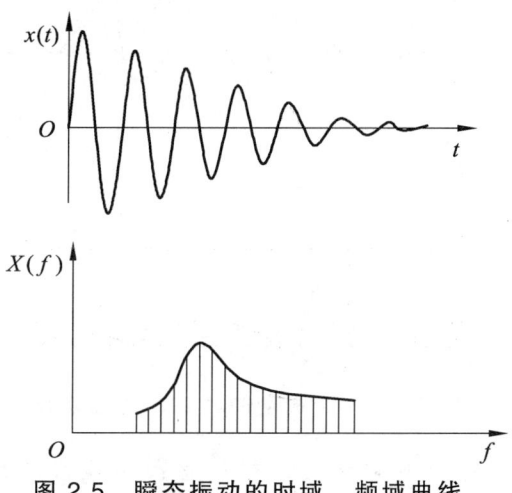

图2.5　瞬态振动的时域、频域曲线

连续谱峰尖位置处即为瞬态振动的频率，峰高取决于系统刚度（刚度大峰低），宽度取决于阻尼。阻尼越大，带宽越宽，过程越短，当带宽扩展到整个频带时，瞬态振动则变成了冲击振动；阻尼越小，带宽越窄，过程越长，当谱峰收缩成线谱时，表明瞬态振动已延长为简谐振动。这一特点，在判断瞬态振动对于系统的影响程度时，有很好的参考意义。例如，启停机过程、系统受激后产生的衰减自由振动过程等都为瞬态振动。

（5）冲击振动。

冲击振动是一种极短暂的振动，其特点与瞬态振动完全相同，只是振动能量传递到系统的时间要短于系统自身振动的周期，而瞬态振动则是若干个周期。

单个冲击过程的波形周期小于系统自身振动，因此很容易识别冲击。由于能量传递是在极短的时间内实现的，因此有能量分布的频率范围很大，冲击时间越短，所包含的频率越丰富。一个短暂的冲击脉冲，往往包含着从零到无限大的所有频率，因而频谱是连续的，没有离散的分量。冲击时间无限短时，频谱为一条无限宽的平行线，这种脉冲函数称为白噪声，显然是干扰信号；单个冲击形成的频谱是周期性衰减的，衰减周期与脉宽成反比，脉冲越尖衰减越慢，如图 2.6 所示。在极低频率处（零频附近）幅值最大，其大小等于冲击脉冲的面积。

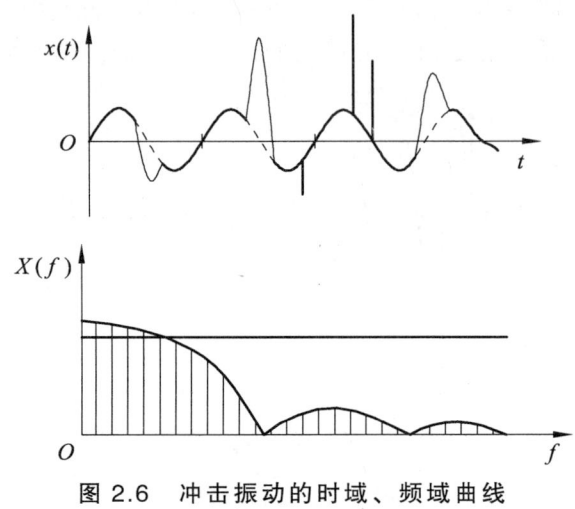

图 2.6　冲击振动的时域、频域曲线

例如，转子与静子的碰撞、位移传感器对应处的轴颈缺陷、齿轮及滚动轴承的多种缺陷等都为冲击振动。在大机组在线状态监测图谱中，冲击是一种常见的现象，除齿轮和滚动轴承外，多数是由干扰信号所引起的假象。

2.1.1.2　随机振动

随机的、不会精确再现的振动，往往是偶然因素造成的干扰或噪声，无法用确定的时间函数进行精确描述，只能用概率统计方法来描述。

以上对振动的分类，突出了各类振动的信号特征，便于区分出具体的振动故障类型。例如，根据波形的重复性、频谱谱线的离散性等区分出振动故障是周期性的（如转子不平衡、轴系不对中等）还是非周期性的或是随机性的（如干扰或噪声等）；再根据波形的周期特别是频谱谱线的间隔、宽窄、衰减等，对非周期振动进一步区分出是准周期振动（如摩擦、松动、油膜振荡、气隙激振等）、瞬态振动（如启停机、受激后的衰减过程等）还是冲击振动（如碰撞、齿轮及滚动轴承缺陷、电磁干扰信号等）。

2.1.2 按动力学特点振动的分类

从动力学角度看，即从引起振动和维持振动的动力源角度看，振动可分为自由振动、受迫振动、自激振动、参变振动。

2.1.2.1 自由振动

自由振动是指物体在经历初始扰动后，不再受外力作用下的振动。自由振动的频率为物体自身的固有频率，与初始扰动无关；振幅呈衰减趋势。由于初始扰动的历程短，靠初始激励一次性获得的振动能量有限，一般不会对机组造成破坏，不是故障诊断所考虑的目标。

2.1.2.2 受迫振动

受迫振动是指物体在持续的交变激振力作用下所产生的振动。受迫振动不仅与激励力的频率和大小有关，而且与转子轴承系统自身的固有特性有关。受迫振动的特点如下：

（1）受迫振动的频率与激振力频率相同。

（2）受迫振动的振幅除与激振力大小成正比、与自身刚度成反比外，还与频率比 γ 及阻尼有关（$\gamma = \omega_1/\omega_k$，$\omega_1$ 为激振力频率，ω_k 为自身固有频率），γ 越小（即激振力的频率低），振幅越接近于静态位移；γ 越大，振幅越小（激振力的频率很高，系统因惯性跟不上激振力的变化反而几乎停止不动）；$\gamma \approx 1$ 时振幅很大，即共振。

（3）受迫振动的相位（位移）最大值与激振力最大值之间的时间差与频率比 γ 及阻尼有关，$\gamma < 1$ 时，相位趋于相同；$\gamma = 1$，即共振时，相位差等于 $90°$；$\gamma > 1$ 时，相位差趋向于 $180°$。

（4）当激振力频率或激振力频率的谐波与系统固有频率相同时即发生共振。

转子不平衡产生的振动为典型的受迫振动。

2.1.2.3 自激振动

自激振动是指由振动体自身能量所激发的振动。维持振动的交变力是由系统本身产生或控制的。自激振动通常有下述特点：

（1）一般为亚异步振动，即振动频率小于转子工作转速，且不同步；

（2）自激振动的频率与转子的第一临界转速基本符合；

（3）呈随机性，一般都为偶然因素引起，没有一定规律可循；

（4）振动系统自身的刚度、阻尼非线性特征较强，振幅随时可能急剧上升；

（5）振幅的变化与转速或负荷存在一定的关联；

（6）失稳状态下的振动能量来源于系统本身。

油膜振荡和气隙激振以及由内摩擦和转动部件松动等引起的转子涡动都为自激振动。自激振动发生的概率不高，一旦发生，振动将较为突然和激烈。

2.1.2.4 参变振动

参变振动是指由结构参数周期性变化而引起的振动。造成结构参数周期性变化的常见因素有基础松动、支承刚性不足、猫爪及滑动支座连接螺栓紧度不一、转子有较深的横向裂纹、齿轮及滚动轴承缺陷、转子不对称截面引起的弯矩等。参变振动有以下特点：

（1）振动频率与转速有关，构成谐波关系，如1倍转频、2倍转频、n倍转频；

（2）结构参数周期改变，振动系统的固有频率也随之改变；

（3）变振动产生的二次谐波与系统第一临界转速相一致时会产生共振。

由基础松动、支承刚性不足等引起的参变振动是旋转机械较为常见的故障。

2.2 涡动和进动

涡动是指转动物体相对于平衡位置所做的圆周运动。物体涡动时，是在绕着自身对称轴旋转（自转）的同时，对称轴又进一步在绕着某一平衡位置旋转（公转），所以涡动又称为进动。例如，水中的漩涡、玩具陀螺、转子的运动等都属于涡动。

如图 2.7 所示，旋转机械转子的实际运动状态是，在以角速度 ω（即转速 n）绕着自身轴线 ACB 旋转（自转）的同时，整个轴线又以角速度 Ω 绕着轴承中心线 AOB 在做圆周运动（公转）。转子实际上是做旋转状的涡动，并不是往复状的机械振动。由于这种涡动在径向上所测得的振幅、频率、相位在数值上与机械振动相同，因此可以沿用机械振动的许多成熟的理论、方法，所以旋转机械转子的涡动通常仍然称作振动。但是，在研究旋转机械转子的振动时，应该时刻牢记"转子的振动实际上是涡动"这一基本特点。

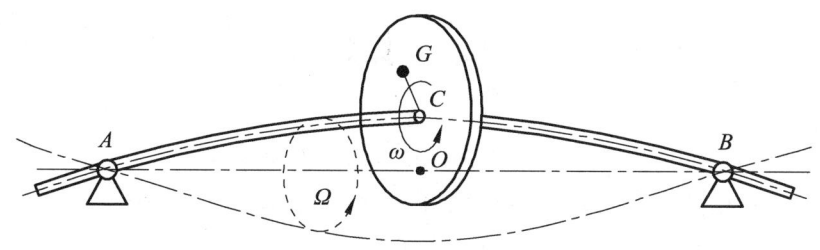

图 2.7　转子的涡动（横向弯曲振动）

正进动是指涡动方向与转子旋转方向相同的涡动，反进动是指涡动方向与转子旋转方向相反的涡动。因为转子的实际振动是涡动，其涡动轨迹通常为不太规整的椭圆，因此需要配置两个相互垂直的探头才能准确地测出转子真实的振动。

2.3　绝对轴振动和相对轴振动

采用传感器测量转轴振动时，会有相对轴振动和绝对轴振动之分：

（1）相对轴振动：在使用传感器测量转轴振动时，所测量出的是转子轴颈相对于轴承座的振动。

（2）绝对轴振动：转子相对于大地的（自由空间的）振动。可用相对式传感器再加上一个绝对式（惯性式）传感器组成的复合传感器来测量，两个传感器所测量的值进行矢量相加就可得到转子相对于大地的振动，但实际监测中很少使用。

2.4 振幅

振幅是指物体动态运动或振动的幅度。振幅是振动强度和能量水平的标志，是评价机器运转状态优劣的主要指标。对机器进行实际监测与诊断时，首要问题就是机器有没有问题（即状态是否正常、有没有故障以及故障严重不严重），解决的依据就是看振幅值的大小。

2.4.1 峰-峰值、单峰值、有效值

振幅的量值大小可以分别表示为峰-峰值、单峰值、有效值。
（1）峰-峰值是整个振动历程的最大值，即正峰与负峰之间的差值；
（2）单峰值是正峰或负峰的最大值，表示振动瞬间冲击的最大幅值；
（3）有效值（RMS值）可表征振动的破坏能力，是衡量振动能量大小的量。ISO标准规定，有效值用振动幅值的均方根值来表示。

只有在纯正弦波（如简谐振动）的情况下，单峰值是峰-峰值的 1/2，有效值是单峰值的 0.707 倍，平均值是单峰值的 0.637 倍，如图 2.8 所示。此换算关系并非实用，只是说明振幅在表示为峰-峰值、峰值、有效值时，数值不同、相差很大。

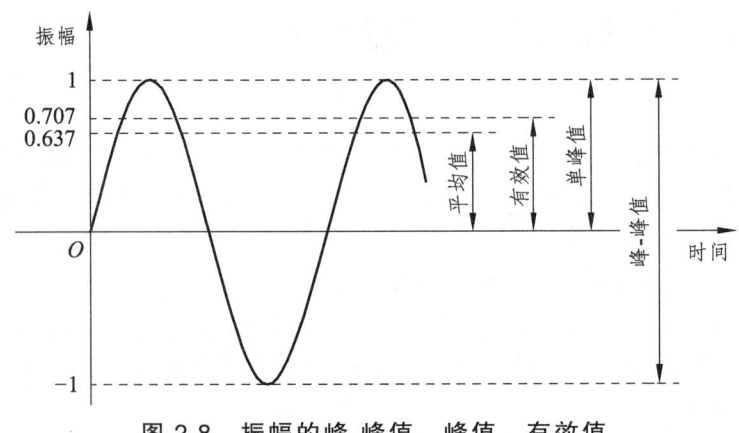

图 2.8 振幅的峰-峰值、峰值、有效值

2.4.2 振动位移、振动速度、振动加速度

振幅分别用振动位移、振动速度、振动加速度值加以描述、度量，三者相互之间可以通过微分或积分进行换算。在振动测量中，除特别注明外，通常有以下惯例：

（1）振动位移的测量值为峰-峰值，单位是微米（μm）或密耳（mil）；

（2）振动速度的测量值为有效值，单位是毫米/秒（mm/s）或英寸/秒（ips）；

（3）振动加速度的测量值是单峰值，单位是米/二次方秒（m/s²）或重力加速度（g）。

在振动标准中，规定对振动速度的有效值（即均方根值）按下式计算

$$V_{rms} = \sqrt{\frac{1}{T}\int_0^T V^2(t)dt} \qquad (2.1)$$

式中 $V(t)$——与时间有关的振动速度；

V_{rms}——相应的速度均方根值；

T——采样时间，它比组成 $V(t)$ 的任何主频率分量的周期长。

振幅之所以要分别用位移、速度、加速度表示，是因为振动位移、振动速度、振动加速度能分别清晰地反映不同频率范围内的振动强度。例如，频率低，则表明单位时间内振动的次数少和过程时间长，振动速度小，振动加速度更小，而振动位移相对较大；振动强度稍有变化时，速度、加速度的变化就会因原来数值低而很不明显，只有振动位移能够清晰地反映振动强度的变化。

因此，可以认为，在低频范围内，振动强度与位移成正比；在中频范围内，振动强度与速度成正比；在高频范围内，振动强度与加速度成正比。也可以认为，振动位移反映了振动间隙的大小，振动速度反映了振动能量的大小，振动加速度反映了振动冲击力的大小。

在实际应用中，大型旋转机械的振动用装在轴承座上的涡流式位移传感器来测量转子相对于轴承的振动，用振动位移的峰-峰值（μm）表示，多数为在线监测；一般旋转机械的振动用加速度传感器或速度传感器在机器壳体上靠近轴承处来测量，用振动速度的有效值（mm/s）表示，多数为离线监测。如果特别关注转速较高的齿轮或滚动轴承的振动，则应该用加

速度传感器来测量，用振动加速度的单峰值（m/s²）或（g）表示，也可以用振动加速度的均方根值来表示。

2.4.3　振动烈度

振动烈度是振动标准中的常用术语，是描述机器振动状态的特征量。通常在各个测量位置的两个或三个方向上都进行测量，得到一组不同的振幅值，所测的宽带最大振幅值定义为振动烈度。

在国内外振动标准中，对于常见机器，振动烈度的实际度量值几乎都采用振动速度的均方根值。因此，可以认为，振动烈度基本上就是最大振动速度有效值。

由于振动烈度可参照振动标准，评价机器振动状态优劣时能有据可依；因此，在机器壳体上测量振动时，应测量振动速度的有效值，并要求在靠近轴承位置处的水平、垂直、轴向三个方向上都进行测量，最后取最大值作为振动烈度。

2.5　频　率

2.5.1　频率、周期

（1）频率（f）。

频率是指物体每秒钟振动循环的次数，单位是赫兹（Hz）。

频率是振动特性的标志，是分析振动故障原因的主要依据。通常机器发生故障时，并非所有零部件都有问题，而只是某个或某些部件出了故障并产生异常振动，异常振动的频率是由此故障自身机理特性所决定的，也就是说故障与频率存在着对应关系，即"有没有问题看振幅，什么问题看频率"。

(2)周期（T）。

周期是指物体完成一个振动过程所需要的时间，单位是秒（s）。周期与频率互为倒数，即

$$T = \frac{1}{f} \tag{2.2}$$

对于旋转机械来说，转子每旋转一周就是完成了一个振动过程，为一个周期，或者说振动循环变化了一次。因此转速 n、角速度 ω 都可以看作频率，称为旋转频率、转速频率或圆频率，也可以直接简称为频率。它们之间的换算关系为

$$f = \frac{n}{60} \tag{2.3}$$

$$\omega = 2\pi f = 2\pi \cdot \frac{n}{60} \approx 0.1n \tag{2.4}$$

式中，转速 n 的单位为转/分钟（r/min），角速度 ω 的单位为弧度/秒（rad/s）。

2.5.2 工频、倍频

(1) 工频。

工频是指机器工作时实际运行的转速频率。例如，某机器的实际运行转速 n 为 6 000 r/min，那么，转速频率 = n/60 = 6 000/60 = 100 Hz，其工频为 100 Hz。

(2) 倍频。

旋转机械许多故障的振动频率都与转速频率相关，因此用倍频，即工频的倍数来描述故障振动频率，这样往往使故障的内在规律更为清晰。

振动频率为机器转速频率的 1 倍、2 倍、3 倍、0.5 倍、0.43 倍……时，分别称为 1 倍频（1X 或 1×）、2 倍频（2X 或 2×）、3 倍频（3X 或 3×）、0.5 倍频（0.5X 或 0.5×）、0.43 倍频（0.43X 或 0.43×）……其中，1 倍频，即实际运行转速的频率，又称为工频或转频，0.5 倍频又称为半频。

2.5.3 故障特征频率

各种不同类型的故障所引起的振动都有各自的特征频率。例如，转子不平衡的振动频率是工频，齿式联轴器（带中间齿套）不对中的振动频率是 2 倍频，油膜涡动的振动频率是 0.5 倍频（实际上要小一点），等等。根据频谱图等有关图谱，查找异常变化的频率，再联系故障特征频率分析构成振动激振力的来源，是判断故障类型及分析故障原因所采用的基本方法。

但是，频率和振动故障的对应关系并不是唯一的，某一频率有可能与多种故障有关联。例如，动不平衡的特征频率是工频，可是某些轴承以及不对中等其他故障的振动频率也是工频，因此，不能说工频大就是发生了动不平衡。为了得到正确的诊断结论，需要对各种振动信息进行综合分析。

常见的故障特征频率及相应的故障类型简要介绍如下：

（1）工频。

工频成分在所有情况下都存在，工频幅值几乎总是最大，应该在其发生异常增大的情况下才能视为故障特征频率。

工频所对应的故障类型相对较多。多数（60%以上）为不平衡故障，即突发性不平衡（断叶片、叶轮破裂等）、渐发性不平衡（结垢、腐蚀等）、初始不平衡以及轴弯曲等。同时，相当数量（接近 40%）为轴承偏心类故障，如间隙过大、轴承合金磨损、轴承不对中、轴承座刚度差异过大等。此外，还有刚性联轴器的角度（端面）不对中，支座、壳体、基础的松动、变形、裂缝等支承刚度异常引起的振动或共振，运行转速接近临界转速，发电机及电动机转子偏心等。

（2）2 倍频。

2 倍频成分在所有情况下也都存在，幅值往往低于工频的一半，常伴有呈衰减状的 3 倍频、4 倍频等，也应该在异常增大的情况下视为故障特征频率。

2 倍频所对应的故障类型较为集中。绝大多数为不对中故障，如齿式联轴器（带中间短接）和金属挠性（膜盘、叠片）联轴器的不对中、刚性联轴器的平行（径向）不对中，其中，既有安装偏差大所产生的冷态不对中，又有由温差产生的支座升降不均匀、管道力、电机转子偏心等所引起的热态不对中以及联轴器损伤故障等。此外，还有概率较小的其他故障，如转动部件松动，转子刚度不对称（横向裂纹）等。

（3）低频（这里指的是低于工频的频率）。

正常情况下，低频成分往往不存在或者以微量幅值（一般不大于 3 μm）存在，在其大于 3~5 μm 的情况下，就应该以故障特征频率的预兆加以关注了。

低频所对应的故障类型相对复杂，可进一步分为两种类型：一种是分数谐波振动，如 1/2 倍频、1/3 倍频等，且频率成分较多，多数为摩擦及松动故障，如密封、油封、油挡的摩擦，轴承紧力不足等；另一种是亚异步振动，对应的为流体激振类故障，如旋转失速、喘振、油膜涡动、油膜振荡、密封流体激振，此外，还有进汽（气）激振等，其中油膜振荡、密封流体激振为自激振动，是一种很危险、能量很大的震动，一般发生在转速高于第一临界转速之后，多数是在二倍第一临界转速以上，频率成分较为单一。

（4）转子的临界转速。

转子的临界转速就是转子的固有频率，其所对应的故障类型有油膜振荡、密封流体激振、临界转速区共振，在老机组、成熟机型上发生的概率较低。

（5）机器自身、基础或其他附着物的固有频率。

（6）叶轮叶片的通过频率。

（7）齿轮的故障特征频率。

（8）滚动轴承的故障特征频率。

2.6　相　位

2.6.1　相位的定义

相位是指在给定时刻振动体被测点相对于固定参考点的角位置，单位是度。相位是振动在时间先后关系上或空间位置关系上相互差异的标志。

相位主要用于比较不同振动运动之间的关系（时间差及方位差），或确定一个部件相对于另一个部件的振动状况，在区别相同故障频率的不同故障类型时（特别是不平衡）往往起关键作用。

2.6.2 相位差、相对相位

相位差是两个振动的相位之差。

相对相位是两个选频振动信号波形最近对应点（如正峰与正峰）之间的角度。

实际应用时只讲相位差。例如，H 点、V 点工频相位分别为 $3°$、$358°$，它们之间的相位差既可以认定为 $355°$，也可以认定为 $5°$，认定为 $5°$ 可能使问题更清晰。

相位与相位差，十分具体地描述了振动矢量在时间和空间上的相互关系：

（1）谁先谁后。

由于相位小的第一个正峰（最大振动点）先到达测振探头，因此，相位小的在先，称为超前；相位大的在后，称为滞后。

（2）相差时间。

相差时间 $t = \dfrac{相位差}{360°} \times 周期 = \dfrac{相位差}{360° \times 转频}$，实际应用时很少计算，多数是根据相位差（角度）的大小想象两者间隔时间的长短。

（3）空间位置。

相位差就是空间方向差夹角的角度。

如果把转子旋转一圈的时间看成是 $360°$，两个振动之间的相位差就是转过此角度的时间差。利用表示空间的角度，同时表示时间，这便是相位的奥妙之处。

相位差表面上看是一个角度，实际上是反映了两个振动在时间先后关系上或空间位置关系上是否存在差异以及存在多大差异。在分析振动原因和判断故障类型时，往往有时更关注相位差，而不是相位。例如，对于同为工频的异常振动，在分析原因、区分类型时，相位差就起到了关键的作用。

2.6.3 相位的应用

相位在振动领域有着许多重要的应用，主要用于比较不同振动运动之间的关系，比较不同部件的振动状况，比较激振力与响应之间的关系，确定不平衡量的方位，等等。

（1）比较同频率振动在时间上的先后关系。

例如，在为简谐振动的弹簧质量块系统中，当质量块向上振动、通过 O 点时，位移为零，速度为正方向最大，加速度为零；在质量块由 O 点向上的过程中，位移为正、变大，速度为正、变小，加速度为负、变大；当质量块振动到上限位置时，位移为正方向最大，速度为零，加速度为负方向最大；当质量块向下通过 O 点时，位移为零，速度为负方向最大，加速度为零；当质量块振动到下限时，位移为负方向最大，速度为零，加速度为正方向最大。依此关系，可画出三者的振动波形图，得到三者之间在相位上的关系，如图 2.9 所示。

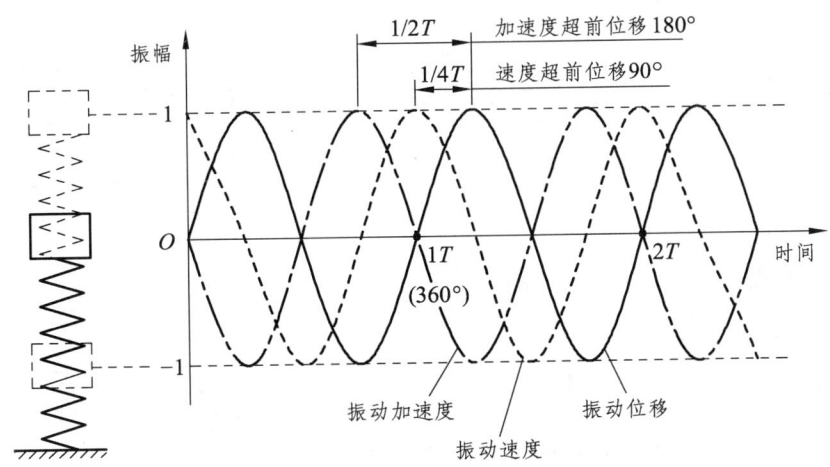

图 2.9 振动位移、速度、加速度三者之间的相位关系

简谐振动中，振动速度超前振动位移 90°，振动加速度超前振动速度 90°，振动加速度超前振动位移 180°。

再如，同为工频振动，由于产生的原因不同，两个相互垂直的探头测得的相位差是不一样的：由不平衡引起的工频振动，相位差应该等于或接近于 90°；而由轴承偏心类、支承刚度异常类引起的工频振动，相位差则无此关系。

（2）比较激振力与响应在空间上的相互关系。

例如，在图 2.10 中，运行转速小于临界转速时，转子因不平衡质量 m、偏心 e 产生的离心力，即激振力 $Me\omega^2$，与所引起的响应（振动矢量）y 方向基本相同。其中，慢转速（300～600 r/min）下激振力与响应的相位完全相同；大于慢转速后，随 ω 增高，激振力 $Me\omega^2$ 增大，引起的响应 y 随之变大并超过偏心距 e，由 y 产生的离心力 $My\omega^2$ 也就比激振力 $Me\omega^2$ 大。离心力属于惯性力，离心力越大，惯性就越大。响应 $My\omega^2$ 会因为惯性大，跟不上激振力 $Me\omega^2$ 的变化而滞后，于是激振力与响应之间就有了相位差，而且相位差随转速增高而增大，如图 2.10 所示。

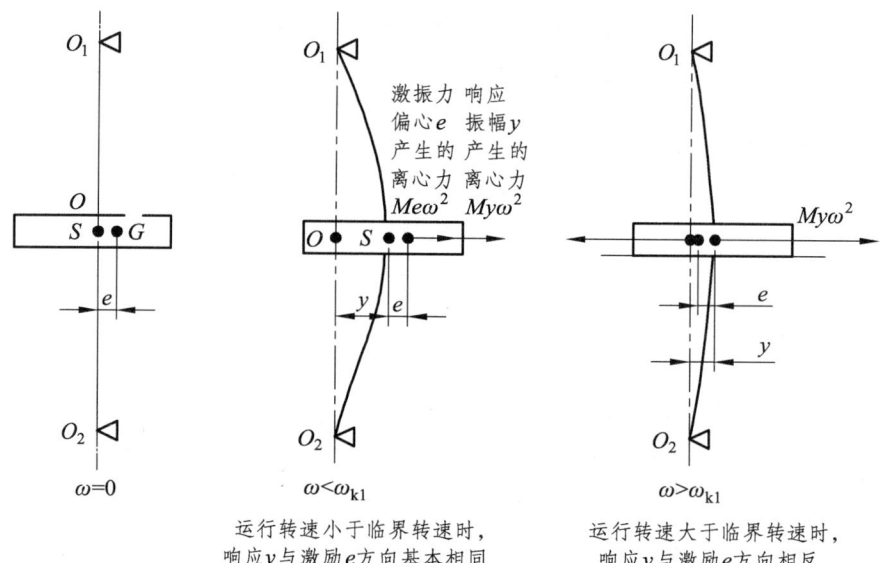

图 2.10 激励与响应的相位分析

在通过临界转速时，两矢量的相位差达 90°，方向发生翻转变化，此时振幅 y 达到最大。大于临界转速后，转速越来越高，激振力与响应之间的相位差越来越大，远离临界转速后，两矢量相位差为 180°，激振力与响应方向完全相反。在此过程中，转子受到的离心合力逐渐变小，振幅 y

逐步变小，趋近于偏心 e，质心 G 趋近于几何中心 O，这就是所谓柔性转子的自动定心。

以上分析表明，不平衡矢量与（工频）振动响应之间的相位差会随转速而改变，远离临界转速后，相位差趋于 180°。也就是说，工频的相位与不平衡量有关，并且随转速而改变，但远离临界转速后，相位的变化会很不明显。

如果转子在远离临界转速后工频的相位发生了变化，则表明转子的平衡状态发生了变化，是损伤脱落、结垢等因素造成了转子残余不平衡质量偏心的角位置发生了改变。因此，联系转速看工频相位是否发生变化是判断不平衡故障的重要手段。

（3）比较两个部件或多个部件之间相对运动的方位。

例如，刚性联轴器平行（径向）不对中时，两侧轴承径向振动的相位差为 180°，角度（端面）不对中时两侧轴承径向振动的相位相同；带中间短接的齿式联轴器不对中时两侧轴承径向振动的相位差为 180°。

再如，由基础或底座松动引起的振动，尤其是结构共振，整个机组上各个测点的振动相位都是相同的。

（4）确定转子振型。

对刚性转子，两端轴承振动相位同相为圆柱形振动，反相为圆锥形振动。

对挠性转子，两端轴承振动相位同相为一阶振型、三阶振型……反相为二阶振型、四阶振型……

（5）在转子动平衡技术中更有着十分重要甚至必不可少的作用。

在大机组的在线状态监测系统中，如果不设置键相器（一种测量相位的仪器），就无法获得相位信息，许多有价值的振动分析图谱将难以生成，经专业技术处理后显示的某些基本图谱（如频谱图），也会因为转速波动、不平衡不明显等客观因素而存在瑕疵，会给故障诊断带来困难。在机器存在两个或两个以上不同转速的轴系时，各个轴系应设置各自独立的键相器。

2.7 刚度、阻尼

2.7.1 刚　度

刚度（k）是力与变形量的比值，即弹性体产生单位变形 y 所需的力 F。刚度反映了弹性体自身抵抗变形的能力。机械件以及受压的液体（如油膜）和压力很高的气体都可以视为弹性体。

旋转机械转子的刚度包括静刚度和动刚度两个部分，静刚度决定于转子的结构、材质、尺寸；而动刚度既与静刚度有关，也与支座（含轴承）刚度、联轴器连接刚度等有关。

如果将刚度定义式改为

$$k = F/y \tag{2.5}$$

式中　y——测点的振幅值；
　　　F——作用在测点处的激振力；
　　　k——测点处的动刚度。

此公式对故障诊断则有很好的指导作用。公式表明，在线性系统中，测点呈现出的振幅值与作用在该点上的激振力成正比，与该点的动刚度成反比。也就是说，在机器振动变大时，既要从激发振动的扰动力方面去查找引起故障的原因，也要从机器自身的刚度上（如转子刚度、轴承刚度、支座刚度、基础刚度、联轴器刚度等方面）去查找引起故障的原因。

因此，一台新的转动设备，投运后振动状态的优劣，往往在很大程度上取决于机器自身的刚度，特别是转子的刚度，而这主要与设计有关；一台刚检修后的转动设备，投运后振动状态反而变差，除了少数是因为转子初始不平衡外，多数往往在轴承刚度、支承连接刚度、联轴器刚度等方面发生问题，而这主要与检修质量有关。

2.7.2 阻　尼

阻尼是指振动系统中所存在的各种阻碍运动的阻力，阻尼与阻力的不同之处在于，阻尼在阻碍振动的过程中还存在着能量转换（将机械能转换成另一种能量形式，一般是热能），这种能量转换吸收、消化了振动能量，对振动起到了衰减和抑制作用。

转子振动系统中的阻尼相对于刚度来说并不算大，但阻尼所起的作用及其重要性是不容低估的。阻尼主要来自于轴承阻尼，油膜吸收了振动能量，转化成热量，热量又被润滑油带走；此外还有介质阻尼、材料内部阻尼。

临界阻尼是指系统能回到平衡位置而不发生振荡时所要求的最小阻尼。

2.8 临界转速和共振

2.8.1 临界转速

图 2.11 所示为一个质量为 m、刚度为 k、偏心距为 e、角速度为 ω、振幅（挠度）为 y、无阻尼、刚性铰支、竖直放置的单圆盘转子的力学模型。

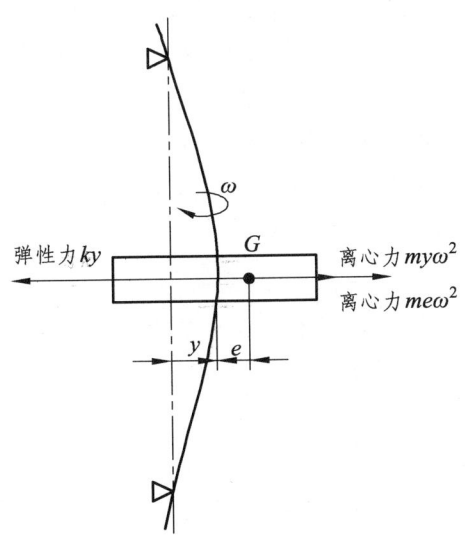

图 2.11 单圆盘转子力学模型

显然，在不计重力和阻尼的前提下，在垂直于转子轴线的横向方向上，转子受到的离心力 $me\omega^2$、$my\omega^2$ 与弹性恢复力 ky 相平衡，即

$$me\omega^2 + my\omega^2 = ky \tag{2.6}$$

由上式可以推出振幅 y 的计算式

$$y = me\omega^2/(k - m\omega^2) \tag{2.7}$$

上式的数学意义表明，当 $k - m\omega^2$ 趋于 0 时，y 趋于无穷大。其物理意义是：当转子以角速度 $\omega = \sqrt{k/m}$ 运转时，振幅 y 趋于无穷大，此刻的 ω 被称为横向临界转速 ω_k。

实际上，由于转子-轴承系统中存在着阻尼，转子在通过临界转速时，振幅虽大，但不会趋于无穷大。

由 $\omega_k = \sqrt{k/m}$ 可以看出，临界转速 ω_k 主要是由刚度 k 和质量 m 决定的，与其他因素无关。而对于一个具体的转子，结构（几何尺寸、材质）都是确定的，所以刚度 k 和质量 m 都为定值，因此临界转速也是一个固有不变的确定值。

通过以上分析，得到以下结论：

（1）临界转速就是转子-轴承系统本身的固有频率；

（2）临界转速完全由转子-轴承系统本身的固有特性所决定，而与外界条件（如不平衡力、介质负荷等）无关。

所谓固有特性，即结构特性，主要有转子的质量、材质、轴径、长度、轴上集中质量的大小及分布，支座跨度以及支座的刚度、阻尼、质量，联轴器的刚度、阻尼、质量等。

另外，临界转速有计算值（转子无阻尼或仅考虑了轴承阻尼的自振频率）和现场实际值（转子有阻尼时的共振频率），由于除轴承阻尼外转子其他的阻尼相对很小以及近来计算机和计算方法水平的提高，如今此二值已相差很小。

与物体的固有频率一样，临界转速也有若干阶，如一阶（第一临界转速）、二阶（第二临界转速）、三阶……n 阶。

2.8.2 共　振

共振是指由于系统敏感于某一特殊频率的作用力，而引起的振幅和相位的变化响应状态。共振通常通过振幅的显著增加和相位的相应移动来识别。共振发生时，激振频率稍有变化（上升或下降），其振动响应就会明显地减小。

按激振频率与固有频率的倍数关系，共振又分为高次谐波共振和次谐波共振。

高次谐波共振是指因激振频率的 n 倍（$n = 2, 3, 4, \cdots$，正整数）次谐波，等于或接近系统的固有频率（如转子的临界转速、管线的固有频率等）而引起的共振。

次谐波共振是指因激振频率的 $1/n$ 倍（$n = 2, 3, 4, \cdots$，正整数）次谐波，等于或接近系统的固有频率（如基础的固有频率等）而引起的共振。

需要注意的是，谐波共振的谐波是激振频率的谐波，而不一定是转速的谐波；共振的敏感频率是固有频率，而不是转速频率；谐波共振一般是异步振动，只有在激振频率的高次谐波或次谐波等于转速频率的特殊情况下才为同步振动。

另外，亚异步振动的油膜涡动、密封流体激振、旋转失速都有可能转变为高次谐波共振。

3 轨道交通齿轮箱典型故障与振动噪声产生机理

3.1 齿轮箱故障的主要形式

齿轮箱系统是包含齿轮、传动轴、轴承和箱体结构等的复杂系统。其中，箱体结构在整个系统中起支承与密封作用，其出现故障的概率很低，所以，在齿轮箱中，故障主要发生在齿轮、传动轴和轴承中。据统计，齿轮、轴和滚动轴承故障占齿轮箱故障的 90% 以上。

在齿轮箱的故障诊断中，一般只需给出是否产生故障和故障发生的位置。根据振动信号的特点，常见的典型故障形式有：

1. 齿形误差

齿形误差是指齿轮齿形偏离理想的齿廓线，其中包括制造误差、安装误差和服役后产生的误差。这里主要指在齿轮投入使用后产生的齿形误差，包括齿面塑性变形、表面不均匀磨损和表面疲劳等。断齿也会造成齿形误差，但由于其振动信号的特征与这些齿形误差有着明显的差异，所以把它列为单独的故障形式，以便于故障诊断。

2. 齿轮均匀磨损

齿轮均匀磨损主要是指齿轮投入使用后在啮合过程中出现的材料摩擦损伤的现象，主要包括磨粒均匀磨损和腐蚀均匀磨损。齿轮轮齿均匀磨损时不会造成严重的齿形误差，其振动信号的特征也大有差别，所以不归结为齿形误差。

3. 轴不对中

轴不对中主要是指联轴器两端的轴由于设计、制造、安装或者使用过程中的问题，使轴系虽平行但不对中，造成轴上的齿轮产生分布类型的齿形误差。振动信号与单一齿轮齿形误差不同的是，轴不对中时所有轴上的齿轮均会产生齿形误差而导致信号的调制现象。

4. 断齿

断齿是一种严重的齿轮故障，主要有疲劳断齿和过载断齿两种形式，其中大多数为疲劳断齿。断齿时，其振动信号冲击能量大，不同于齿形误差和齿轮均匀磨损。

5. 箱体共振

箱体共振是由冲击能量激励起齿轮箱箱体的固有频率而产生的共振现象。箱体共振产生很大的冲击振动能量，是一种非常严重的故障，一般是由箱体的外部激励引起的。

6. 轴轻度弯曲

齿轮箱中轴也经常产生故障。当轴产生轻度弯曲时，也会导致该轴上的齿轮产生齿形误差。与单一齿轮齿形误差故障不同的是，轴弯曲时该轴上所有齿轮均会产生较大的齿形误差。

7. 轴严重弯曲

轴严重弯曲是齿轮箱的一种较为严重的故障形式。当轴发生严重弯曲时，将产生较大冲击能量，造成严重的后果，其振动信号也不同于轻度弯曲。

8. 轴不平衡

轴不平衡是齿轮箱中轴的一种典型故障。所谓不平衡，是指轴由于偏心的存在而引起的不平衡的振动，这种偏心可以是由于制造、安装和投入使用后的变形产生。当产生轴不平衡故障时，在齿轮传动中也将导致齿形误差，但这种故障与单纯的齿形误差有着明显的区别。

9. 轴向窜动

轴向窜动主要发生在使用斜齿轮的情况下，当同一轴上有两个同时参与啮合的斜齿轮,而轴向又没有很好的定位与锁定装置时,就可能发生轴向窜动现象,这主要是由于其轴向受力不平衡造成的。轴向窜动将严重影响齿轮传动精度和平稳性,还可能造成齿轮轮齿端面的冲击磨损,是一种较为严重的故障。

10. 轴承疲劳剥落和点蚀

齿轮箱中滚动轴承的典型故障为内、外环和滚动体的疲劳剥落和点蚀。轴旋转时,内、外环和滚动体在接触过程中会发生机械冲击,产生被称为冲击脉冲的变动幅度较大的力。齿轮箱中滚动轴承发生故障时,其能量较齿轮产生的振动能量小得多,因而是诊断的难点之一。

3.2 齿轮振动机理分析

3.2.1 齿轮的简化振动模型

齿轮及齿轮箱的振动系统是一个相当复杂的非线性系统。要建立起完整的非线性振动模型是非常困难的,在研究齿轮及齿轮箱故障时,通常将齿轮传动副进行简化。齿轮传动副作为一个振动系统,其物理模型可以简化为图 3.1 所示模型。

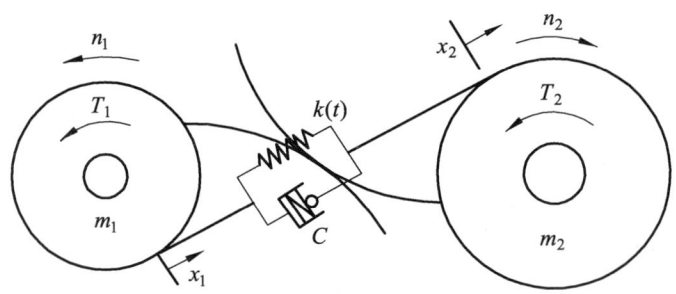

图 3.1 齿轮啮合物理模型

根据振动理论,其动力学方程为

$$M\ddot{x} + C\dot{x} + k(t)x = F(t) \tag{3.1}$$

式中 x——沿啮合线上齿轮相对位移（$x = x_2 - x_1$）;

C——齿轮啮合阻尼;

$k(t)$——啮合刚度;

M——当量质量，$M = \dfrac{m_2 \cdot m_1}{m_1 + m_2}$。

$F(t)$为动载荷，包含故障缺陷所产生的激励，它的变化受轮齿刚度和传动误差变化的影响，同时还与齿面摩擦力方向的变化有关。在润滑状态良好，且齿面粗糙度低的情况下，齿面摩擦力变化对啮合振动的影响较小，常可忽略，从而式（3.1）可以表示为

$$M\ddot{x} + C\dot{x} + k(t)x = k(t)E_1 + k(t)E_2(t) \tag{3.2}$$

式中 E_1——齿轮受载后的平均静弹性变形;

$E_2(t)$——齿轮误差和故障造成的两个轮齿间的相对位移，又称为故障函数;

$k(t)E_1$——齿轮正常工作时的常规振动;

$k(t)E_2(t)$——取决于齿轮综合刚度和故障函数。

一对齿轮啮合运转，参与工作的齿数由一对变成两对，又由两对变成一对，形成单双齿啮合交替变化，对齿轮施加一个周期性的冲击，从而形成齿轮啮合振动。正常情况下，啮合频率及谐频成分为

$$X_c(t) = \sum_{i=0}^{N} A_i \cdot \cos(2\pi \cdot i \cdot f_m + \phi_i) \tag{3.3}$$

$$f_m = n \cdot \frac{N}{60} \cdot z \tag{3.4}$$

式中 A_i——谐波幅值;

ϕ_i——谐波相位;

f_m——齿轮的啮合频率;

N——齿轮的啮合频率谐波的最大数;

n——齿轮轴的转速（r/min）;

z——齿轮的齿数。

3.2.2 齿轮的啮合刚度

对于齿轮振动的产生，齿轮啮合刚度是一个很重要的，同时也是一个很复杂的参量，它是研究齿轮动态性能的基础。齿轮的啮合刚度受诸多因素的影响，如传递载荷、载荷分布、轮齿变形和啮合位置等。建立齿轮传动的啮合刚度模型是一个很复杂的问题，目前较为流行的是美国学者R.Kusuba归纳总结出的非固定变化的齿轮啮合刚度模型（VVMS），VVMS模型仅考虑了载荷、误差和啮合位置的影响，有关学者在此基础上提出了综合考虑振动位移和转速成分影响的动态啮合刚度模型（DMS）。虽然有很多研究模型，但由于其自身的复杂性，目前仍不能对它进行定量的准确评估，一般只是用一个定性的齿轮刚度模型来研究齿轮振动，围绕它对齿轮某些故障进行分析。啮合刚度除受上述因素影响外，还与齿轮重叠系数有关。图3.2所示为直齿轮和斜齿轮刚度曲线。由图可见，斜齿轮啮合刚度变化较缓，这也是斜齿轮传动平稳的原因之一。

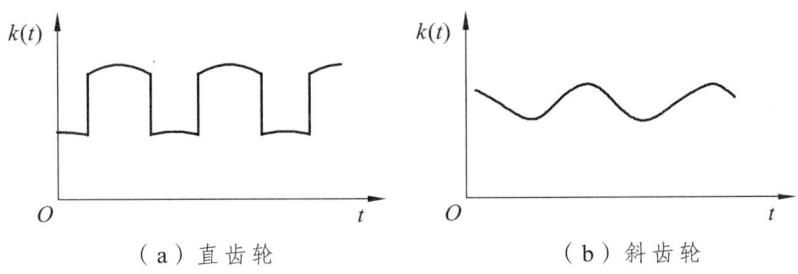

（a）直齿轮　　　　　　（b）斜齿轮

图 3.2　齿轮啮合刚度变化曲线

3.3　齿轮啮合调制机理分析

齿轮出现故障时常产生冲击，出现不同程度的调制现象，在频谱图中出现形式各异的调制边频带。这些调制边频带的特点包含了很多有用的齿轮故障信息。因此，能否对齿轮振动信号中出现的调制现象进行认真分析，如何有效地区分不同调制型故障的振动特征以及识别边频带特征，在很大程度上决定了齿轮箱故障诊断的成败。所以，对调制现象及其边频带分布特点进行研究是齿轮箱故障诊断中的一个很重要的研究课题。

当齿轮产生故障时,在频谱图中除了啮合频率及其各次谐波之外,通常还会出现以下三种形式的调制现象:齿轮啮合频率及其谐波为载波的调制、齿轮固有频率为载波的共振调制和箱体固有频率为载波的共振调制。

3.3.1 齿轮振动信号的啮合频率及其各次谐波

标准渐开线齿廓的齿轮,在节线附近是单齿啮合,在节线附近两侧的某个部位开始(确切位置由重叠系数而定)至齿顶和齿根的两个区段为双齿啮合,因此,每个轮齿在啮合过程中,载荷的分配是变化的,载荷的变化会引起轮齿刚度的变化,从而引起轮齿的振动,该振动在频谱图上会出现啮合频率及其各次谐波成分。

此外,两啮合轮齿的齿面相对滑动速度及摩擦力,在节点处要改变方向,从而形成交变的摩擦力,而且齿廓的制造误差等因素都会在啮合频率及其各次谐波上产生振动分量,特别是当齿面均匀磨损后,这些成分就会变得格外的突出。

图 3.3 所示为啮合频率及其二、三次谐波成分的频谱图,实线表示新齿轮啮合时所产生的振动分量,虚线表示齿轮磨损后的增长量。很明显,均匀磨损后,啮合频率及其各次谐波振动分量的幅值都会上升,但由于其信号的幅值增加得不是很明显,所以信号基波成分幅值增长较慢,而信号逐渐趋近于方波形式,导致各次谐波分量幅值增长比基波要快得多。

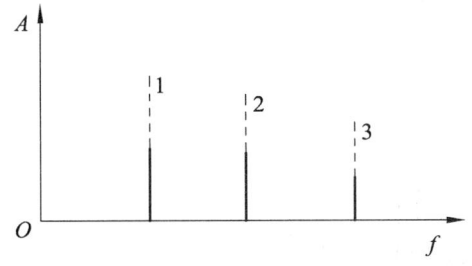

图 3.3 啮合频率及其各次谐波

1—1 倍啮合频率;2—2 倍啮合频率;3—3 倍啮合频率

3.3.2 齿轮振动信号的啮合频率调制现象

由 3.2 节可知，正常运行的齿轮啮合时，主要表现为啮合频率及其谐波振动成分，即

$$X_c(t) = \sum_{i=0}^{N} A_i \cdot \cos(2\pi i f_m + \phi_i)$$

齿轮啮合传动中，载荷、刚度和转速的波动以及故障的产生都会使齿轮振动信号发生变化，影响其幅值和频率（相位）的变化，产生幅值和频率调制现象。一般地，齿轮振动信号中啮合频率及谐波成分可表示为

$$X(t) = \sum_{i=0}^{N} A_i [1 + a_i(t)] \cdot \cos[2\pi i f_m t + b_i(t)] \tag{3.5}$$

式中　　$a_i(t)$——幅值调制函数；

$b_i(t)$——相位调制函数。

（1）幅值调制。

齿轮的幅值调制是由于齿面上的载荷波动、齿轮加工误差（如齿距不均）、齿轮偏心以及齿轮故障所产生的局部性缺陷和均布性缺陷等因素引起的。

按信号处理观点，幅值调制相当于两个信号在时域上相乘，转换到频域上，就相当于对应两个频谱的卷积，如图 3.4 所示。其中，频率相对较高的称为载波频率，频率较低的称为调制频率。对于齿轮信号来说，通常啮合频率为载波频率，齿轮的旋转频率为调制频率。

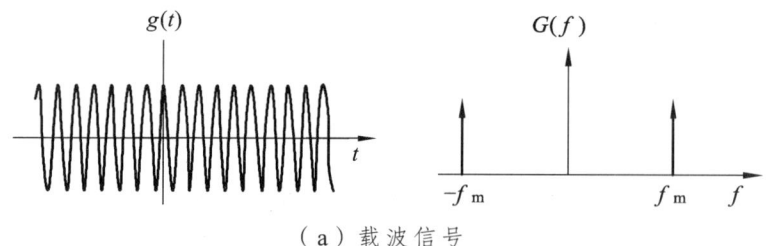

（a）载波信号

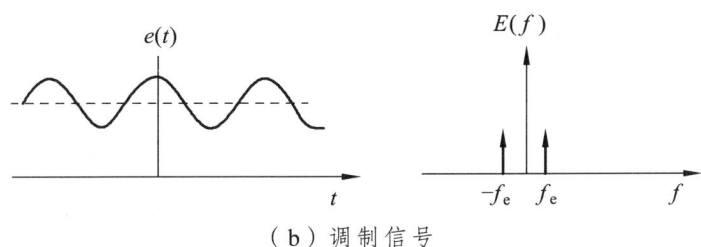

（b）调制信号

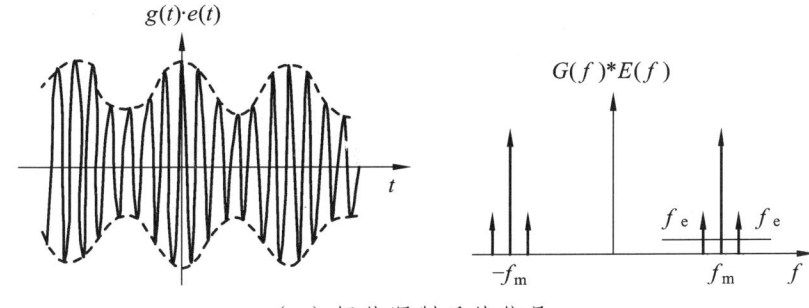

（c）幅值调制后的信号

图 3.4　幅值调制的时域与频域信号

对于简谐振动的幅值调制原理可作如下说明：

设代表齿轮啮合频率的载波信号为

$$g(t) = A\sin(2\pi f_m t + \varphi) \tag{3.6}$$

代表齿轮旋转频率的调制信号为

$$e(t) = 1 + B\cos 2\pi f_e t \tag{3.7}$$

则调幅后的振动信号为

$$x(t) = g(t) \cdot e(t) = A(1 + B\cos 2\pi f_e t)\sin(2\pi f_m t + \varphi) \tag{3.8}$$

式中　A——载波信号的振幅；

　　　B——调制指数；

　　　f_m——载波频率（啮合频率）；

　　　f_e——调制频率（旋转频率）；

　　　φ——初相角。

式（3.8）展开后，得

$$x(t) = A\sin(2\pi f_m t + \varphi) + (1/2)AB\sin[2\pi(f_m + f_e)t + \varphi] +$$
$$(1/2)AB\sin[2\pi(f_m - f_e)t + \varphi] \qquad (3.9)$$

由式（3.9）可看出，调制后的信号，除了原来的啮合频率分量 f_m 之外，还增加了一对啮合频率与旋转频率的和频 $(f_m + f_e)$ 与差频 $(f_m - f_e)$。在频谱图上，它们是以啮合频率 f_m 为中心，以旋转频率 f_e 为间隔，以 $(1/2)AB$ 为幅值，对称分布于 f_m 两侧，称为边频带，简称边带，如图 3.4（c）所示。

如果调制信号 $e(t)$ 不是一个简谐波，而是由多频率成分构成的周期信号，则 $e(t)$ 的每一个频率分量都将产生一边带，形成了边带族，如图 3.5 所示。

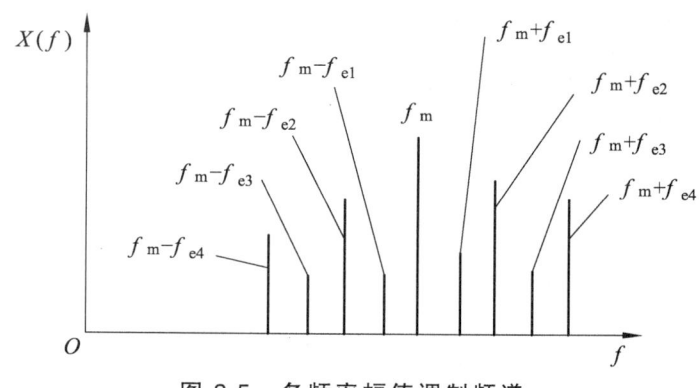

图 3.5　多频率幅值调制频谱

由于系统传递特性的影响，加上还存在频率调制，频谱图上实际的边频成分不会像图 3.5 所示的那样对称；但是，边频带的分布形状主要还是取决于调制信号，而且正是调制信号反映了齿轮的各种传动误差和故障状况。

根据边带的形状，可以分辨出齿轮存在着局部性缺陷还是分布性缺陷。

如果发生断齿或大的剥落等局部性缺陷，当啮合点进入缺陷处时，相当于齿轮的振动受到一个短脉冲的调制，脉冲的长度等于齿轮的啮合周期（$T_m = 1/f_m$）。齿轮每转动一周，脉冲就重复一次。由于脉冲可以分解为许多正弦分量之和，因此在频谱图上形成以载波频率 f_m、$2f_m$、$3f_m$ … 为中心的一系列边频。其特点是边频数量多、范围广、数值低、分布均匀且较为平坦，并且每一边频之间的间隔等于齿轮的旋转频率，如图 3.6（a）所示。

如果在齿轮上存在点蚀、划痕（胶合）等分布比较均匀的缺陷，调制频率的成分虽然较多,但在时域上是一条幅度变化较小、脉动周期较长的包络线,因此频谱图上边频带的特点是分布比较高而窄,而且幅值变化起伏较大,如图 3.6(b)所示。

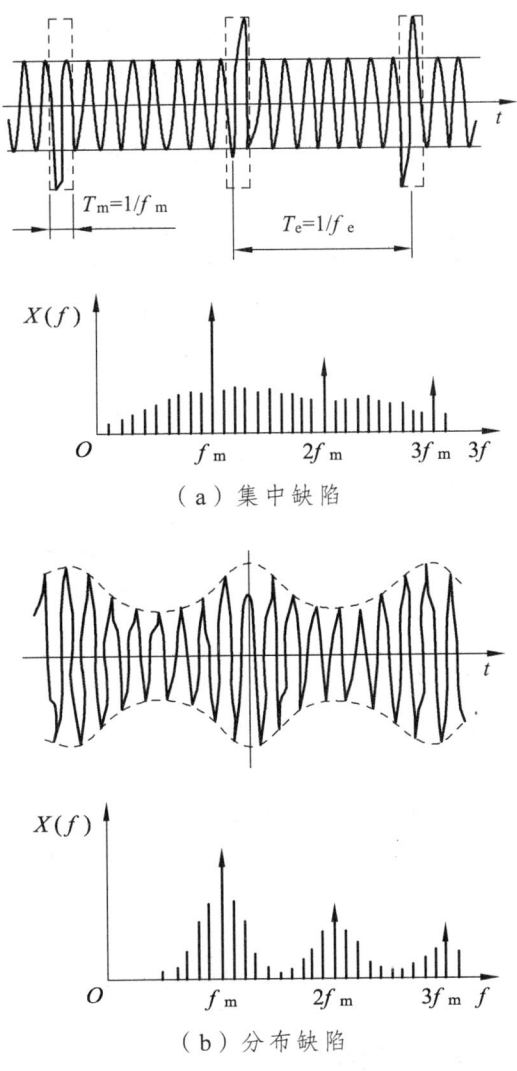

图 3.6 齿轮不同缺陷引起的边频带

总之,齿轮缺陷越集中,边带就越低、越宽、越平坦;缺陷越均布,边带就越高、越窄、起伏越大。

（2）频率调制。

频率调制（也可认为是相位调制）就是载波信号受到调制信号的调制作用后所形成的变频信号。

齿轮的转速波动和加工中的分度误差而导致的周节误差等因素，都会引起啮合速率的变化而产生频率调制现象。齿轮故障缺陷造成的齿面载荷波动在产生幅值调制的同时，还会造成扭矩波动，导致角速度变化而形成频率调制。

若载波信号为 $A\sin(2\pi f_m t + \varphi)$，调制信号为 $\beta\sin(2\pi f_r t + \varphi)$，则频率调制可表示为

$$x(t) = A\sin[2\pi f_m t + \beta\sin(2\pi f_r t) + \varphi] \qquad (3.10)$$

式中 f_m——载波频率（啮合频率）；

f_r——调制频率（齿轮的转速频率）；

β——频率调制指数，即调制所产生的最大角位移（相位移），$\beta = \Delta f_m / f_r$；

Δf_m——最大频率偏差值。

借助于贝塞尔函数，式（3.10）可展开为以下形式的无穷级数

$$x(t) = (A/2)\{J_0(\beta)\sin[2\pi f_m t + \varphi] + J_1(\beta)\sin[2\pi(f - f_r)t + \varphi] + J_1(\beta)\sin[2\pi(f_m + f_r)t + \varphi] + J_2(\beta)\sin[2\pi(f_m - 2f_r)t + \varphi] + J_2(\beta)\sin[2\pi(f_m + 2f_r)t + \varphi] + \cdots\} \qquad (3.11)$$

式中 $J_n(\beta)$——自变量的第 n 阶贝塞尔系数，$n = 0, 1, 2, 3, \cdots$

由式（3.11）可知，调频振动信号中包含有无限多个频率分量，其中第一项 $J_0(\beta)$ 为载波分量，第二项 $J_1(\beta)$ 有一阶上边带分量和下边带分量，第三项 $J_2(\beta)$ 有二阶上边带分量和下边带分量……它们是以载波频率 f_m 为中心，以调制频率 f_r 为间隔，形成对称分布的无限多对的边带，如图3.7所示。

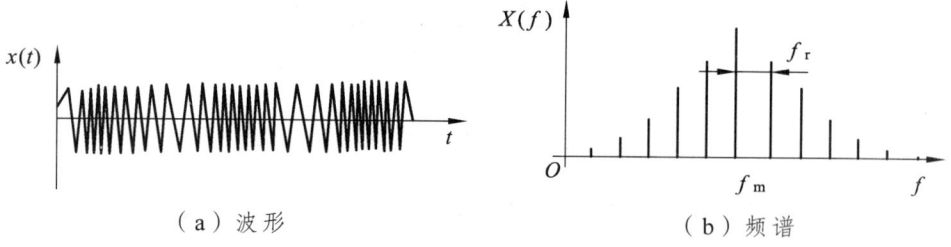

（a）波形　　　　　　　　　（b）频谱

图 3.7　频率调制

齿轮振动信号的幅值调制与频率调制有三个共同点：
① 载波频率相等（为啮合频率）；
② 边带频率间隔相等（为齿轮的旋转频率）；
③ 边带对称分布于载波频率两侧。

与幅值调制的一个不同之处是，频率调制之后信号的包络线不变，即调制后的总能量保持不变，这相当于把载波频率上的能量分散到边频上去了。

（3）调制调幅。

在实际的齿轮系统中，调幅效应和调频效应一般同时存在，频谱上的边频成分为两种调制单独作用时所产生的边频成分相叠加。虽然在理想条件下两种调制所产生的边频带都是对称于载波频率的，但两者共同作用时，由于边频成分具有不同的相位，所以它们的叠加是矢量相加，叠加后，边频幅值有的增加，有的下降，在频谱图上形成复杂的不对称调制边带，如图 3.8 所示。

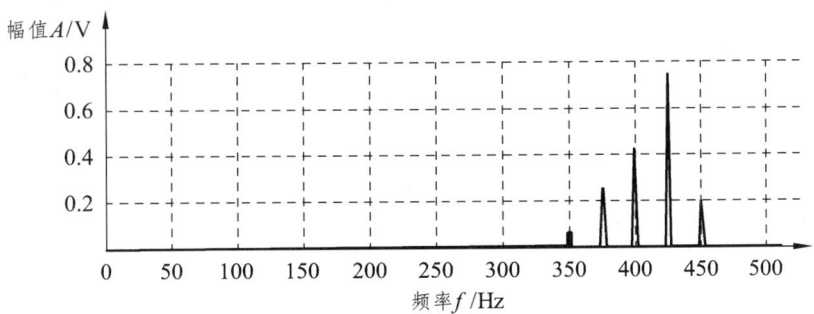

图 3.8　调幅调频同时存在时的信号幅值谱

3.4　齿轮箱噪声产生的机理

齿轮箱可以看作是质量弹簧组成的一个振动系统，轮齿的弹簧刚度具有周期性变化的性质，制造装配误差、传动误差的存在和扭矩的变动形成激振力，在此激振力的作用下，齿轮会产生振动，此振动通过轴、轴承座传给齿轮箱，轴承、轴等的振动也传给齿轮箱，产生箱体的振动。同时，振动还以固体声和空气声的形式传播，成为噪声，如图 3.9 所示。

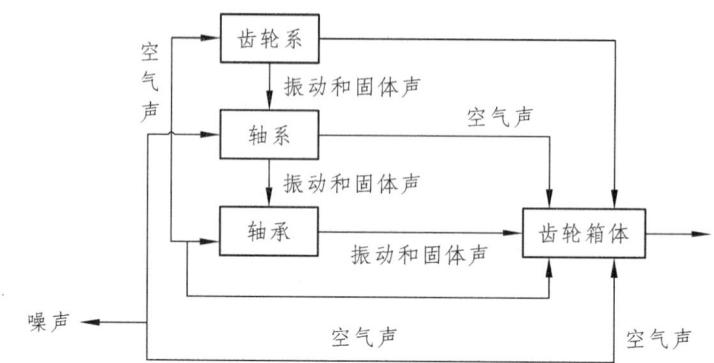

图 3.9 齿轮箱振动、噪声的产生传递过程

齿轮箱运转噪声本质上属于冲击噪声，冲击噪声可以分为两部分，即加速度噪声与自鸣噪声。所谓加速度噪声是指被撞击的物体产生瞬间加速度，在空气介质中产生速度势，从而产生声压。自鸣噪声则指冲击过后物体的自由衰减振动而产生的噪声。

噪声实际上是振动在空气中或固体中的传播，所以噪声的频率成分与振动基本上是一样的，产生的机理也一样。但在噪声传播中，有些频率成分衰减较快，有些频率成分衰减较慢，且环境其他噪声源所产生的噪声会与齿轮箱产生的噪声相叠加，所以测得的噪声信号的频谱与振动信号的频谱是有差别的，有时这种差别很大。

与振动信号相比，齿轮箱产生的噪声信号更易受到环境其他噪声源所产生噪声的干扰，从而形成噪声叠加，给故障诊断带来更大的困难。

3.5 齿轮箱冲击振动的几种形式

齿轮箱的冲击振动一般由下列频率成分构成：
（1）转频及其高次谐波。
（2）齿轮啮合频率及其高次谐波。
（3）以齿轮啮合频率及其高次谐波为载波频率，以齿轮所在轴的转频及其高次谐波为调制频率的齿轮啮合频率调制现象而产生的边频带。
（4）以齿轮固有频率为载波频率，以齿轮所在轴的转频及其高次谐波为调制频率的齿轮固有频率共振调制现象而产生的边频带。

（5）以齿轮箱箱体固有频率为载波频率，以齿轮所在轴的转频及其高次谐波为调制频率的箱体共振调制现象而产生的边频带。

（6）以固有频率为载波频率和以滚动轴承通过频率为调制频率的调制边频带。

（7）隐含成分。

（8）交叉调制现象。

在齿轮箱上测得的信号为上述信号的一种或者几种振动综合作用的结果，相当复杂。由于其交叉调制成分复杂，故忽略其交叉调制成分，则齿轮箱的振动信号可以表示为

$$Y(t) = G(t) + \sum X_K(t)D_E(t) + \sum X_{GA}(t)D_G(t) + \\ \sum X_X(t)D_G(t) + \sum X_B(t)D_B(t) + n(t) \quad (3.12)$$

式中 $G(t)$——与各轴转频相关的频率较低的振动信号；

$\sum X_K(t)D_E(t)$——齿轮本身或轴弯曲等其他故障引起的齿轮啮合频率调制信号；

$\sum X_{GA}(t)D_G(t)$——齿轮本身或轴弯曲等其他故障引起的各阶固有频率调制信号；

$\sum X_X(t)D_G(t)$——齿轮本身或轴弯曲等其他故障引起的齿轮箱固有频率调制信号；

$\sum X_B(t)D_B(t)$——滚动轴承异常振动信号；

$n(t)$——其他振动与干扰信号；

$X(t)$——载波信号；

$D(t)$——调制信号。

3.6 齿轮箱轴承振动的产生与特点

3.6.1 滚动轴承基本参数与特征频率

滚动轴承的振动可由外部振源引起，也可由轴承本身的结构特点及缺陷引起。此外，润滑剂在轴承运转时产生的流体动力也可以是振动（噪声）源。上述振源施加于轴承零件及附近的结构件上时都会激励起振动。

滚动轴承的典型结构如图 3.10 所示，它由内圈、外圈、滚动体和保持架四部分组成。

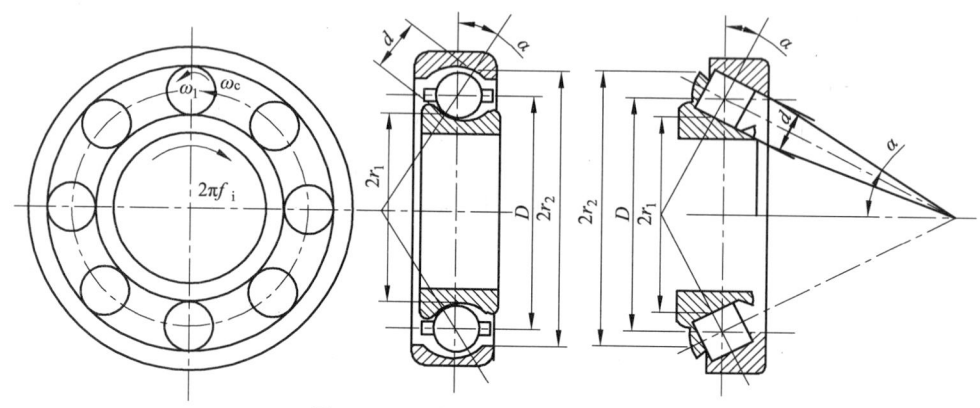

图 3.10　滚动轴承的典型结构

滚动轴承的典型几何参数有：

轴承节距 D：轴承滚动体中心所在圆的直径。

滚动体直径 d：滚动体的平均直径。

内圆滚道半径 r_1：内圆滚道的平均半径。

外圆滚道半径 r_2：外圆滚道的平均半径。

接触角 α：滚动体受力方向与内外滚动垂直线的夹角。

滚动体个数 Z：滚动体的数目。

滚动轴承特征频率见表 3.1。

表 3.1　滚动轴承特征频率表

项　目	特征频率
内圆旋转频率 f_i	$f_i = \dfrac{N}{60}$
内外圈相对旋转频率 f_r	$f_r = f_i - f_0 = f_i$
内圈缺陷特征频率 Zf_{ic}	$\dfrac{1}{2} Z \cdot \left(1 + \dfrac{d}{D}\cos\alpha\right) \cdot f_r$
外圈缺陷特征频率 Zf_{io}	$\dfrac{1}{2} Z \cdot \left(1 - \dfrac{d}{D}\cos\alpha\right) \cdot f_r$
滚动体缺陷特征频率 f_{bc}	$\dfrac{D}{2d}\left[1 - \left(\dfrac{d}{D}\right)^2 \cos^2\alpha\right] \cdot f_r$
保持架缺陷特征频率 f_c	$\dfrac{1}{2}\left(1 - \dfrac{d}{D}\cos\alpha\right) \cdot f_r$

3.6.2 正常轴承的振动信号特征

所谓正常轴承只是一个相对的概念，对于一般普通机械是"正常"轴承，用于航空或精密机械就可能被视为"异常"轴承了。即使是正常的轴承由于其本身结构的特点也会导致运转时产生振动和噪声，同时由于制造、装配及安装等过程中引入的误差，如滚动体和滚道表面的波纹度、粗糙度以及几何精度误差等，也会使轴承在运转中产生振动和噪声。

（1）由轴承结构特点引起的振动。

滚动轴承在承载时，由于在不同位置承载的滚子数目不同，因而承载的刚度会随旋转而发生变化，引起轴心的起伏波动。这种起伏波动有时被称为滚动体的传输振动，其振动的主要频率为外滚道通过频率 $Z \cdot f_{io}$。为了减小这种振动的振幅，可以使用游隙较小的轴承或通过加预紧力来消除游隙。

（2）由轴承刚度非线性引起的振动。

滚动轴承是通过滚道与滚动体之间的弹性接触来承受载荷的，具有非线性弹簧的性质。通常，滚动轴承的轴向刚度常呈非线性，特别是当润滑不良时，容易产生异常的轴向振动。在刚度曲线呈对称非线性时，振动频率为 f_r，$2f_r$，$3f_r$，…而当刚度曲线呈非对称非线性时，振动频率就为 f_r，$f_r/2$，$f_r/3$ 等分数谐振，其中，f_r 为轴的旋转频率。刚度非线性引起的振动是一种自激振动，常发生在深沟槽的球轴承上，而自调心球轴承及滚珠轴承则一般不会发生这种振动。

（3）由轴承制造及装配等原因引起的振动。

① 由加工表面波纹度引起的振动。

由于轴内圈、外圈滚道表面及滚动体表面的波纹度会引起振动和噪声，因而影响轴承的运转精度。波纹度一般将引起比滚动体在滚道上的通过频率高很多倍的高频振动、噪声及轴心的振摆，其结果不仅会引起轴承的径向振动，在一定的条件下还会引起轴向振动。

② 由轴承偏心引起的振动。

当轴承游隙过大或滚道偏心时，会引起轴承振动，其振动频率为 kf_r（$k = 1, 2, 3, …$），f_r 为轴的旋转频率。

③ 由滚动体大小不均匀引起的轴心摆动。

滚动体大小不均匀会导致工作时轴心变动以及支承刚性的变化。其振动频率为 f_c 和 $kf_c \pm f_r$，其中，$k = 1, 2, \cdots$ f_c 为保持架缺陷频率，f_r 为轴的旋转频率。振动频率通常在 1 kHz 以下。

④ 由于轴弯曲导致轴承偏斜或轴承装配不正而引起的振动。

如果轴承在轴上装歪或者轴发生了弯曲，轴在旋转时相当于转子的角度不对中现象，将表现出以转速频率 f_r 为特征的振动频率。但在滚动轴承中，由于这种情况下会使轴承单方向受力加重，因此又具有滚动体通过频率 $Z \cdot f_{io}$ 的特征，两者合成为 $Z \cdot f_{io} \pm f_r$，$k = 1, 2, \cdots$ 成为这种故障振动的主要频率成分。

⑤ 由于装配过紧或过松引起的振动。

轴承装配过紧会导致内、外圈局部变形，游隙发生不均匀变化；装配过松会导致轴承窜动。因此，当滚动体在通过特定位置时，都会产生频率相应于滚动体通过周期的周期振动，其振动频率为滚动体的通过频率 $Z \cdot f_{io}$。

综上所述，即使是正常轴承在运转时也会出现十分复杂的振动和噪声。

3.6.3 故障轴承的振动信号特征

滚动轴承的故障种类是多种多样的，但在实际应用中最常见和最有代表性的故障类型通常只有三种，即疲劳剥落损伤、磨损和胶合。

（1）疲劳剥落损伤。

在这类故障中包括疲劳剥落、裂纹、压痕等滚动表面上形成的局部损伤状态。当轴承零件上产生了疲劳剥落凹坑后，在轴承运转过程中，因为遇到凹坑造成碰撞就会产生冲击振动。在滚动轴承中，剥落凹坑处由于碰撞而产生的冲击力的脉宽一般都很小，大致为微秒级。我们知道，力的频谱宽度与脉冲持续时间成反比，因此，冲击力的频谱可从 0 Hz 延展到 100～500 kHz，这就意味着可以在很宽的频率范围内激发起轴承-传感系统的固有振动。当然，从冲击发生处到测量点的传递特性对此有很大的影响。所以在测量中要恰当地选择测点位置，最好是接近承载区，振动传递界面越少越好。

冲击振动从分析的角度来看可以分为两种类型。第一种是直接分析，由于滚动体通过工作面上的缺陷，产生反复冲击而形成 1 kHz 以下的低频振动，或称为轴承的通过振动，它是滚动轴承的重要特征信息之一；但是由于这一频带中的噪声干扰很大，所以不容易捕捉到早期诊断信息。第二种是分析由于冲击而激起的轴承零件的固有振动。实际应用中可以利用的固有振动有三种：

① 轴承内、外圈一阶径向固有振动，起频带范围一般在 1 ~ 8 kHz。

② 轴承零件其他固有振动，其频率范围多在 20 ~ 60 kHz。

③ 加速度传感器的一阶固有频率，其频率中心通常选择在 10 ~ 25 kHz。

一般在轴承处于正常状态时，频率成分主要集中在 1 kHz 以下的低频段，当轴承发生疲劳损伤后，低频段的频率成分变化并不十分明显，但在稍高的频段上（500 ~ 5 000 Hz）却增加了大量的峰值群。深入分析表明，这些峰值群的中心频率与相应的轴承外圈与机壳形成的振动系统的一阶径向固有振动有关。

（2）磨损。

伴随着轴承磨损的发生，其振动加速度信号的峰值和 RMS 值缓慢上升，假如不发生疲劳磨损，严重磨损后的振动幅值会比最初增大很多倍；但振动信号的特性与正常轴承相似，呈较强的随机性，且振幅的概率密度基本上为正态分布，频谱特征也无明显差别。随着磨损的发展，振动信号峰值与 RMS 的比值呈不断增大的趋势。

（3）胶合。

胶合是轴承工作表面烧伤的直接结果。烧伤过程中，伴随着间断性的冲击振动，但是由于烧伤发生到胶合的时间过程很短，因此，一般难以通过定期检查及时发现。可以通过发生胶合的滚动轴承的振动加速度及外圈温度的变化来反映胶合故障。发生胶合的滚动轴承，第一阶段，振动加速度值略微下降，温度缓慢上升；第二阶段，振动值开始急剧上升，刚度，例如，电机转子绕组不均匀、轴上局部铣成的平面或键槽过深、局部同轴度偏差过大、刚性联轴器联结螺栓拧紧度不均匀等。理论推算表明，对于水平安装的转子，刚度不对称会产生 2 倍频振动以及副临界转速振动，后者会在 1/2 临界转速处出现一个振动峰值，若转子-轴承系统阻尼不足，在 1/2 临界转速与临界转速之间运行时就会发生不稳定振动。

非线性振动是指振动的力学模型参数（质量 m、刚度 k、阻尼 c），这些并非都是常数。而在线性振动系统中，如不平衡、不对中等，模型参数都被认为是相互独立的与振动无关的常数（严格地说，实际振动在本质上都是非线性的）。造成系统非线性的因素是刚度或阻尼出现非线性，或者两者兼而有之，如油膜涡动、摩擦、内摩擦、配合松动、裂纹等。非线性振动的特征是振动本身的不确定性，波形杂乱，频率为次谐波、高次谐波、和差频，振幅为多值，且呈跳动状；通俗地说，非线性振动时大时小，振幅时高时低，频率时有时无。

（3）开闭裂纹。当裂纹区起作用的应力是由重力或其他径向载荷所引起时，轴每旋转一周，裂纹就会相应张开、闭合一次，裂纹总是呈开、闭交替状态。裂纹张开时，对面 180°处材料纤维受到的是压应力；裂纹闭合时，受到的则是拉应力。转子旋转一周，受力交变两次，因此，振动频率为 2 倍频，同时还有开裂纹非线性振动引起的 1 倍频、3 倍频、5 倍频等倍频分量。

在实际的裂纹故障中，轴每旋转一周，裂纹总是有张有合的，由刚度不对称所引发的非线性振动也总是存在的。但由于高阶倍频振幅衰减极快，往往能识别到的振动值主要是 1 倍频、2 倍频、3 倍频分量，其中，2 倍频更为明显。

需要指出的是，裂纹对振动的响应并不十分敏感，即使裂纹已经很深，有时也很难发现振动有明显的变化。计算表明，轴中部有深度达 1/4 直径的裂纹时，轴的刚度变化仅为 10% 左右，临界转速的变化只有 5%。因此，想要在正常运行中在早期发现裂纹往往是很困难的，比较有效的方法是监测开停车尤其是停车过程中的相关振动信息。

而温度却会有所下降,在这一段时间里轴承表面状态已经恶化;第三阶段,振动值第二次急剧上升,温度也会急剧上升;第四阶段,轴承中会有频繁的金属之间直接接触及滑动,润滑剂恶化甚至发生炭化,直至胶合发生。

3.6.4 滚动轴承振动信号的分析频带选择

图 3.11 所示为滚动轴承振动的频谱结构,可分为 3 个部分。

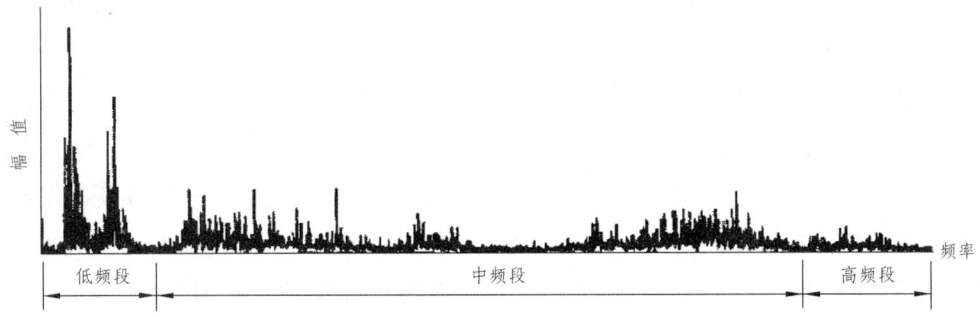

图 3.11 轴承振动的频谱结构

(1) 低频段频谱 (1 kHz 以下)。

低频段频谱包括轴承的故障特征频率及加工装配误差引起的振动特征频率,通过分析低频段的谱线,可以监测和诊断相应的轴承故障。不过由于这一频段易受机械中其他零件及结构的影响,并且在故障初期反映局部损伤故障位置的特征频率成分信息的能量很小,常常淹没在噪声之中,因此低频段不宜于诊断轴承的早期局部损伤故障。但通过低频段的分析,可以将轴承装配不对中、保持架变形等故障诊断出来。

(2) 中频段频谱 (1~20 kHz)。

中频段频谱主要包括轴承元件表面损伤引起的轴承元件的固有频率。分析此频段的振动信号可以较好地诊断出轴承的局部损伤故障。通常采用共振解调技术,通过适当的滤波,获取信噪比较高的振动信号,进而分析轴承故障。

（3）高频段频谱（20 kHz 以上）。

如果测量用的加速度传感器谐振频率较高（40 kHz 以上），那么由轴承损伤引起的冲击在 20 kHz 以上的高频也有能量分布，所以测得的信号中含有 20 kHz 以上的高频成分。对此高频段信号进行分析也可以诊断出轴承的相应故障。但是，当加速度传感器谐振频率较低时，很难测得这一频带信号。

4 轨道交通齿轮箱典型故障振动信号特征

4.1 齿轮常见失效形式

齿轮是最常用的机械传动零件，齿轮故障也是转动设备常见的故障。据有关资料统计，齿轮故障占旋转机械故障的 10.3%。齿轮故障可划分为两大类，一类是轴承损伤、不平衡、不对中、齿轮偏心、轴弯曲等；另一类是齿轮本身（即轮齿）在传动过程中形成的故障。在齿轮箱的各零件中，齿轮本身的故障比例最大，据统计其故障率达 60% 以上。齿轮本身的常见故障形式有以下几种：

（1）断齿。

断齿是最常见的齿轮故障，轮齿的折断一般发生在齿根，因为齿根处的弯曲应力最大，而且是应力集中之源。

断齿有三种情况：

① 疲劳断齿，由于轮齿根部在载荷作用下所产生的弯曲应力为脉动循环交变应力以及在齿根圆角、加工刀痕、材料缺陷等应力集中源的复合作用下，会产生疲劳裂纹，裂纹逐步蔓延扩展，最终导致轮齿发生疲劳断齿。

② 过载断齿，对于由铸铁或高硬度合金钢等脆性材料制成的齿轮，由于严重过载或受到冲击载荷作用，会使齿根危险截面上的应力超过极限值而发生突然断齿。

③ 局部断齿，当齿面加工精度较低或齿轮检修安装质量较差时，沿齿面接触线会产生一端接触、另一端不接触的偏载现象，偏载使局部接触

的轮齿齿根处应力明显增大，超过极限值而发生局部断齿。局部断齿总是发生在轮齿的端部。

（2）点蚀和片蚀。

点蚀是闭式齿轮传动常见的损坏形式，一般多出现在靠近节线的齿根表面上，发生的原因是齿面脉动循环接触应力超过了材料的极限应力。

在齿面处的脉动循环变化的接触应力超过了材料的极限应力时，齿面上就会产生疲劳裂纹。裂纹在啮合时闭合而促使裂纹缝隙中的油压增高，从而又加速了裂纹的扩展。如此循环变化，最终使齿面表层金属一小块一小块地剥落下来而形成"麻坑"，即点蚀。

点蚀有两种情况：

① 初始点蚀（也称为收敛性点蚀），通常只发生在软齿面（HB < 350）上，点蚀出现后，不再继续发展，甚至反而消失。原因是微凸起处逐渐变平，从而扩大了接触区，接触应力随之降低。

② 扩展性点蚀，通常发生在硬齿面（HB > 350）上，点蚀出现后，因为齿面脆性大，凹坑的边缘不会被碾平，而是继续碎裂下去，直到齿面完全损坏。

对于开式齿轮，齿面的疲劳裂纹尚未形成或扩展时就被磨去，因此不存在点蚀。

当硬齿面齿轮热处理不当时，沿表面硬化层和芯部的交界层处，齿面有时会成片剥落，称为片蚀。

（3）磨损。

齿面的磨损是由于金属微粒、尘埃和沙粒等进入齿的工作表面所引起的。齿面不平、润滑不良等也是造成齿面磨损的原因。此外，不对中、联轴器磨损以及扭转共振等，会在齿轮啮合点引起较大的扭矩变化，或使冲击加大，将加速磨损。

齿轮磨损后，齿的厚度变薄，齿廓变形，侧隙变大，会造成齿轮动载荷增大，不仅使振动和噪声加大，而且很可能导致断齿。

（4）胶合。

齿面胶合（划痕）是由于啮合齿面在相对滑动时油膜破裂，齿面直接接触，在摩擦力和压力的作用下接触区产生瞬间高温，金属表面发生局部熔焊而黏着并剥离的损伤。

胶合往往发生在润滑油黏度过低、运行温度过高、齿面上单位面积载荷过大、相对滑动速度过高、接触面积过小、转速过低（油带不起来）

等条件下。齿面发生胶合后,将加速齿面的磨损,使齿轮传动很快地趋于失效。

齿轮的故障还有齿面的塑性变形,即在高压(重载)和很大摩擦力的作用下,齿面金属层发生塑性移动变形,从而在主动轮上出现节线附近局部凹下、从动轮节线附近局部凸起的现象,但常见的齿轮故障还是以上四类。有人对 145 件齿轮故障进行了检测调查,结果见表 4.1。

表 4.1 齿轮常见故障的百分比

齿轮故障类型	断齿	点蚀	磨损	胶合	其他
所占百分比(%)	41	31	10	10	8

4.2 齿轮故障的特征信息

由于结构和工作原理上的一些特点,齿轮的振动信号较为复杂,在对其进行振动故障诊断时,往往需要同时在时域和频域上进行分析。齿轮故障的特征频率基本上由两部分组成:一部分为齿轮啮合频率及其谐波构成的载波信号;另一部分为低频成分(主要为转速频率)的幅值和相位变化所构成的调制信号。调制信号包括了幅值调制和频率调制。下面将分别介绍各特征成分及其所对应的故障类型,并分析其产生的原因。

齿轮传动的特点是,啮合过程中啮合点的位置和参与啮合的齿数都是周期性变化的,这就造成了齿轮轮齿的受力和刚度成周期性变化,由此而引起的振动必然含有周期性成分,反映这个周期性特征信息的就是啮合频率及其高次谐波。

齿轮在啮合过程中,齿面既有相对滚动,又有相对滑动。如图 4.1 所示,主动齿轮上的啮合点由齿根移向齿顶,随啮合半径逐渐增大,速度逐步增高;而从动齿轮上的啮合点由齿顶移向齿根,速度逐步降低。两齿轮速度上的差异形成了相对滑动。节点 P 处,两齿轮速度相等,相对滑动速度为零。在主动齿轮上,齿根与节点之间的啮合点速度低于从动齿轮上的啮合点速度,因此滑动方向向下;而在节点与齿顶之间的啮合点速度高于从动齿轮,滑动方向向上。主动齿轮、从动齿轮都在节点处改变了滑动方向,也就是说,摩擦力的方向在节点处发生了改变,形成了节线冲击。

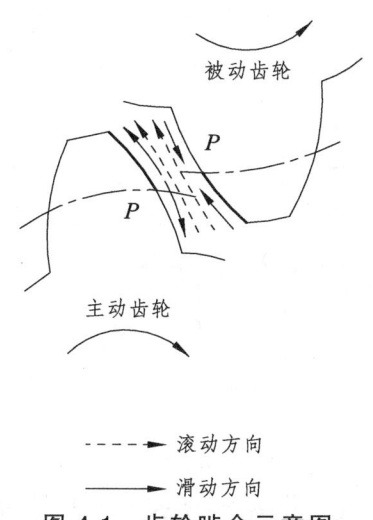

图 4.1 齿轮啮合示意图

齿轮啮合过程中,除了啮合点位置变化引起的节线冲击外,更为重要的是由于参与啮合的齿数变化而引起的啮合冲击。对于重叠系数在 1~2 的渐开线直齿轮,在节点附近是单齿啮合,在齿根、齿顶附近是双齿啮合。显然,双齿啮合时载荷小、刚度大,单齿啮合时载荷大、刚度小,如图 4.2 所示。

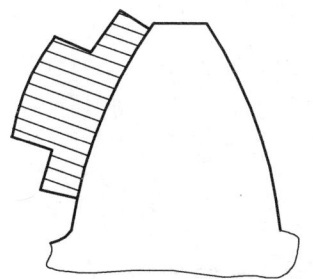

图 4.2 齿面承受载荷变化图

也就是说,即使齿轮所传递的是恒定扭矩,但当每对齿在脱离啮合或进入啮合时,轮齿上的载荷和刚度都要发生突然增大或减小,从而形成啮合冲击。对于重叠系数低的直齿,啮合冲击尤为显著,其作用力和刚度变化基本上呈矩形波,如图 4.3 所示。

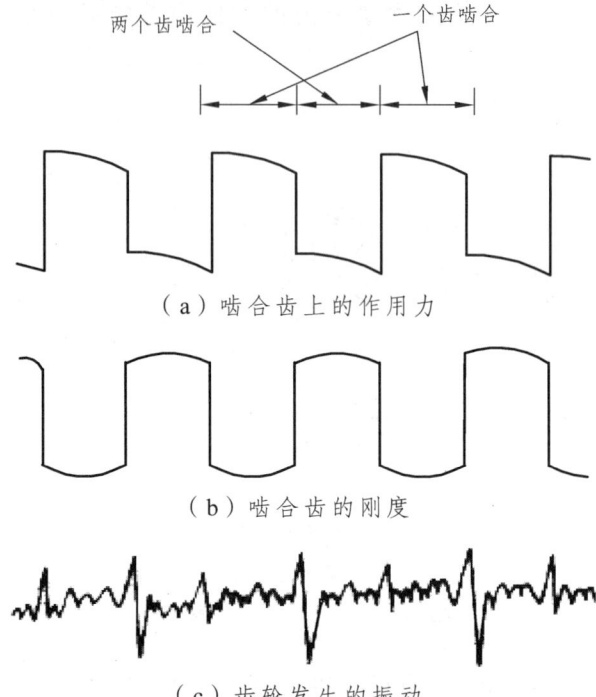

图 4.3 直齿啮合过程中的力和刚度变化

对于斜齿,由于其啮合点是沿齿宽方向移动的,啮合过程的变化较为平缓,刚度变化接近正弦波。因此,轮齿的啮合冲击和啮合刚度的变化取决于齿轮的类型和重叠系数。

显然,齿轮的啮合冲击、节线冲击、啮合刚度的变化是周期性的,而这个周期性变化的频率,就是第三章中提到的齿轮啮合频率。啮合频率在齿轮故障诊断中具有极为重要的意义。

4.3 典型故障振动信号特征

4.3.1 齿形误差

齿轮的失效形式中,凡是造成齿轮齿形改变的故障,从齿轮故障诊断的角度出发，由于其振动信号特征基本相同，所以在齿轮箱故障诊断中，统称齿形误差。齿形误差可能是在投入使用后产生的，也可能是在制造或安装过程中产生的。在齿轮的制造过程中，由于加工设备分度不准、刀具磨损等原因会产生分布类型的齿轮齿距误差及齿形误差；在齿轮安装过程中，由于安装偏心或者联轴器安装不同心，都会产生分布类型的齿形误差；在齿轮工作过程中，会产生齿面点蚀、疲劳剥落和局部齿面磨损等集中型的齿形误差。

齿轮箱中齿轮发生齿形误差时，可测试其箱体振动信号，并用时域分析、频谱分析和解调谱分析等信号处理方法进行分析。在频谱分析中，若发现其频谱上产生以齿轮啮合频率及其谐波为载波频率，以故障齿轮所在轴转频及其倍频为调制频率的啮合频率调制现象，则谱图上将在啮合频率及其倍频附近产生幅值小且稀疏的边频带；进行解调分析时，其解调谱上出现转频阶数较少，一般以一阶为主。从机理分析来说，若存在集中型的齿形误差，当有故障的齿进入啮合时，会产生小的冲击激励，而且这种小的冲击发生的频率是齿轮所在轴每转一次发生一次，会产生以齿轮啮合频率及其高次谐波为载波频率，以故障齿轮所在轴转频及其倍频为调制频率的调制现象。分布型的齿形误差，由于产生冲击的能量小，所以调制频率的边频带少，即其在工作中产生的异常振动的频率也是以齿轮所在轴的转频为周期，同样会产生以齿轮啮合频率及其谐波为载波频率，以故障齿轮所在轴转频及其倍频为调制频率的啮合频率调制现象，由于分布型故障一般不产生大的冲击振动，能量小，所以调制频率的边频带少。当齿形误差较严重时，会产生较大的冲击激励，此时能量较大，调制产生的边频带的幅值和宽度都较大，有时还会激励起齿轮的固有频率，产生齿轮共振调制现象，出现以齿轮固有频率为载波频率，以故障齿轮所在轴转频及其倍频为调制频率的啮合频率调制现象。

当产生齿形误差时，齿轮箱箱体振动信号的主要特征表现为：

（1）以齿轮啮合频率及其谐波为载波频率，以齿轮所在轴转频及其倍频为调制频率的啮合频率调制。一般的齿形误差产生的调制边频带窄，以一阶转频调制为主，且边频带的幅值较小。当齿形误差严重时，由于激振能量较大，激励起齿轮固有频率，出现以齿轮各阶固有频率为载波频率，以齿轮所在轴转频及其倍频为调制频率的齿轮共振频率调制。

（2）振动能量（包括有效值和峭度指标）有一定程度的增大。
（3）包络能量（包括有效值和峭度指标）有一定程度的增大。

4.3.2 齿轮均匀磨损

在齿轮齿面磨损失效中，当属于均匀磨损的性质时，一般不形成轮齿齿形的局部大改变，其箱体振动信号的特征也和齿形误差不同，表现为啮合频率及其高次谐波的幅值明显增大，但一般不产生明显的调制现象。所以就齿轮故障诊断而言，它属于另一类典型故障。

齿轮箱中齿轮发生均匀磨损时，测试其箱体振动信号，并用时域分析和频谱分析等信号处理方法进行分析表明：齿轮均匀磨损时，由于一般无冲击振动信号产生，所以不会出现明显的调制现象；当磨损发展到一定程度时，从其频谱图（见图 4.4）中可以看出，啮合频率 f_m 及其各阶谐波幅值明显增大，而且阶数越高，谐波增大的幅度越大。同时，振动能量（包括有效值和峭度指标）有较大幅度的增加。从机理分析来看，如果没有磨损，各轮齿是渐开线形状，在运行中产生的振动时，频率为齿轮啮合频率的单频率谐波曲线；由于是均匀磨损，只是各轮齿的渐开线形状发生了平稳的变化，在运行中产生的振动是基频为齿轮啮合频率的周期信号曲线；磨损越严重，振动的时域曲线越接近于方波，所以啮合频率（即基频）的幅值增大，啮合频率的高次谐波的幅值明显增大，且阶数越高，谐波增大的幅度越大，振动能量也有明显的增大。

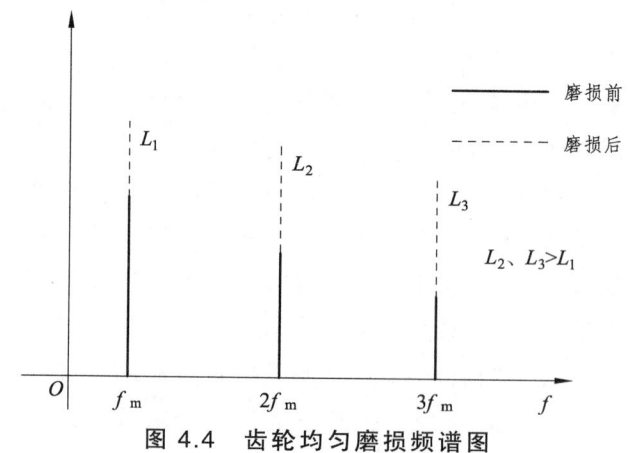

图 4.4 齿轮均匀磨损频谱图

齿轮均匀磨损时齿轮箱箱体振动信号的主要特征为：

（1）齿轮啮合频率及其谐波的幅值明显增大，阶数越高，幅值增大的幅度越大。

（2）振动能量（有效值）有较大幅度的增加。

4.3.3 断　齿

断齿是齿轮失效的一种严重形式，也是常见的失效形式之一，其中多数断齿为疲劳折断。发生断齿时，测试齿轮箱箱体振动信号，并利用时域分析、频谱分析、细化谱分析和解调谱分析等信号处理方法进行分析表明：轴系在转动时，在断齿处的轮齿参与啮合时都会产生很大的冲击振动。在时域上表现为幅值很大的有规律的冲击型振动，冲击的频率等于断齿所在轴的转频；在频域上表现为在啮合频率 f_m 及其高次谐波附近出现间隔为断齿轴转频 f_e 的边频带；边频带一般数量多、幅值较大、分布较宽。解调谱中常出现转频及其高次谐波，甚至出现 10 阶以上。同时由于瞬态冲击能量大，时常激励起固有频率，产生齿轮固有频率调制现象，出现以齿轮各阶固有频率为中心频率，以断齿所在轴的转频及其高次谐波为调制频率的调制边频带。一般情况下，断齿的时域波形和频域波形如图 4.5 所示。

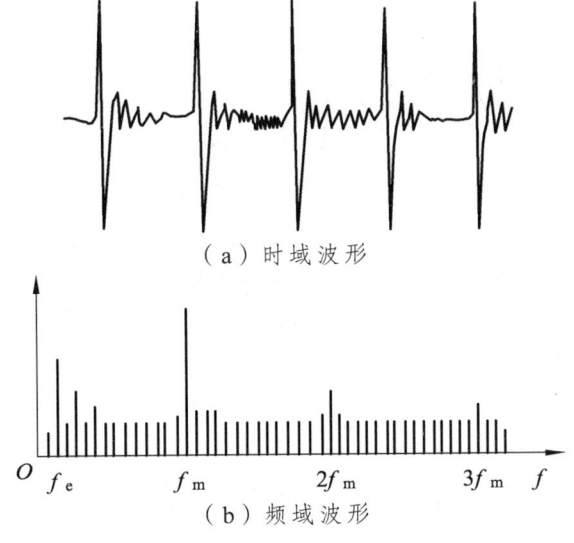

(a) 时域波形

(b) 频域波形

图 4.5　断齿时域和频率波形图

发生断齿时齿轮箱箱体振动信号的主要特征为：

（1）以齿轮啮合频率及其谐波为载波频率，以齿轮所在轴转频及其倍频为调制频率的啮合频率调制，调制边频带宽而高，解调谱出现所在轴的转频和多次高阶谐波。

（2）以齿轮各阶固有频率为载波频率，以齿轮所在轴转频及其倍频为调制频率的齿轮共振频率调制，调制边频带宽而高，解调谱出现所在轴的转频和多次高阶谐波。

（3）振动能量（包括有效值和峭度指标）有较大幅度的增加。

（4）包络能量（包括有效值和峭度指标）有较大幅度的增加。

4.3.4　齿轮不平衡

齿轮的不平衡是指齿轮的质心和回转中心不重合，从而导致齿轮副的不稳定运行和振动。

（1）时域特征。

具有不平衡质量的齿轮在不平衡力的激励下会产生以调幅为主、调频为辅的振动，其振动波形如图 4.6 所示。

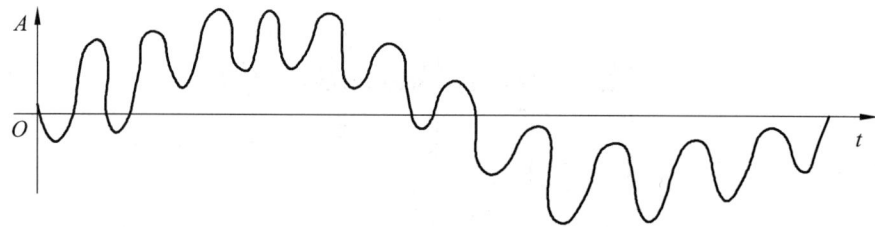

图 4.6　不平衡齿轮的振动时域波形

（2）频域特征。

由于齿轮自身的不平衡产生的振动，将在啮合频率 f_m 及其谐波两侧产生转频 f_e 及其倍频的边频带，同时，受不平衡力的激励，齿轮轴的旋转频率及其谐波的能量也有相应增加，如图 4.7 所示。

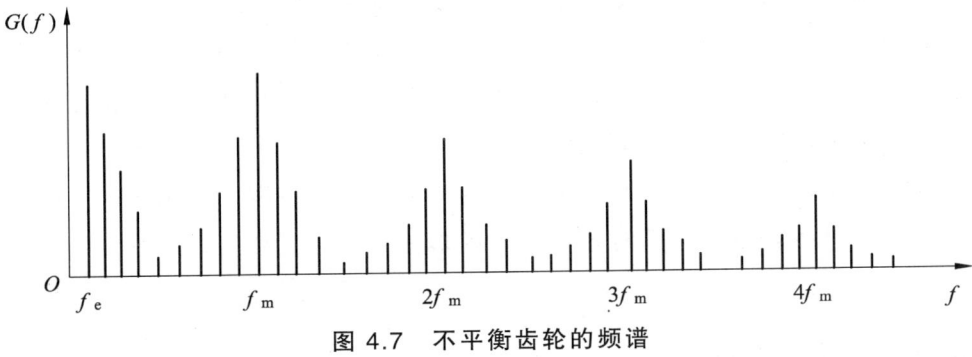

图 4.7 不平衡齿轮的频谱

4.3.5 轴不对中

齿轮箱中发生轴不对中的故障，主要出现在齿轮箱与其他部件相连接的联轴器部位，当联轴器两端的轴虽平行却不对中时，在轴旋转过程中，轴会受径向交变力的作用。轴每转一周，径向力交变两次，在径向力的作用下，轴会在径向产生振动，而且由于轴之间的偏差，在齿轮箱传动中通常会导致分布类型的齿形误差，在齿轮箱运行过程中会产生齿轮的啮合频率调制现象。

轴不对中时测得的齿轮箱振动信号是一个频率非常低的振动信号，加速度信号很难反映出来，速度信号和位移信号比较灵敏。由于造成分布型齿形误差的存在，信号中还会出现以齿轮啮合频率 f_m 及其谐波为载波，以齿轮所在轴的转频 f_e 及其高次谐波为调制波的调制形式，如图 4.8 所示。

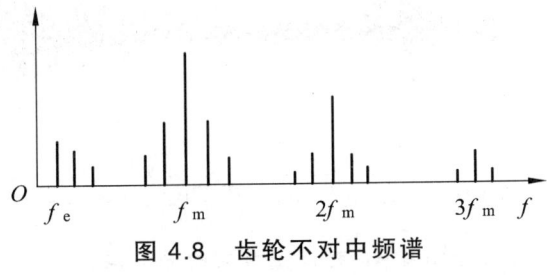

图 4.8 齿轮不对中频谱

轴不对中时齿轮箱体振动信号的主要特征为:

(1) 以齿轮啮合频率及其谐波为载波频率,以齿轮所在轴转频及其倍频为调制频率的啮合频率调制,其中,调制频率的 2 倍频成分幅值最大。

(2) 齿轮啮合频率及其谐波幅值增大。

(3) 振动能量(包括有效值和峭度指标)有一定程度的增加。

(4) 包络能量(包括有效值和峭度指标)有一定程度的增加。

4.3.6 轴弯曲

当齿轮箱中轴出现严重弯曲时,测试其箱体振动信号,并进行时域分析、频谱分析和解调分析表明:时域有明显的冲击振动,以一定的时间间隔出现,冲击持续了整个周期的 1/3 以上,这与单个断齿和集中型故障产生的冲击振动有明显区别,这是轴严重弯曲造成的齿轮啮合过程中连续多次单齿冲击振动构成的一次大的冲击过程,如图 4.9 所示。当冲击能量很大时激励起箱体的固有频率和齿轮的固有频率,振幅很大。轴严重弯曲时,振动能量很大,为一种严重故障,产生箱体共振调制现象和齿轮共振调制现象,形成以啮合频率及其倍频、齿轮低阶的各阶固有频率、箱体各阶固有频率为载波频率,以齿轮所在轴转频为调制频率的啮合频率调制现象。如果弯曲轴上有多对齿轮啮合,则会出现多对啮合频率调制现象。谱图上出现的调制边频带数量较宽,轴向振动能量明显加大。

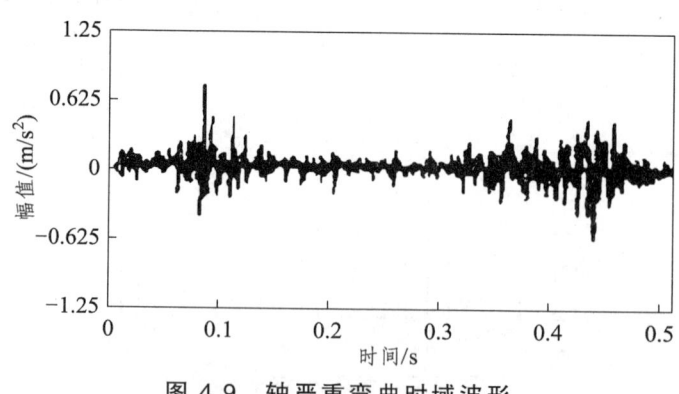

图 4.9 轴严重弯曲时域波形

轴严重弯曲时齿轮箱箱体振动信号的主要特征为：

（1）以齿轮啮合频率及其谐波、齿轮固有频率、箱体固有频率为载波频率，以齿轮所在轴转频为调制频率的啮合频率调制，谱图上边频带数量较宽，解调谱上出现所在轴的转频和多阶高次谐波。

（2）如果弯曲轴上有多对齿轮啮合，则会出现多对啮合频率调制。

（3）弯曲轴的多对齿轮的啮合频率及其高次谐波。

（4）振动能量（包括有效值和峭度指标）有较大幅度的增加。

（5）包络能量（包括有效值和峭度指标）有大幅度的增加。

4.3.7 轴横向裂纹

转子发生轴横向裂纹的概率很低，发生因横向裂纹扩展而断轴的概率则更是极低。由于造成裂纹的潜在因素很多，如因设计、加工、材质、热处理欠妥所引起的应力集中以及疲劳、蠕变、腐蚀等，加之断轴故障的危害极大，因此应该对轴横向裂纹故障有所了解。

4.3.7.1 轴横向裂纹故障的振动机理

相对于其他方向上的裂纹来说，垂直于轴线方向上的横向裂纹，对转子形成的实际威胁最大。由于裂纹所处部位应力状态的不同，横向裂纹会呈现三种不同的状态，并表现出有所不同的振动状况。

（1）闭裂纹。轴在旋转时，若裂纹区始终处于压应力状态下，则裂纹总是呈现为闭合状态。例如，转子重量不大、不平衡力较小或不平衡力正好处于裂纹对面。闭裂纹对轴振动影响不大，难以察觉。

（2）开裂纹。开裂纹的受力情况正好与闭裂纹相反，不平衡力与裂纹处于同一方向上，裂纹区始终处于拉应力状态下，裂纹总是呈现为张开状态。开裂纹造成轴刚度不对称，从而使振动加大并带有非线性性质，表现在振动频率成分中，除1倍频分量外，还有2倍频、3倍频、5倍频等高阶倍频分量。

转轴刚度不对称是指旋转轴截面上两个相互垂直方向具有不同的

4.3.7.2 振动特征

（1）频谱图上，除工频外，还会出现 2 倍频、3 倍频、5 倍频等高阶倍频分量。

（2）转速稳定时，工频及 2 倍频、3 倍频、5 倍频等高阶倍频分量的幅值及相位并不稳定，其中，2 倍频分量更显突出。

（3）裂纹的扩展随深度的增大而加速时，工频、2 倍频的幅值相应快速上升，同时相位出现不规则波动，尤其是趋势图上 2 倍频幅值的快速上升可作为裂纹故障诊断的依据（有资料介绍，峰值增长速度达 25 μm/h 时，裂纹深度达 60%D，D 表示轴直径）。

（4）在开停车过程中，转子在通过 1/2、1/3、1/5…临界转速时，由于此时相应的高阶倍频（2 倍频、3 倍频、5 倍频……）正好与临界转速相重合，会出现谐波共振现象，振动响应会出现峰值。波特图会清晰地显现这一现象。

（5）裂纹削弱了转子的刚度，使临界转速变小，尤其是当裂纹趋于严重时。

（6）全息谱图上，2 倍频的轴心轨迹为椭圆。

裂纹引起的振动对转速的变化较为敏感，振动值随转速上升而增大，随转速降低而变小。

与不对中故障进行区别最简单、最快捷的方法是看全息谱图上 2 倍频的轴心轨迹，裂纹为一般椭圆，不对中则为很扁的椭圆。

4.3.8 支承系统连接松动

支承系统连接松动是指由于配合间隙误差过大或结合面螺栓松动，使支承系统连接刚度降低，从而引起振动异常的一种故障类型。例如，配合面间隙过大、紧力不足、连接螺栓断裂或松动、基础松动、支座变形或出现裂纹等。由于松动，极小的不平衡或不对中等都会导致支承系统产生很大的振动。

4.3.8.1 支承系统连接松动故障的振动机理

振动幅值的大小是由激振力和机械阻抗（由系统刚度及阻尼组成的抵抗振动的能力）两个方面共同决定的。松动使连接刚度下降，这是松动导致振动异常的基本原因。由于松动部位的不同，松动故障的振动机理可从不同侧面加以说明。

（1）基础松动。基础松动是指机器的底座、台板和基础存在结构松动，或水泥灌浆不实以及结构或基础的变形。发生此类振动时，是机器的整体都在振动，因此，测量转子相对于轴承振动的涡流传感器对此反应不够敏感，往往还需要使用绝对式传感器来进行测量。一般在垂直方向上的振动值会相对更大一些。

（2）结合面紧固螺栓松动。结合面紧固螺栓松动是指轴承座、支座、底座、台板、基础之间结合面上的紧固螺栓强度不足、断裂或松动以及支座变形或出现裂纹等。此类振动是由于结合面上存在间隙，导致支承系统产生不连续位移。

（3）轴承套松动。轴承套松动是指轴承套或可倾瓦的衬套与轴承座的配合间隙误差过大，造成间隙过大或轴承紧力不足。轴承套松动时，在转子离心力的作用下，轴承套沿圆周方向产生周期性变形，剖分形式的衬套则是沿剖分面垂直方向产生松动位移，从而改变了轴承的几何参数，进而影响到油膜的稳定性。

上述三种松动，都使支承系统的刚度发生了改变，变化的程度与激振力相关。由于松动的方向性，还造成了支承系统刚度的不对称，因而使松动引起的振动显示出非线性特征。

支承系统松动的频谱特征：除了包含有 1 倍频外，还有 2 倍频、3 倍频等高次谐波及 1/2、1/3 等分数谐波。另外，理论分析表明，在轴承偏心率及转速偏低时，即 $\omega/\omega_k < 0.75$ 时（ω 为实际运行转速，ω_k 为临界转速），转子振动响应小于静变形，此时松动对转子运行的影响较小。当 $\omega/\omega_k = 0.75\sim2$ 时，转子支承系统为非线性系统，振动响应除 1 倍频外还有 2 倍频、3 倍频等高次谐波及 1/2、1/3 等分数谐波，且 1 倍频幅值随速比 ω/ω_k 而变化。其中，过临界转速前，松动引起的振动较大，系统稳定性较差；过临界转速后，松动所引起振幅反而相对减小。

4.3.8.2 振动特征

（1）频率成分，除工频外，还有2倍频、3倍频等高次谐波及1/2、1/3等分数谐波。其中，基础松动时，主要为工频，同时还会出现某些极低的频率成分；而轴承套松动时，1/2、1/3等分数谐波分量相对更为活跃。

（2）波形的重复性差，振动本身具有跳动性，各频率分量时大时小。

（3）轴心轨迹混乱，重心漂移。

（4）高次谐波的振幅值大于工频的一半时，应考虑是否有松动现象。

松动振动的方向性十分明显，松动方向振动大。

松动振动对转速的变化很敏感，在增速或减速的过程中，振动值会突然变大或变小；此外，对负荷的变化也有一定的敏感性。

4.3.9 箱体共振调制

当齿轮箱轴系发生严重弯曲或齿轮出现故障时，齿轮箱在工作过程中就会出现每隔一定时间对齿轮箱冲击一次，当冲击能量很大时，将激励起箱体的固有频率，发生共振现象。此时振动信号的特点是出现以箱体固有频率、齿轮固有频率和齿轮啮合频率及其高次谐波为中心频率，以弯曲轴的转频及其高次谐波为调制频率的调制边频带。

箱体共振调制时齿轮箱体振动信号的主要特征为：

（1）以箱体固有频率、齿轮固有频率和齿轮啮合频率及其高次谐波为中心频率，以弯曲轴的转频及其高次谐波为调制频率的调制边频带。

（2）齿轮啮合频率及其谐波幅值明显增大。

（3）振动能量（包括有效值和峭度指标）有大幅度的增加。

（4）包络能量（包括有效值和峭度指标）有大幅度的增加。

4.3.10 轴承故障

在齿轮箱轴系中，一般滚动轴承内环与轴多为紧密的过盈配合，即轴与内环牢固地连为一体，要激励起其固有频率需较大能量，且滚动轴承内环固有频率与自由状态下测得或计算的频率完全不同。而外环与箱体轴承座之间的配合虽然也是过盈配合，但和内环与轴配合相比要松得多，且外环在工作中一直承受滚动体对其较大的压力，当滚动轴承有故障时或带故障运行一段时间后，外环与轴承座之间基本上完全松动，外环的固有频率与自由状态下测得的频率基本相等。由于外环松动且质量小，所以不仅外环或滚动体产生点蚀或疲劳剥落时会激起其固有频率，而且当内环或滚动体有故障时，振动能量也会通过滚动体传至外环，激励起其固有频率，所以齿轮箱中滚动轴承的载波频率一般为外环的各阶固有频率，而调制频率则为产生疲劳剥落元件（内环、外环或滚动体）的通过频率。

滚动轴承故障产生的振动信号能量大小与齿轮或轴系故障产生的能量大小相比，前者要小得多，所以其故障信号淹没在其他振动信号中，故障的特征不明显，给诊断带来了很大困难。

5 轨道交通齿轮箱状态监测与故障诊断仪器

齿轮箱状态监测和故障诊断最常用的诊断方法是振动噪声诊断方法，所以本章主要介绍振动简易诊断和精密诊断常用的仪器和设备以及噪声分析诊断常用的仪器和设备。

5.1 传感器

传感器是一种转换装置，它的作用是借助检测元件把被测对象的力、位移、速度、加速度、温度、压力等参数转换为可以检测、传输、处理的信号（如电压信号、电流信号等）。

传感器的分类方法很多，目前常用的有两种，一种是按传感器输入量性质来划分，另一种是按传感器变换原理来划分。按输入量性质的不同可分为加速度传感器、速度传感器、位移传感器、温度传感器、压力传感器等，按变换原理的不同可分为电阻式传感器、电感式传感器、电容式传感器、压电式传感器、磁电式传感器等。在设备状态检测与故障诊断中使用最多的是压电式加速度传感器、磁电式加速度传感器和电涡流位移传感器。

5.1.1 压电式加速度传感器

压电式加速度传感器又称为压电加速度计，它是利用某些晶体材料的压电效应制成的,它的输出电量正比于被测物体的振动加速度值。图 5.1 所示为压电式加速度传感器的力学模型。

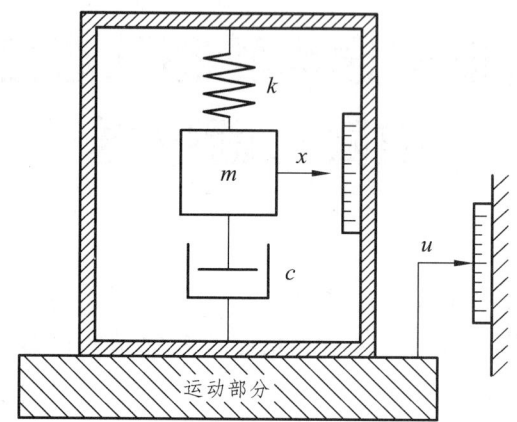

图 5.1 压电式加速度传感器的力学模型

对于给定的加速度传感器和测量系统,传感器的电荷输出量 Q 正比于被测振动的加速度幅值 A。

图 5.2 所示为压电加速度传感器的幅值灵敏度 S_q 随频率变化的情况,即传感器的幅频特性。

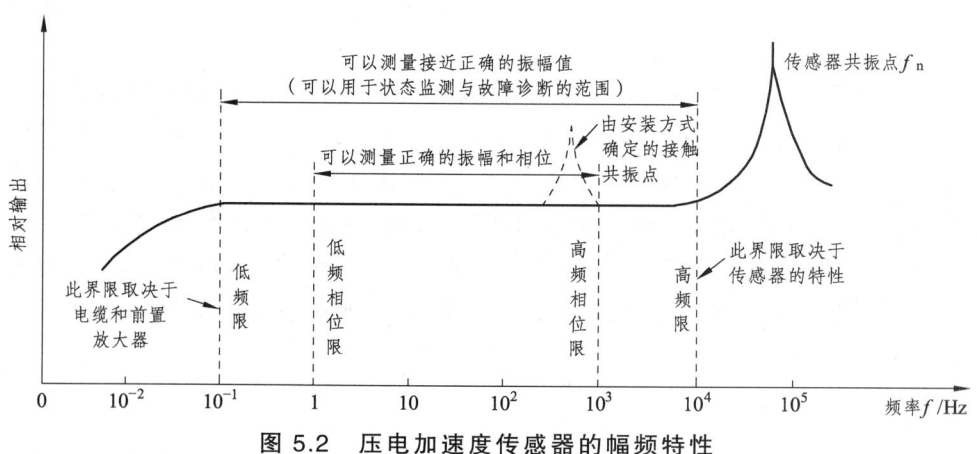

图 5.2 压电加速度传感器的幅频特性

由图 5.2 可知,曲线的上线受到加速度传感器固有频率的限制。通常传感器仅使用频响特性的直线部分,因此有效工作频率上限远低于其

共振频率 ω_n。一般测量的上限频率取传感器固有频率的 1/3，这时测得的振动值误差不大于 12%（约 1 dB）。对于灵敏度较高的通用型加速度传感器，其固有频率在 30 kHz 左右，故测量上限频率约为 10 kHz。轻小型加速度传感器的固有频率可高达 180 kHz，因此频率上限可达 60 kHz 左右。

在使用过程中，传感器的固定方式决定了传感器能够测量的频率范围。传感器的安装方法及特性见表 5.1。

表 5.1 传感器的安装方法及特性

序号	安装方法	特点	工作特性
1	钢制双头螺栓	这是最合适的安装方法，按频率特性大体可将传感器与被测物体看成为整体	$A(f)$ 曲线，横轴 f（10^3、10^4）
2	绝缘体 绝缘螺栓	用绝缘螺栓固定，特点和钢制双头螺栓一样，用于需要电气绝缘时	$A(f)$ 曲线，横轴 f（10^3、10^4）

续表 5.1

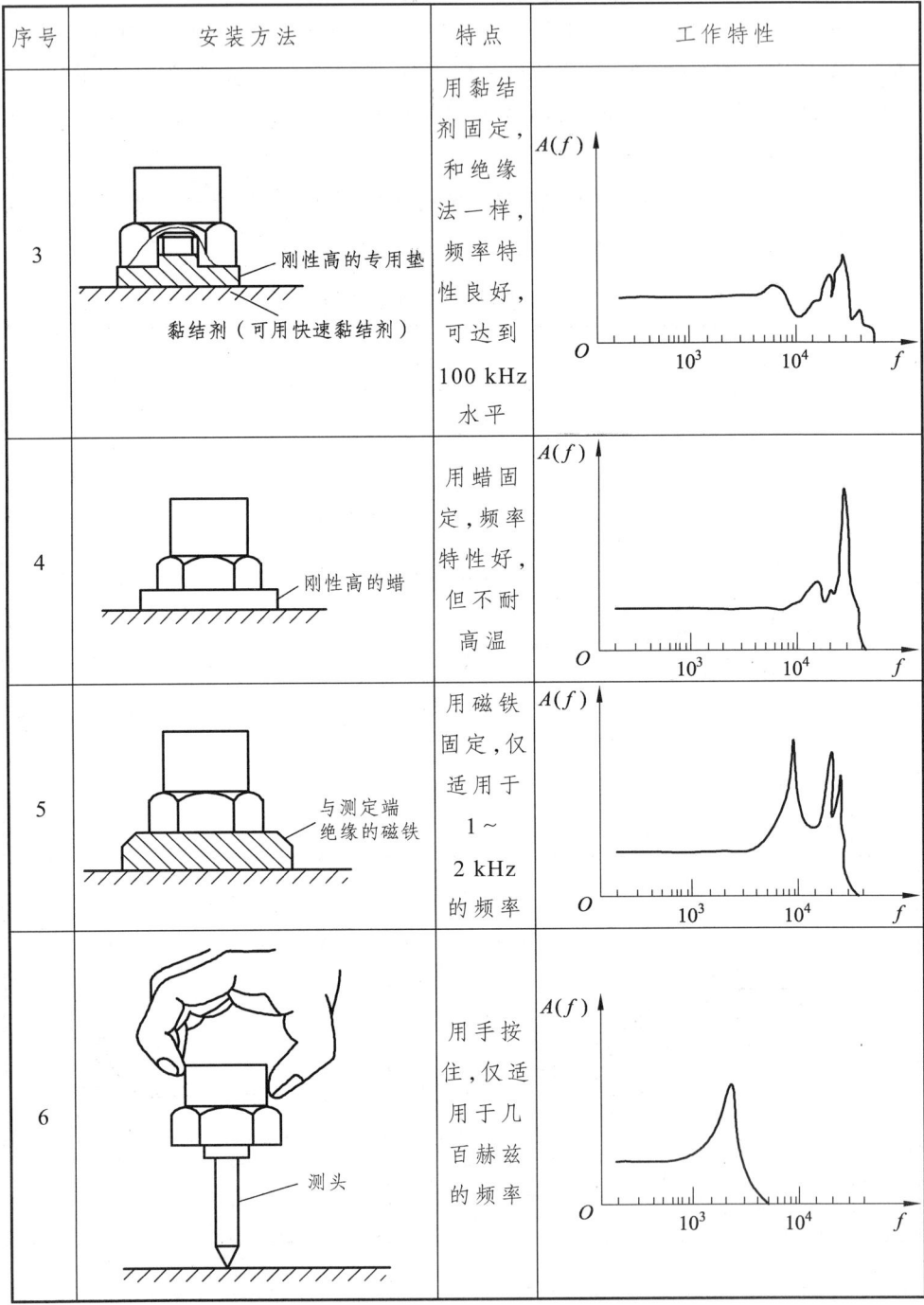

5.1.2 磁电式速度传感器

磁电式速度传感器是把被测物体的振动速度转换为感应电动势的一种传感器,它的输出电压与被测对象的振动速度成正比。常用的磁电式速度传感器按其运动部件分可分为动圈式和动磁式。其工作原理:对于一个匝数为 W 的线圈,当穿过该线圈的磁通量 Φ 发生变化时,其感应电动势为

$$e = -W \frac{d\Phi}{dt} \tag{5.1}$$

由此可见,线圈感应电动势的大小取决于匝数和穿过线圈的磁通量变化率。磁通量变化率与磁场强度、磁路磁阻、线圈的运动速度有关,故若改变其中一个因素,都会改变线圈的感应电动势。

动圈式速度传感器的模型如图 5.3 所示。

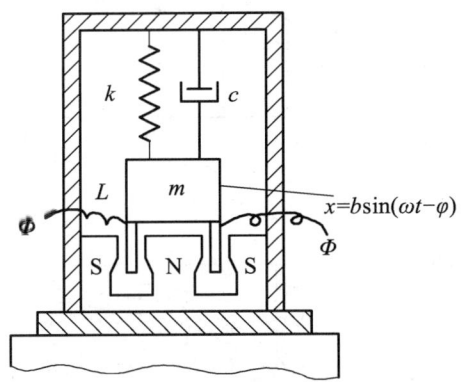

图 5.3 动圈式速度传感器模型

其惯性质量 m 下面有一线圈 L,当传感器与被测物体一起振动时,m 相对于外壳的运动为 $x = b\sin(\omega t - \varphi)$,即在永久磁铁的磁路缝隙中总按此规律运动。根据电磁感应原理,线圈中将产生与相对运动速度 dx/dt 成正比的电动势 E,即

$$E = \omega BL(dx/dt)\sin\theta = \omega BLv\sin\theta \tag{5.2}$$

式中 B ——空气间隙内的磁通密度(T);

L——磁场内导线的有效长度（m）；

v——线圈与磁场的相对运动速度（m/s）；

θ——线圈运动方向与磁场方向的夹角；

ω——线圈匝数。

由上式可知，当传感器结构一定时，B、ω、L均为常数，因此感应电动势E与线圈相对于磁场的运动速度成正比，测得E值便可求得振动速度值。

典型的速度传感器的幅频特性如图5.4（a）所示，相频特性如图5.4（b）所示。

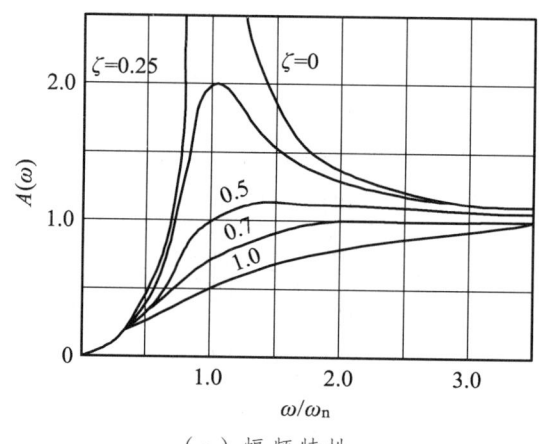

（a）幅频特性

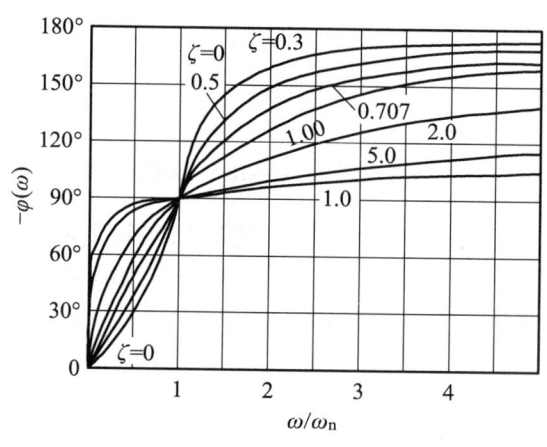

（b）相频特性

图5.4 典型传感器特性图

磁电式速度传感器的性能特点如下：

（1）输出信号与振动速度成正比，因此较好地兼顾了高频和低频振动，符合目前 ISO 标准对旋转机械的振动评判标准。

（2）由永久磁铁感应电动势，传感器本身不需要电源，使用方便。

（3）采用磁钢-线圈型结构，容易获得高灵敏度，可测量微小振动。

（4）输出信号大，输出阻抗大，电气稳定性好，不受外部噪声干扰，有较高的信噪比，对后接电路无特殊要求。

由于本身结构特点所限，磁电式速度传感器也有相应的缺点：

（1）体积大，重量大，不适用于狭小空间的振动测量和轻小型设备。

（2）动态范围有限，低频线性差，尺寸和重量大，弹簧件容易失效。

（3）对安装要求较高，使用时应注意有些型号仅适用于垂直安装，而有些型号只适用于水平安装。

5.1.3 电涡流传感器

电涡流位移传感器的工作原理是电涡流效应，其原理如图 5.5 所示。当接通传感器系统电源时，在前置器内会产生一个高频电流信号，该信号通过电缆送到探头的头部，在头部周围产生交变磁场 H_1。

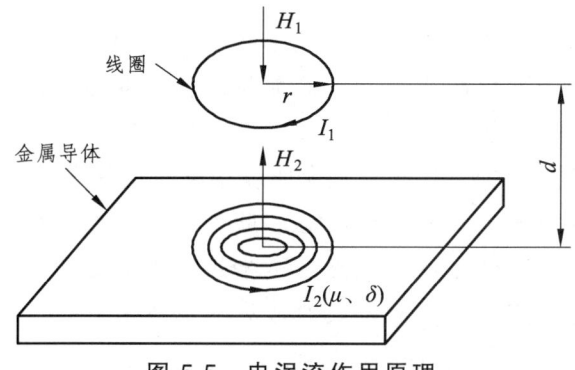

图 5.5　电涡流作用原理

如果在磁场 H_1 的范围内没有金属导体材料接近，则发射到这一范围内的能量会全部释放；反之，如果有金属材料接近探头头部，则交变磁场 H_1

将在导体的表面产生电涡流场,该电涡流场也会产生一个方向与 H_1 相反的交变磁场 H_2。由于 H_2 的反作用,就会改变探头头部线圈高频电流的幅度和相位,即改变了线圈的有效阻抗。这种变化既与电涡流效应有关,又与静磁学有关,即与金属导体的电导率、磁导率、几何形状、线圈几何参数、激励电流频率以及线圈到金属导体的距离等参数有关。假定金属导体是均质的,则线圈-金属导体系统的物理性能通常可由金属导体的磁导率 μ、电导率 δ、尺寸因子 r、线圈与金属导体距离 d、线圈激励电流强度 I 和频率 f 等参数来描述。

因此,线圈的阻抗可用如下函数来表示

$$Z = F(\mu, \delta, r, d, I, f) \tag{5.3}$$

对于特定的传感器,线圈的尺寸因子 r、线圈的激励电流强度 I 和频率 f 恒定不变,那么阻抗 Z 就变成距离 d 的单值函数。由麦克斯韦公式可以求得此函数为一非线性函数,其曲线为"S"形曲线,在一定范围内可以近似为一线性函数。

5.1.4 传感器的选用原则

(1)灵敏度。

从一定角度讲,传感器的灵敏度越高越好,因为灵敏度越高,意味着传感器能够感知的变化越小,即被监测参数稍有变化,传感器就会有较大的响应,系统马上就能检测到。

在实际测试过程中,不可能人为地改变系统的变化量,使其无限增大,因为这需要改变系统的正常工作状态。此外,高精度的机械系统,其运动误差量值往往是非常微小的,甚至在微米级以下,如果要检测或辨别这样微小量值的变化,就要求传感器具有较高的灵敏度。

但是传感器的灵敏度并非越高越好,因为当灵敏度很高时,与测量信号无关的外界噪声很容易混入,并且噪声会被电子系统进一步放大。这时必须考虑既要检测微小量值,又要尽量降低噪声。为此,往往要求信噪比越高越好,即要求传感器本身噪声小,且不易从外界引进干扰噪声。

（2）精确度。

传感器的精确度表示其输出信号与被测物理量的对应程度。由于传感器处于测试系统的最前端，因此，传感器能否真实地反映被测量值，对这个系统具有直接影响。

从一定角度讲，传感器的精确度愈高愈好，但在实际应用中，并非所有场合下使用的传感器的精确度越高越好，因为还要考虑经济性。传感器的精确度越高，价格越昂贵。因此应从实际需要的角度出发来选择传感器精度。

（3）线性范围。

线性即传感器输出与输入成比例关系。任何传感器都有一定的线性工作范围，线性范围越宽，即表明其工作量程愈大。传感器在线性区内工作，是保证测量精度的基本条件，超出线性区将产生非线性误差。

（4）稳定性。

稳定性表示传感器经过长期使用后，其输出特性不发生变化的性能。影响传感器稳定性的因素主要有时间、环境等。为了保证稳定性，在选择传感器时，应考虑其使用环境，以选择合适的传感器类型。

（5）频率响应特性。

传感器的频率响应特性是其主要动态指标。所谓频率响应特性是指在所测频率范围内，传感器的输出能够真正反映所测参数而不失真。在实际工程测量中，要求所有的测试都应在所测的频率范围内保持不失真，例如，测量振动时，要求实际传感器的工作频率范围要宽于机器振动的频率范围。做到这一点是有困难的，有时甚至是不可能的，因为任何传感器的频率范围都有一定的限定范围。例如，位移传感器的频率响应一般为 $0\sim10$ kHz，能给出准确的低频振幅及相位。速度传感器频率响应一般为 5 Hz～2 kHz，能对中频的振动产生较强的信号。加速度传感器的频率响应一般为 5 Hz～20 kHz，高频范围信号较强。因此，应根据被测对象及其可能发生故障的性质选择适用的传感器。

5.2 简易振动监测仪器

简易诊断仪器通过测量振动的部分参数，对设备的状态作出初步判断。

这种仪器体积小,价格便宜,携带方便,适合于日常测试和巡检。按其功能可分为振动计、振动测量仪和冲击振动测量仪等,下面对部分简易式振动监测仪器做简单介绍。

5.2.1 SKF 简易式测振笔

图 5.6 所示为 SKF 简易式测振笔 CMAS100-SL,该设备一方面可以进行设备振动"速度"总值读数测量,而且它能将该测量值与内置于仪器里的国际 ISO 振动标准进行自动比较,当测量值超出了设置标准就会有一个"警告"或"危险"的警示显示;另一方面,它也可以进行"加速度包络"测量,所测包络值会与内置的轴承振动标准自动比较,以检查是否符合标准或显示潜在的轴承故障,其速度测量范围为 0.7 ~ 65 mm/s(RMS),加速度包络范围为 0.2 ~ 50.0 gE,具有操作简易,携带方便的特点。

测量参数:

速度值范围:0.7 ~ 65 mm/s(RMS); 频带宽度范围:10 ~ 1 000 Hz;

加速度包络范围:0.2 ~ 50.0 gE; 过滤器:波段 500 ~ 10 000 Hz;

温度测量范围:−20 ~ 200 ℃; 测量精度:±2 ℃;

测量距离:短距离,距测量目标最大距离 10 cm;

操作温度范围:10 ~ 60 ℃。

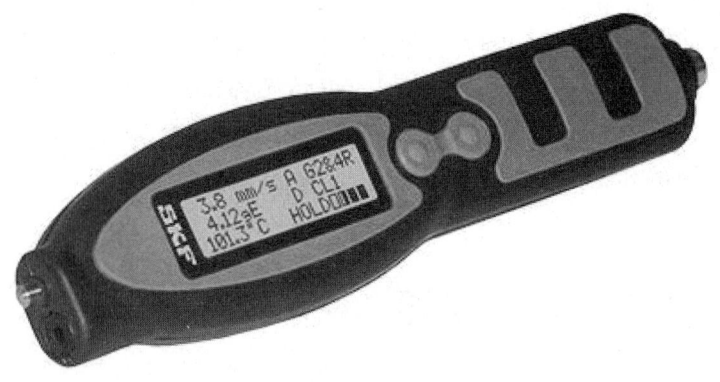

图 5.6 CMAS100-SL 简易测振笔

5.2.2 盛迪振通测振表

图 5.7 所示为振通 908 测振表,该设备是一种超小型的振动测量仪器,它可以测量振动位移、速度、加速度和高频加速度的有效值、峰-峰值和峰值。振通 908 可用于各种机电产品的质量检验和通用振动测量,是设备状态监测的理想工具。其主要特点:内置传感器,携带方便,可靠性高;可选外置式传感器,得到更好的测量效果;LCD 液晶数字显示;测量数据自动保持;有效值测量,测量质量高;无操作自动延时断电;内置电荷放大器和积分器;电池电压低报警;体积小,重量轻,一手可握。

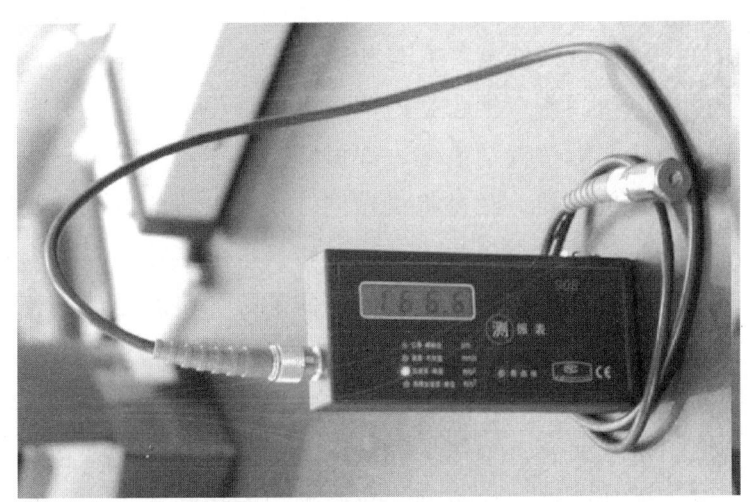

图 5.7 振通 908 测振表

测量范围和频率响应:

(1)位移(等效峰-峰值):1~1 999 μm;频宽范围 10~500 Hz;

(2)速度(有效值):0.2~199.9 mm/s;频宽范围 10~1 000 Hz;

(3)加速度(等效峰值):0.2~199.9 m/s^2;频率范围 10~5 000 Hz;

(4)工作温度:0~50 ℃(内置);

(5)电池:6F22,9 V,可连续工作 25 h 以上;

(6)尺寸:129 mm × 60 mm × 24 mm;

(7)重量:250 g(包括电池、传感器)。

目前市场上有多家公司生产的各种型号的简易式测振仪器可供选择，包括具有单一测振功能的测试仪，以及具备频谱分析功能的测试仪，种类繁多，用户可以有很大的选择余地。

5.3 简易噪声测试仪

5.3.1 传声器

传声器是一种声电换能器，它是获取噪声信号的首先一环，可用来直接测量声场中的声压。传声器包括两部分，一是将声能转换成机械能的声接收器，它通常具有力学振动系统，如振膜，传声器置于声场中，声膜在声的作用下产生受迫振动；二是将机械能转换成电能的机电转换器。传声器依靠这两部分，可以把声压的输入信号转换成电能输出。整个测量的精确度将不会高于传声器的精确度，故其性能的好坏将对测量起着十分重要的作用。

使用传声器时应注意其灵敏度、频率特性以及指向特性等。常用的传声器有电容式、电压式、永电体（驻极体）式和动圈式等，其中，电容式传声器由于各方面性能指标均较好，故常配用于精密声级计，而其他几种配用于普通声级计。

5.3.2 声级计

声级计是最基本的噪声测量仪器，一般包括传声器、输入放大器、计权网络、带通滤波器、输出放大器、检波器和显示装置，如图 5.8 所示。

5 轨道交通齿轮箱状态监测与故障诊断仪器

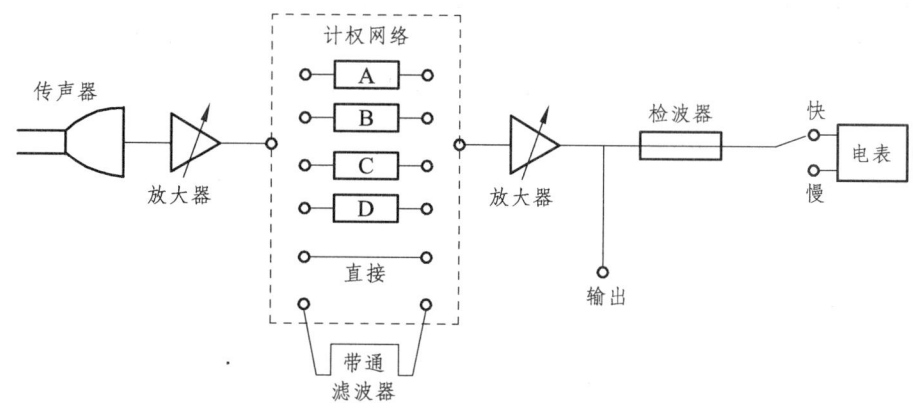

图 5.8 声级计组成框图

声级计的频响范围为 20 Hz ~ 20 kHz，由传声器来的电压信号，经放大后进行分析、处理和显示，从表头上可直接读出声压级的分贝（dB）数。其中，计权网络是按国际统一标准设计制造的。

一般声级计都设有 A、B、C 计权网络，有些声级计还设有 D 计权网络。声级计的精度分为四个等级，即 0、1、2、3 级，0 级精度最高。

精密声级计还可外接滤波器，国产的 ND2 型就是精密声级计与信频程滤波器的组合，丹麦 B&K 公司精密声级计还可与信频程或 1/3 倍频程滤波器结合在一起，成为一个便携式的声级计，目前还出现了不少数字显示式的声级计，如 B&K 公司的新型精密声级计还可通过接口与数字打印机或数字磁带记录器相连，提供数字式输出。

在使用声级计时，要经常对传声器进行校准。其中，最常用的一种可靠而简单的校准设备是活塞发声器，它是一个标准声源，可用来对传声器和仪器系统进行校准。

5.4　在线监测分析系统

齿轮箱结构复杂，应用环境各不相同，属于设备的关键零部件。简易的振动监测仪器一般只能测量部分参数，且记录的数据有限，难以对齿轮箱进行全面的状态监测，也不易反映齿轮箱的运转状态。近年来，随着计算机技术的不断发展，在线监测分析系统在齿轮箱的状态监测及故障诊断中得到越来越多的应用。本书附录 A 中简单介绍了国内外几家主要的在线监测分析系统厂商。

6 轨道交通齿轮箱故障诊断方法

6.1 轨道交通齿轮箱振动信号处理方法

统计资料表明，由于振动而引起的设备故障，在各类故障中占60%以上。利用振动信号进行故障诊断，是机械设备故障诊断方法中最常用的方法。机械设备和结构在运行过程中的振动信号及其特征信息可反映系统状态及其变化规律。通过各种动态测试仪器拾取、记录和分析动态信号，是进行系统状态监测和故障诊断的主要途径。

齿轮箱中轴、齿轮和滚动轴承正常运行时，一般其振动信号是平稳信号，信号频率成分有各轴的转动频率和齿轮的啮合频率等。当发生故障时，其振动信号频率成分或幅值发生变化，可能出现下列三种情况：

（1）信号是稳态的，但对应特征频率的幅值发生明显变化，振动能量有较大的变化。这类故障以齿轮均匀磨损为代表。

（2）信号是周期平稳信号，出现了有规律的冲击或调制现象。这类情况一般是齿轮或滚动轴承已经发生轻度或较严重的故障，例如，齿轮的点蚀或疲劳剥落坑、齿形出现制造或安装误差、轴出现轻度弯曲或严重弯曲、轴有严重不平衡、轴上的联轴器不对中、滚动轴承出现疲劳剥落坑等。

（3）信号中出现无规律的冲击或调制现象。这类情况一般是齿轮或滚动轴承已经发生较严重的故障，例如，滚动轴承出现大面积的连续疲劳剥落现象。

需要说明的是，并不是出现调制现象就一定有故障。例如，在大齿轮制造中，由于我国制造工艺、精度和安装等方面的问题，即使是新齿轮或正常运行的齿轮也会出现轻微的调制现象；像轧钢机这类本身负荷是冲击性的工作机械，其齿轮箱的振动信号中也必然存在调制现象或无规律的冲击现象。

6.1.1 振动信号的分类

振动信号可按照信号随时间变化的规律进行分类,如图 6.1 所示。

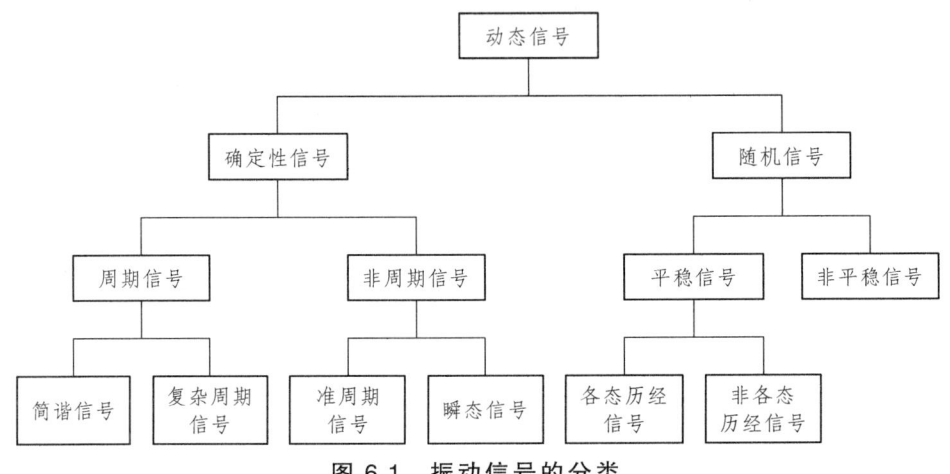

图 6.1 振动信号的分类

(1) 确定性信号。

确定性信号是可以用确定的时间函数 $x(t)$ 关系式进行描述的信号。

确定性信号被划分为周期信号和非周期信号。

周期信号是每隔一定时间 T 重复出现的信号。其时间函数关系式为

$$x(t) = x(t + nT) \quad (n \text{ 为整数}) \tag{6.1}$$

周期信号可进一步被划分为简谐信号和复杂周期信号。

简谐信号是按正弦或余弦函数规律变化的信号,也称谐波信号。简谐信号是最简单、最重要的一类周期信号,描述简谐信号的基本物理量是振幅 A、频率 f、初相位 θ,其时间函数 $x(t)$ 关系式为

$$x(t) = A\sin(2\pi f t + \theta) \tag{6.2}$$

复杂周期信号是非简谐的周期信号,由频率间成公倍数关系的若干谐波信号合成后的周期信号。如周期方波、周期三角波、周期锯齿波,由不平衡和不对中共同合成的转子振动信号。复杂周期信号可借助傅里叶级数展开成一系列离散的简谐分量,其时间函数 $x(t)$ 关系式为

$$x(t) = A_0 + \sum_{n=1}^{N} A_n \cos(2\pi n f_0 t - \theta_n) \quad n = 1, 2, 3, \cdots, N \quad (6.3)$$

式中 A_0——静态分量；

f_0——基频。

非周期信号是不会重复再现的信号，往往具有瞬变性。非周期信号包括准周期信号和瞬态信号。

准周期信号是由若干个频率不成比例的简谐信号迭加而成的信号，但合成后的信号并不满足周期信号的条件。其时间函数式为

$$x(t) = \sum_{n=1}^{\infty} A_n \sin(2\pi f_n t + \theta_n) \quad (6.4)$$

若干个不同振源激起的振动或某些调制信号往往是准周期信号。例如，高速轻载的机器出现油膜振荡时，主要频率成分为系统的固有频率和转速频率，而二者之比为 0.43～0.48，因此是准周期信号。

瞬态信号是短暂信号，如有阻尼自由振动信号、启停机振动信号等。瞬态信号的时间函数为各种脉冲函数或衰减函数，如 $x(t) = Ae^{-at}\cos 2\pi f_0 t$。

（2）随机信号。

随机信号是不能用确定的时间函数式来描述的信号，或称为非确定性信号。在同样条件下重复测量，确定性信号的测量结果在一定误差范围内保持不变，而随机信号的测量结果每次都不相同，其物理过程具有不可重复性和不可预知性。

尽管随机信号具有不确定性，但却具有一定的统计规律性，可借助概率统计方法来研究、描述。对此，一般需要进行大量的重复试验，根据在不同时刻观测所获得的数据整理出样本，或称样本函数，全部样本的总集合记为

$$x(t) = \{ x_1(t), x_2(t), \cdots, x_i(t), \cdots, x_n(t) \}$$

随机信号的随机性则通过样本之间的差别以及差别的不可预测性体现出来。

随机信号又进一步分为平稳随机信号和非平稳随机信号。平稳随机信号的概率分布规律与统计特性不随时间的推移而变化；反之，即为非平稳随机信号。平稳随机信号包括各态历经信号和非各态历经信号。当随机信

号的任意一个样本函数的时间平均等于其任意时间 t 的总体平均时，则被称为各态历经随机信号。

6.1.2 振动信号时域处理方法

在机械设备故障诊断中，振动信号是最常用的检测信号，直接对振动时域信号的时间历程进行分析和评估是状态监测和故障诊断最简单和最直接的方法，特别是当信号中含有简谐信号、周期信号或短脉冲信号时更为有效。当然这种分析对比较典型的信号或特别明显的信号以及较有经验的人员才比较适用。此外，还可利用各种动态指标进行诊断。

1. 时域统计指标

在实际振动监测与诊断中，要确定随机信号的分布函数并加以分析往往十分困难，而从一般实际应用的角度来看，也没有必要知道随机信号的一切统计特性，通常只需要了解随机信号的某些数字特征就可以了。事实上，对于各态历经平稳随机过程，随机信号的数字特征既能描述随机信号的重要特征，同时又有运算简单和测量方便等优点。

各态历经概念的引入为实际计算随机信号的各种数学特征带来了极大的方便，使我们可以回避计算概率密度、不采用总体平均而直接利用时间平均的方法来计算随机信号的某些数字特征，从而使计算变得简单、方便。

（1）峰值 x_p。

峰值是指信号可能出现的最大瞬时值 $x(t)_{max}$，它是信号强度的一种描述，有时人们也用峰-峰值 $x_{p\text{-}p}$ [即 $x(t)_{max} - x(t)_{min}$] 表示信号的变化范围。在测试时，对被测信号的峰值事先应有足够的估计，以便调整测量仪器的范围。

（2）均值。

均值 μ_x 表示集合平均值或数学期望值。从信号分解角度看，均值就是信号的直流分量或静态分量。均值可用时间间隔 T 内的幅值平均值表示，即

$$\mu_x = \frac{1}{T}\int_0^T x(t)\mathrm{d}t \tag{6.5}$$

对于周期信号，T 就是信号本身的重复循环周期；对于均值相等的信号，其随时间的变化规律并非完全相同，因此，均值只是反映信号中心趋势的一个标志。

对于离散型各态历经的随机信号有

$$\mu_x = \frac{1}{N} \sum_{i=1}^{N} x_i \quad (6.6)$$

绝对平均值的定义为

$$\mu_{|x|} = \frac{1}{T} \int_0^T |x(t)| \mathrm{d}t \quad (6.7)$$

（3）均方值、均方根值。

信号 $x(t)$ 的均方值 $\psi_x^2(t)$，也称为平均功率。其正平方根值 $\psi_x(t)$ 称为有效值或均方根值，反映了信号的平均能量和作用强度。均方值的数学表达式为

$$\psi_x^2(t) = \frac{1}{T} \int_0^T x^2(t) \mathrm{d}t \quad (6.8)$$

对应的离散型表达式为

$$\psi_x^2 = \frac{1}{N} \sum_{i=1}^{N} x_i^2 \quad (6.9)$$

此外还有方根幅值指标，其定义为

$$x_r = \left[\frac{1}{T} \int_0^T |x(t)|^{\frac{1}{2}} \mathrm{d}t \right]^2 \quad (6.10)$$

（4）方差、均方差。

方差 $\sigma_x^2(t)$ 是信号 $x(t)$ 各个取值相对于均值 μ_x 的离散程度。信号均值为零时，方差与均方值相同。其正平方根值 σ_x 称为均方差或标准差，表示了信号 $x(t)$ 在时刻 t 相对于均值的偏离程度，是描述信号的动态分量。信号 $x(t)$ 的方差定义为

$$\sigma_x^2(t) = \frac{1}{T} \int_0^T [x(t) - \mu_x]^2 \mathrm{d}t \quad (6.11)$$

对于离散型各态历经随机信号有

$$\sigma_x^2(t) = \frac{1}{N}\sum_{i=1}^{N}[x_i - \mu_x]^2 \qquad (6.12)$$

可以证明，σ_x^2、ψ_x^2、μ_x^2 具有以下关系

$$\psi_x^2(t) = \sigma_x^2(t) + \mu_x^2(t) \qquad (6.13)$$

2. 动态指标

无量纲分析有如下指标：

（1）峭度：

$$x_q = \frac{1}{N}\sum_{i=1}^{N} x_i^4 \qquad (6.14)$$

（2）波形指标：

$$K = \frac{\psi_x}{\mu_x} = \frac{均方根值}{均值} \qquad (6.15)$$

（3）峰值指标：

$$G = \frac{x_p}{\psi_x} = \frac{峰值}{均方根值} \qquad (6.16)$$

（4）脉冲指标：

$$I = \frac{x_p}{\mu_x} = \frac{峰值}{均值} \qquad (6.17)$$

（5）裕度指标：

$$L = \frac{x_p}{x_r} = \frac{峰值}{方根幅值} \qquad (6.18)$$

对有量纲的统计特征值进行振幅分析时，得到的结果不但与机电设备的状态有关，而且与机器的运行参数（如转速、载荷等）有关，所以在设备故障诊断中进行比较时，必须保证运行参数基本一致和测点一致。无因

次振幅分析参数只与机器的状态有关，与机器的运行状态基本无关，对负荷和转速变化不敏感，所以是一种较好的诊断参数。

在齿轮箱发生故障时，振动能量会有较大的变化，一般都会有冲击振动信号产生。在有量纲的统计特征值中，方差直接反映了振动能量的大小，所以常用来作为重要的评价指标；振动速度的均方根值就是所谓的振动烈度，也是一个重要的评价指标。在无量纲的统计特征值中，峭度、峰值指标和脉冲指标反映了冲击能量的大小，是较好的诊断故障常用的评价指标。

3. 相关分析

（1）相关概念。

在信号分析中，往往需要对两个以上信号的相互关系进行研究，以判断机器的工作状态。应用相关分析的概念，可以解决信号之间的相似程度和依从关系。

相关是指客观事物变化量之间的关系。以两个变量 x 和 y 之间的关系为例，如果它们都是确定性信号，则为函数关系，如图 6.2（a）、（e）所示，x 和 y 之间为直线关系；如果它们都是随机信号，则可用相关关系来表示，如图 6.2（c）所示，信号呈不规则分布，表明随机信号 x 和 y 不存在相关关系；而图 6.2（b）、（d）所示分布则表明随机信号 x 和 y 之间有某种相关关系。

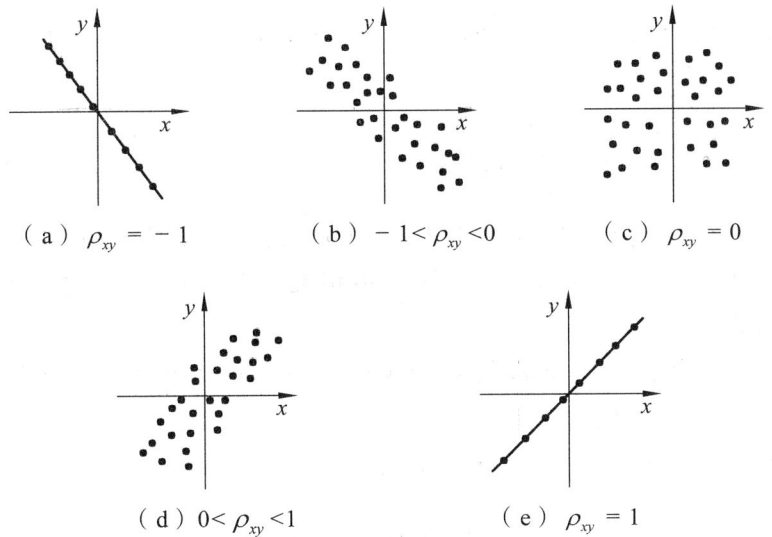

图 6.2 相关分析

两个随机变量 x 和 y 之间的线性相关程度用相关系数 ρ_{xy} 来描述，即

$$\rho_{xy} = \frac{C_{xy}}{\sigma_x \sigma_y} = \frac{E[(x-\mu_x)(y-\mu_y)]}{\{E[(x-\mu_x)^2]E[(y-\mu_y)^2]\}^{1/2}} \quad (6.19)$$

式中　C_{xy}——两个随机变量 x 和 y 波动量之积的数学期望，称为协方差，表征了 x 和 y 之间的关联程度；

　　　σ_x、σ_y——随机变量 x、y 的均方差。

当 $\rho_{xy} = \pm 1$ 时，表明随机变量 x 和 y 是完全线性相关；当 $\rho_{xy} = 0$ 时，表明两变量完全不相关；当 $-1 < \rho_{xy} < 1$ 时，表明两变量部分相关。

（2）自相关函数。

相关系数 ρ_{xy} 仅仅描述了在时间轴上两个固定信号或同步信号的相关特性，而没有考虑其中一个信号在时间轴上平移后两个信号的相关特性，为此，对于是时间变量的函数，需要引入相关函数来考察变量之间的相关情况。

设 $x_1 = x(t_1)$ 和 $x_2 = x(t_2)$ 是随机信号 $x(t)$ 在任意两个时刻 t_1 和 t_2 的样本，$p_2(x_1,x_2;t_1,t_2)$ 是相应的二阶概率函数，则随机信号 $x(t)$ 的自相关函数定义为

$$R_{xx}(t_1,t_2) = E[x(t_1),x(t_2)] = \int_{-\infty}^{\infty}\int_{-\infty}^{\infty} x_1 x_2 p_2(x_1,x_2;t_1,t_2) \mathrm{d}x_1 \mathrm{d}x_2 \quad (6.20)$$

随机信号 $x(t)$ 在任意两个时刻 t_1 和 t_2 的线性相关程度也同样用自相关系数 ρ_{xx} 来描述，即

$$\rho_{xx} = \frac{C_{xx}(t_1,t_2)}{\sigma_x(t_1)\sigma_x(t_2)} \quad (6.21)$$

同样，当 $\rho_{xx} = \pm 1$ 时，表明随机信号 $x(t)$ 的两个状态 x_1 和 x_2 完全线性相关；当 $\rho_{xx} = 0$ 时，表明两变量完全不相关；当 $-1 < \rho_{xx} < 1$ 时，表明两变量部分相关。

自相关函数描述了随机信号 $x(t)$ 在两个不同时刻其状态之间的线性依从关系和相似程度。

当随机信号 $x(t)$ 为各态历经时，有

$$C_{xx} = \frac{1}{T}\int_0^T [x(t)-\mu_x(t)][x(t+\tau)-\mu_x(t+\tau)]\mathrm{d}t \quad (6.22)$$

其对应的离散型表达式为

$$C_{xx} = \frac{1}{N}\sum_{i=1}^{N}(x_i - \mu_x)(x_{i+k} - \mu_x) \tag{6.23}$$

均值、方差和自相关函数是描述随机信号的最重要的统计特性量。

6.1.3 振动信号频谱分析方法

信号的频域特性有着具体的物理意义。例如，光线的颜色是由频率决定的，声音音调的不同就在于频率差异。同样，振动信号的频域分析比时域分析更能揭示出各种振动故障的基本特性。因此，通常需要将振动信号的时域描述（即信号是时间变量的函数）通过数学处理的方法变换为频域描述（即信号以频率为独立变量），然后进行分析，这种方法称为频谱分析。

频谱分析是现代信号处理技术的最基本和常用的方法之一，在生产实践和科学研究中获得日益广泛的应用，例如，对汽车、飞机、轮船、汽轮机等各类旋转机械以及电动机、机床等机器的主体或部件进行实际运行状态下的谱分析，可以提供设计数据和检验设计效果，或者寻找振源和诊断故障，保证设备的安全运行等；在齿轮箱状态监视和故障诊断中，通过频谱分析可以得到信号中各轴转频和啮合频率及其高次谐波等主要频率成分、各频率成分的幅值、相位的大小，对于分析判断齿轮箱故障产生的部位、故障类型和产生原因提供了非常有效的分析手段。在监测过程中，通过比较同一频率成分下幅值的变化情况和有无新的频率成分产生，可以判断齿轮箱的运行工况的劣化程度。因此，频谱分析方法是齿轮箱故障诊断最重要的信号处理方法之一。

现今对振动信号进行时域、频域变换所使用的数学处理方法都是快速傅里叶变换（FFT）技术，并且完全由计算机来计算实现，而快速傅里叶变换技术又是从傅里叶级数、傅里叶变换以及离散傅里叶变换等概念的基础上发展起来的。

傅里叶级数可以将时域周期信号展开后变换为频域信号，而傅里叶（积分）变换方法可以对非周期信号实现时域、频域变换。

快速傅里叶变换（FFT）处理的只能是离散信号，因此，传感器输出的时间连续的模拟信号，必须要进行时间离散、幅值量化的数字信号处理。

数字信号处理的主要内容包括频谱分析与数字滤波。频谱分析又包含相关分析与统计分析，其数字运算的核心是离散傅里叶变换与快速傅里叶变换；数字滤波则包含了无限冲击响应滤波和有限冲击响应滤波等。这里只简要介绍基于傅里叶变换的频谱分析的主要内容。

6.1.3.1 数字信号处理的基本流程

工程中测量到的实际信号一般都是模拟信号，为了实现数字化测量必须进行从模拟到数字的转换，图 6.3 所示为数字信号处理的基本流程框图。

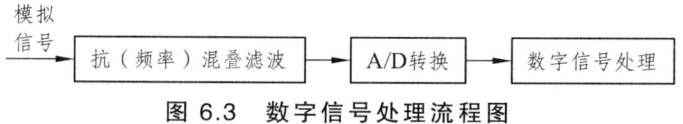

图 6.3　数字信号处理流程图

来自前端传感器的模拟信号经抗（频率）混叠滤波预处理，变成带限信号，然后经 A/D 转换成为数字信号，再送入数字信号分析仪或计算机进行数字信号处理或其他具体分析，主要是基于傅里叶变换的频谱分析。

A/D 转换即模-数转换过程，是指把连续时间信号转换成与其相对应的数字信号的过程，这是进行数字信号处理的必要程序。

A/D 转换过程主要包括采样、量化和编码等三个内容，其工作原理如图 6.4 所示。

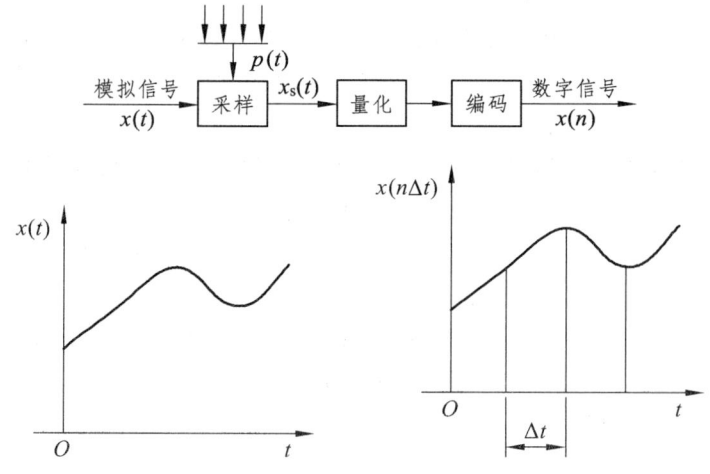

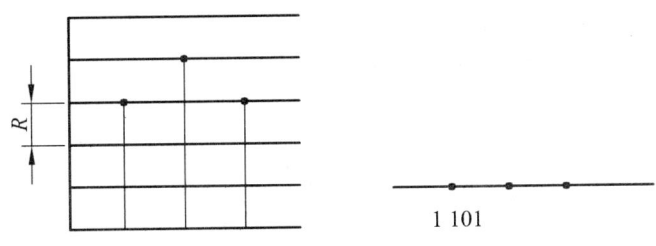

图 6.4 A/D 转换原理图

（1）采样。

采样是指连续时间信号的离散化过程，又称抽样。它是利用采样脉冲序列 $p(t)$，按一定的时间间隔 Δt，从连续信号 $x(t)$ 中逐点抽取一系列离散瞬时值，通过采样脉冲和模拟信号相乘，使之成为采样信号 $x(n\Delta t)$ 的过程，即 $x(t) \cdot p(t) = x(n\Delta t)$，其中，$n = 1，2，\cdots，\Delta t$，称为采样时间间隔。

（2）量化。

量化实际上是对幅值的离散化。把采样信号 $x(n\Delta t)$ 经过舍入或截尾的方法变成只有有限个有效数字的数，这一过程称为量化。

量化是将原区间为 $[-M, M]$ 的模拟信号 $x(t)$ 均匀地划分为 $2L(L=2^B$，B 代表 A/D 转换的位数）个小区间，每个小区间的大小为 $q = M/L = M/2^B$。q 称为量化增量或量化步长。当采样信号 $x(n\Delta t)$ 落在某一小区间内时，经过舍入或截尾的方法而变为离散值。

（3）编码。

编码是将离散化（量化）之后的幅值变成二进制数字，即

$$D = \sum_{i=B}^{0} d_i 2^i$$

式中，d_i 取 "0" 或 "1"。于是

$$x(n\Delta t) = qD = \frac{M}{2^B} \cdot \sum_{i=B}^{0} d_i 2^i$$

模拟信号 $x(t)$ 在经过上述 A/D 转换处理后，即成为时间上离散、幅值上量化的数字信号了，从而满足了快速傅里叶变换对所处理信号的要求条件。

对于单个样本，信号处理的一般内容和大概步骤如图 6.5 所示。图中所列各项内容视具体应用对象可以增删，中间虚线框中的内容属于数据检验的内容。

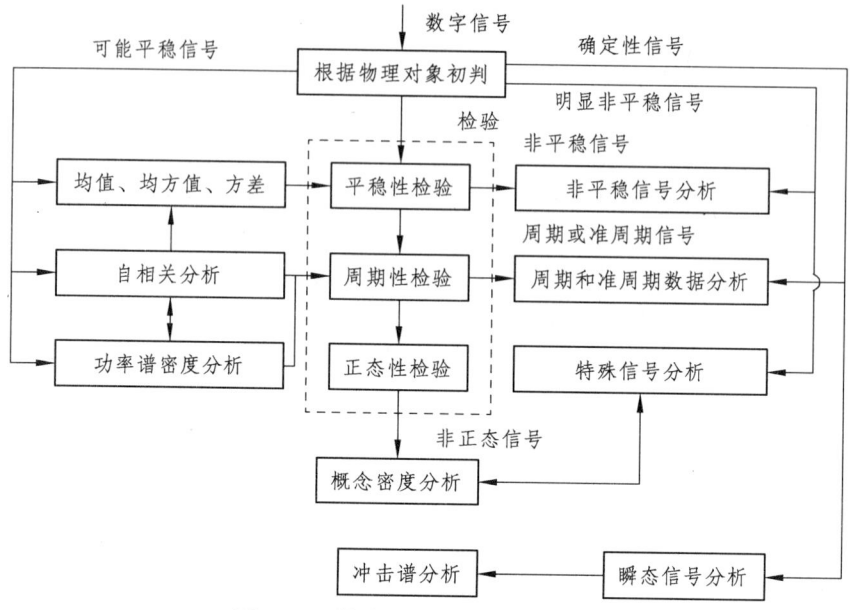

图 6.5　单个样本数据分析框图

对于多个样本，信号分析的内容如图 6.6 所示。

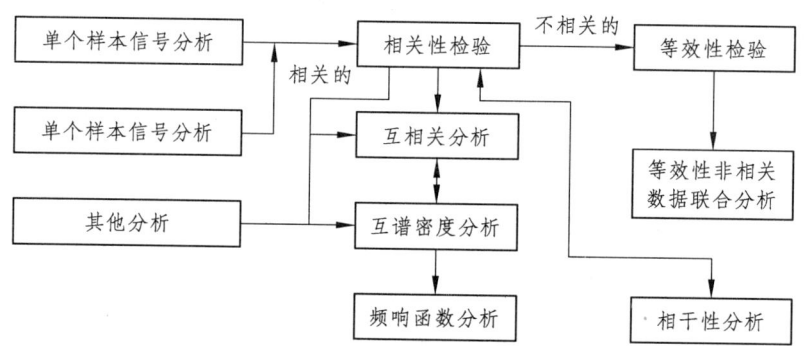

图 6.6　两个以上样本数据分析框图

6.1.3.2　傅里叶变换

假设时域函数 $x(t)$ 是非周期的，并且在实数域上满足绝对可积条件。若将 $x(t)$ 看作周期函数，在 $T \to \infty$ 时，就可以将傅里叶级数的定义推广到更一般的函数，即傅里叶积分

$$X(f) = F[x(t)] = \int_{-\infty}^{\infty} x(t)e^{-j2\pi ft} dt \quad (6.24)$$

由于 $x(t)$ 绝对可积，所以上述积分一定存在。式（6.24）称为 $x(t)$ 的傅里叶变换（谱），反之若谱 $X(f)$ 已知，则可由下式求 $X(f)$ 的傅里叶反变换

$$x(t) = F^{-1}[X(f)] = \int_{-\infty}^{\infty} X(f)e^{j2\pi ft} dt \quad (6.25)$$

由式（6.24）和（6.25）定义的变换对称为傅里叶变换对。对其分析可知，与周期信号类似，非周期信号也可以分解成许多不同频率分量的叠加，所不同的是，由于非周期信号的周期 $T \to \infty$，基频 $f_0 \to df$，所以它包含了从零到无限大的所有频率分量。各频率分量的幅值为 $X(f)df$，这是无穷小量，所以频谱不能再用幅值表示，而必须用密度函数描述，称 $|X(f)|$-ω 关系为幅值谱密度，$|X(f)|^2$-ω 关系为功率谱密度，$\varphi_n = \arctan\dfrac{\mathrm{Im}[X_n]}{\mathrm{Re}[X_n]}$-$\omega$ 关系为相位谱密度。

6.1.3.3 离散傅里叶变换

（1）采样与混叠。

将时域信号转换到频域中去进行分析，最普遍的方法是利用数字计算机或数据处理机，通过快速傅里叶变换进行的。为此，首先要对连续信号进行采样，使之成为离散信号。

采样过程是通过采样脉冲序列与连续时间信号相乘来完成的，在图6.7（b）所示的采样脉冲序列中

$$\delta_T(t) = \sum_{n=-\infty}^{\infty} \delta(t - nT_s) \quad (6.26)$$

采样信号

$$x_s(t) = x(t)\delta_T(t) \quad (6.27)$$

若 $F[x(t)] = X(\omega)$，$F[\delta_T(t)] = \Delta(\omega)$

则根据卷积定理有

$$X_s(\omega) = \frac{1}{2\pi} X(\omega) * \Delta(\omega) \tag{6.28}$$

又因为采样脉冲序列是一个周期函数,所以序列的傅里叶变换为

$$\Delta(\omega) = 2\pi \sum_{n=-\infty}^{\infty} C_n \delta(\omega - n\omega_s) \tag{6.29}$$

式中 C_n —— $[\delta_T(t)]$ 的傅里叶系数,$C_n = \frac{1}{T}\int_{-\frac{T_s}{2}}^{\frac{T_s}{2}} \delta_T(t) e^{-jn\omega_s t} dt = \frac{1}{T_s}$ 。

所以

$$X_s(\omega) = \sum_{n=-\infty}^{\infty} C_n X(\omega - n\omega_s) = \frac{1}{T_s} \sum_{n=-\infty}^{\infty} X(\omega - n\omega_s) \tag{6.30}$$

此式表明,一个连续信号经过采样以后,它的频谱将沿着频率轴每隔一个采样频率 $\omega_s(2n/T_s)$ 重复出现一次,即频谱产生了周期延拓,其幅值被傅里叶系数 C_n 所加权。因为 $C_n = 1/T_s$,所以频谱形状不变,但由于频域信号的周期延拓,使频谱图形易发生混叠效应,如图 6.7(c)所示。离散信号在频率区间 $[-\omega_s/2, \omega_s/2]$ 内的频谱既包含此区间内连续信号的频谱,又有其他频段的频谱混叠进来,随着 $|\omega|$ 增大,混叠进来的频段增多。那么怎样才能不产生这种现象呢?

我们考查一个余弦信号,其幅值为 1,频率为 ω,采样间隔为 T_s,则第 k 个样本值为 $\cos(k\omega T_s)$。

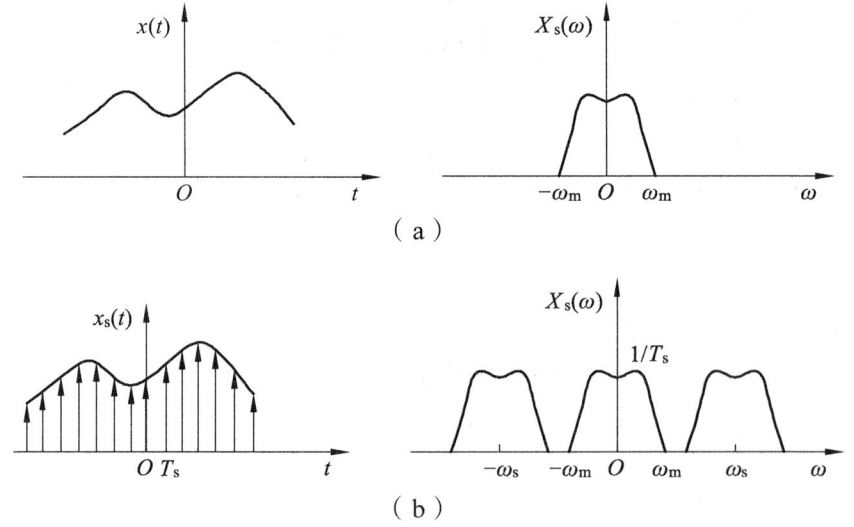

(a)

(b)

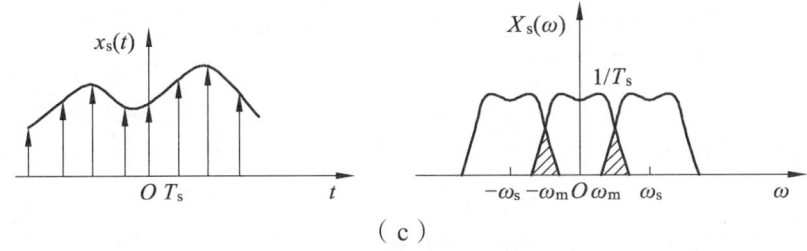

(c)

图 6.7 信号的采样频混现象

保持采样的时间间隔等于 T_s 不变,改变频率 ω 值,观察采样的情况。很明显,当频率由 ω_1 增大到 ω_2 时,波形波动将越来越激烈;当 ω 增加到 $\omega_N = \pi/T_s$ 时,就是采样后能够把信号波动的频率保留下来的最迅速的波动;当 ω 进一步增大到 $\omega_2 > \pi/T_s$ 时,采样后原来的波动已完全消失,如图 6.8 中的虚线波形所示。反之,当 ω 下降到 $\omega_1 < \omega_N$ 时,采样后原来的波动仍能保持图 6.8 中点画线所示波形。

假定 ω 在 π/T_s 和 $2\pi/T_s$ 之间,则取 $\omega' = 2\pi/T_s - \omega$,

$$x_k = \cos(k\omega T_s) = \cos[(2\pi/T_s - \omega)kT_s] = \cos(k\omega'/T_s) \qquad (6.31)$$

由此可见,这时频率 ω 和 ω' 无法区分,相互产生混淆的现象。换言之,在 0 到 π/T_s 区间以外的频率分量,将折叠到这一区间中来,如图 6.8 所示,称 $f_N = 1/2T_s$ 为折叠频率或 Nyquist 频率。

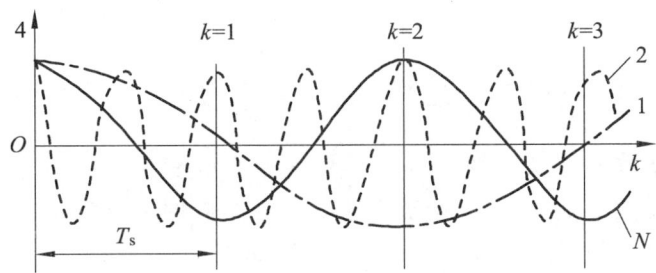

图 6.8 折叠频率

$1 - \omega_1 < \pi/T_s$; $2 - \omega_2 > \pi/T_s$; $N - \omega_N = \pi/T_s$

设 f_{max} 是欲分析信号的最高频率,最高频率 f_{max} 是指频谱分析中应合理包含的机器振动频率成分范围的上限。最高频率又称截至频率或最高分析频率。最高频率必须覆盖机器振动的所有频率。

国家振动标准的两个总则 GB/T 6075.1 和 GB/T 11348.1 中都对频率测量范围做出了"充分覆盖机器频谱"和"把机器的频谱充分包括进去"的规定。其中，对于轴振，GB/T 11348.3 规定"振动测量系统的频带应足够宽，频带的上限频率最低为工作转速的 2.5 倍。对于故障诊断，频率范围需要更宽些"。大多取 12 倍。对于壳振，GB/T 6075.3 规定"测量仪器的通频响应范围至少为 10~1 000 Hz。如测量仪器也用于诊断目的，频率上限有必要超过 1 000 Hz"。对于使用齿轮和滚动轴承的机器，在确定最高分析频率时，不仅要考虑齿轮啮合频率和滚动轴承的缺陷间隔频率，还要考虑放宽到它们的 3~5 倍以上的谐波及其相应的边频带。

在选择采样间隔 T_s 时，保证

$$T_s \leqslant \frac{1}{2} f_{\max} \qquad (6.32)$$

就不会发生混叠现象。这就是所谓的采样定理，它是数字信号采集和处理中一个很重要的概念。

（2）快速傅里叶变换（FFT）。

离散信号的时域与频域转换是依靠离散傅里叶变换（DFT）来实现的。设时域中的离散信号为 $x(n)$，$n = 0, 1, \cdots, N-1$，其频域变换为 $X(k)$，则

$$X(k) = \sum_{n=0}^{N-1} x(n) \mathrm{e}^{-\mathrm{j}2\pi nk/N} \quad k = 0, 1, \cdots, N-1 \qquad (6.33)$$

$$x(n) = \frac{1}{N} \sum_{k=0}^{N-1} X(k) \mathrm{e}^{\mathrm{j}2\pi nk/N} \quad n = 0, 1, \cdots, N-1 \qquad (6.34)$$

常用的离散傅里叶变换的算法是快速傅里叶变换 FFT，它的特点是大大节约计算时间。例如，当数据长度 $N = 1\,024$ 时，计算时间可节约 100 倍以上。快速傅里叶变换 FFT 的基本原理如下：

设有一信号，其长度为 N，即

$$x(1), x(2), \cdots, x(N-1)$$

计算其离散傅里叶变换。首先将上述信号分解为两个信号：$g(n)$ 和 $q(n)$。$g(n)$ 是 $x(n)$ 中的偶样本（假定 N 是偶数），则

$$g(n) = x(2n) \quad n = 0, 1, \cdots, N/2 - 1$$

而 $q(n)$ 是 $x(n)$ 中的奇样本，则

$$q(n) = x(2n+1) \quad n = 0, 1, \cdots, N/2 - 1$$

假定信号 $g(n)$ 的离散傅里叶变换为 $G(k)$，它是一个 $N/2$ 个点的变换，则

$$G(k) = \sum_{n=0}^{N/2-1} g(n)\mathrm{e}^{-\mathrm{j}2\pi nk/(N/2)}, k = 0, 1, \cdots, N/2 - 1 \quad （6.35）$$

这里信号的长度变为 $N/2$，并且，在式（6.35）中，如果用 $k+N/2$ 代替 k，则式（6.35）的计算式不会改变（因为在指数中增加了 $2\pi\mathrm{j}$ 的整数倍，其值不会变化）。这样，$k = N/2$，$N/2+1$，$\cdots$，$N-1$ 时，$G(k)$ 是由

$$G(k + N/2) = G(k) \quad （6.36）$$

所定义的。

用同样的方法可以计算 $Q(k)$，即

$$Q(k) = \sum_{n=0}^{N/2-1} q(n)\mathrm{e}^{-\mathrm{j}2\pi nk/(N/2)} \quad k = 0, 1, \cdots, N/2 - 1 \quad （6.37）$$

k 值同上面一样，可以延伸到 $k = N/2$，$N/2+1$，$\cdots$，$N-1$，则

$$G(k + N/2) = Q(k) \quad （6.38）$$

式（6.35）与式（6.37）共需进行 $2(N/2)^2$ 次乘法运算才得到

$$G(k) \quad k = 0, 1, \cdots, N - 1$$

$$Q(k) \quad k = 0, 1, \cdots, N - 1$$

由 $G(k)$、$Q(k)$ 组合起来可以求出 $X(k)$，因此

$$G(k) + \mathrm{e}^{-\mathrm{j}2\pi k/N} Q(k) = \sum_{n=0}^{N/2-1} g(n)\mathrm{e}^{-\mathrm{j}2\pi nk/(N/2)} +$$

$$\mathrm{e}^{-\mathrm{j}2\pi k/N} \sum_{n=0}^{N/2-1} q(n)\mathrm{e}^{-\mathrm{j}2\pi nk/(N/2)}$$

$$k = 0, 1, \cdots, N - 1 \quad （6.39）$$

将 $g(n) = x(2n)$，$q(n) = x(2n+1)$ 代入式（6.39），并将指数因子移入右端的求和符号内得

$$\sum_{n=0}^{N/2-1} x(2n) e^{-j2\pi(2n)k/N} + \sum_{n=0}^{N/2-1} x(2n+1) e^{-j2\pi(2n+1)k/N} = X(k) \quad （6.40）$$

这就是说，两个子变换 $G(k)$、$Q(k)$ 可以合并得到原来的变换 $X(k)$，这个用两个 $N/2$ 点变换组合起来计算一个 N 点变换的过程，称为数据并合过程，并合过程需要增加附加的 N 个乘法运算，即总共要进行 $2(N/2)^2 + N$ 次乘法运算，这比起直接计算一个 N 点变换来要节省 $N^2 - (N^2/2 + N) = N^2/2 - N$ 次乘法运算。

$G(k)$ 和 $Q(k)$ 两个变换还可以再分别分成奇部和偶部，经过并合过程求出 $G(k)$ 和 $Q(k)$，这样 $G(k)$ 和 $Q(k)$ 就分别需要 $[2(N^2/4) + N/2]$ 次乘法运算。为得到 $X(k)$，就需要 $4(N^2/4) + 2N$ 次运算。如果 N 是 2 的指数，则这一分解过程可以一直继续 $\log_2 N$ 次，直到最后；当 $N = 1$ 时就不需要乘法运算。

上式中，乘法运算次数的 N^2 将会消失，但每次分解为奇部和偶部时，又将引入新的 N 次乘法运算。由于我们分解了 $\log_2 N$ 次，故需 $N\log_2 N$ 次乘法运算。这样新的乘法运算次数仅为原来乘法运算次数的 $(N\log_2 N)/N^2 = (N\log_2 N)/N$。

以上是一种快速傅里叶变换的基本原理。目前，专用的数据处理机和通用数字计算机中，多数都配有快速傅里叶变换的标准程序。

（3）截断与泄漏。

在进行数字信号处理时，只能对有限长的离散信号进行时域、频域变换，即必须把时域信号截断。为了将信号截取一段长度，需要在时域中乘以窗函数[见图 6.11（d）]，因而引起信息损失，使窗外的信息损失掉。设要求的样本长度为 N，窗函数的长度为 T_0，则采样的数目 $N = T_0/T_s$。在频域中，这个称为矩形窗函数的权函数与离散信号的乘积，仍然变换成为频域的卷积，如图 6.11（e）所示。由于矩形窗函数的频域变换是 $(\sin x)/x$，它和原来信号卷积的结果，引起频域信号的皱纹，能量将会从原来的频率上泄漏到两边频带，造成频谱谱峰模糊，甚至移位，并使原来真正的频带稍有变宽。在极端情况下，来自强频率分量的旁瓣可能淹没邻近单元的弱频率分量的主瓣，这种效应在信号分析中称为强信号旁瓣抑制了弱信号主瓣。为了减少这种泄漏现象，人们寻找了多种窗函数，如汉宁窗函数、余弦窗函数等。

抑制因信号截断而引起的泄漏，主要有两个途径：

① 采用整周期截断。

对于周期信号或确定性周期函数，选择合理的采样长度 $T = N\Delta t$，使 T 正好等于信号的基本周期 T_0 或其整倍数 mT（m 为正整数）。

② 加窗，即选择合适的窗函数。

通常把矩形窗处理称为未加窗。加窗就是用比较光滑的窗函数替代矩形窗，其实质是对截断信号在不同时刻进行不同的加权，使时域波形两端的突变变得平滑，以此压低频域的旁瓣。因为旁瓣小了，旁瓣泄漏量也就少了。

对窗函数的基本要求是：

① 频谱主瓣的宽度要窄，以提高频率分辨率。

② 旁瓣要小且衰减快，第一旁瓣与主瓣的幅度差要大，以减少泄漏或负谱。

上述要求往往是相互矛盾的。主瓣宽度越小，频率分辨率就越高，但幅值精度却降低；主瓣与旁瓣幅度差值越大，主瓣的宽度就会随之变大，提高了幅值精度却降低了频率分辨率。所以实际选择窗函数时，只能以折中的方式对幅值和频率分辨率加以兼顾。一般来说，加窗是以牺牲频率分辨率来换取能量泄漏减少的。

用于信号处理的窗函数很多，工程上常用的有矩形窗、汉宁窗、海明窗等。

① 矩形窗如图 6.9 所示。矩形窗属于时间变量的零次幂窗，实际工程中使用最多，实际上不加窗就是使函数通过了矩形窗。这种窗的优点是主瓣比较集中，缺点是旁瓣较高，并有负旁瓣，导致变换后带进了高频干扰和泄漏，甚至出现负谱现象。

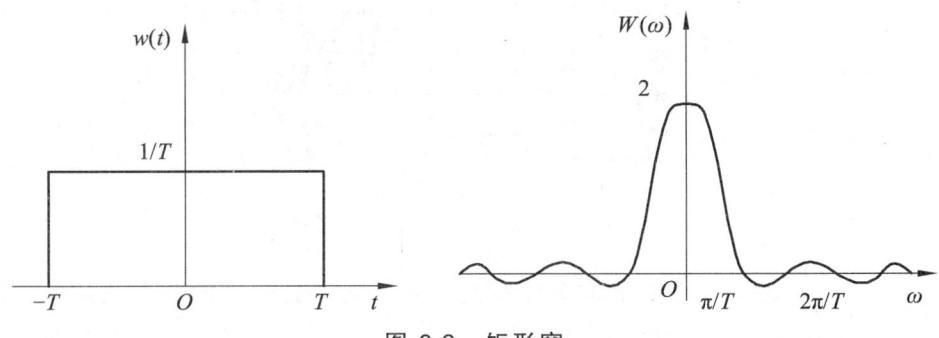

图 6.9 矩形窗

② 汉宁窗，主瓣宽，旁瓣很小且衰减很快，泄漏量比矩形窗小得多。汉宁窗又称为升余弦窗，可以看作是 3 个矩形时间窗的频谱之和，或者说是 3 个 $\sin c(t)$ 型函数之和，它可以使旁瓣互相抵消，消去高频干扰和减小能量泄漏。

图 6.10 所示为汉宁窗与矩形窗的谱图对比，图 6.10（a）所示为 $W(\omega)$-ω 关系，图 6.10（b）所示为相对幅度（相对于主瓣衰减）-$\lg\omega$ 关系。可以看出，汉宁窗主瓣加宽（第一个零点在 $2\pi/T$ 处）并降低，旁瓣则明显降低。第一个旁瓣衰减 -32 dB，而矩形窗第一个旁瓣衰减 -13 dB。此外，汉宁窗的旁瓣衰减速度也较快，约为 60 dB/（10 oct），而矩形窗为 20 dB/（10 oct）。由以上比较可知，从减小泄漏的考虑出发，汉宁窗优于矩形窗；但汉宁窗主瓣加宽，相当于分析带宽加宽，频率分辨率下降。

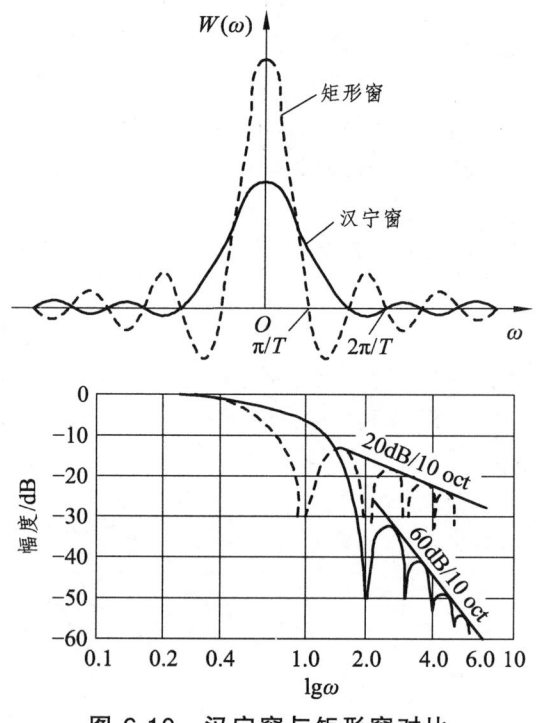

图 6.10 汉宁窗与矩形窗对比

③ 海明窗。海明窗也是余弦窗的一种，又称为改进的升余弦窗，只是加权系数和汉宁窗不同，海明窗的加权系数与汉宁窗不同，它使旁瓣达到

更小。分析表明，海明窗的第一旁瓣衰减为 -42 dB。海明窗的频谱也是由 3 个矩形时窗的频谱合成，但其旁瓣的衰减速度为 20 dB/(10 oct)，这比汉宁窗衰减速度慢。海明窗与汉宁窗都是很有用的窗函数。

④ 高斯钟形窗，只有主瓣没有旁瓣，主瓣太宽，但形状可调，为减少泄漏，应使高斯钟形窗变窄。

⑤ 1/10 余弦波坡度窗，主瓣呈三角形，旁瓣很小。

关于窗函数的选择，应考虑被分析信号的性质与处理要求。如果仅要求获得主瓣频率，而不考虑幅值精度，则可选择主瓣窄而便于分瓣的矩形窗，如测量物体的固有频率时；如果分析窄带信号，且有较强的干扰噪声时，则应选择旁瓣幅度较小的窗函数，如汉宁窗、三角窗等。

时域信号经过的采样、加窗[见图 6.11（a）~（d）]后，所得到的谱[见图 6.11（e）]是连续谱，是无法计算的，需要将谱乘以频域中的采样函数进行采样，才能得到离散谱[见图 6.11（g）]。设我们要在一个谱峰间隔中采样 N 个脉冲：$f_s/f_0 = f_s \times T_0 = T_0/T_s = N$，这样，在时域中就成了一个限时信号[见图 6.11（e）]和间距为 T_0 的脉冲二者的卷积。卷积的结果是产生一个周期信号，其周期为 T_0。通过以上的步骤，最后才得到离散傅里叶变换[见图 6.11（g）]。

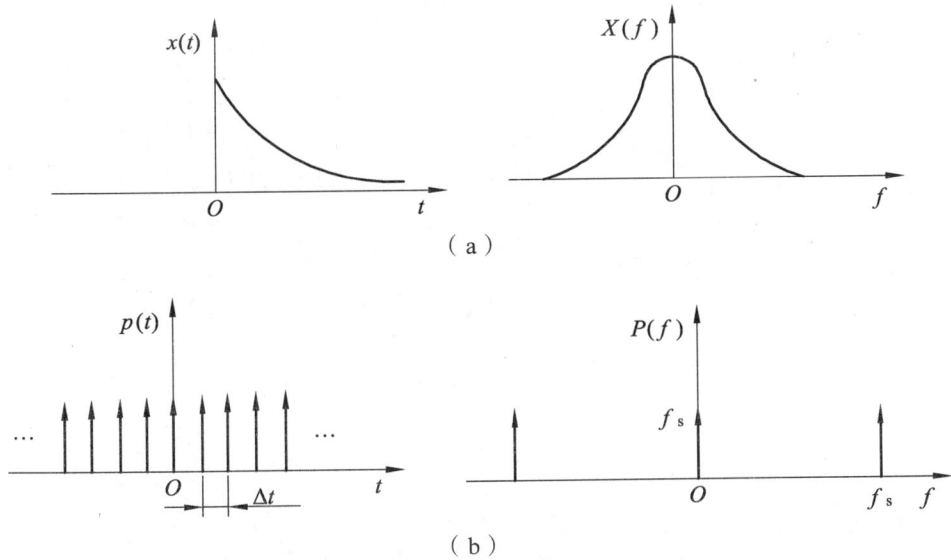

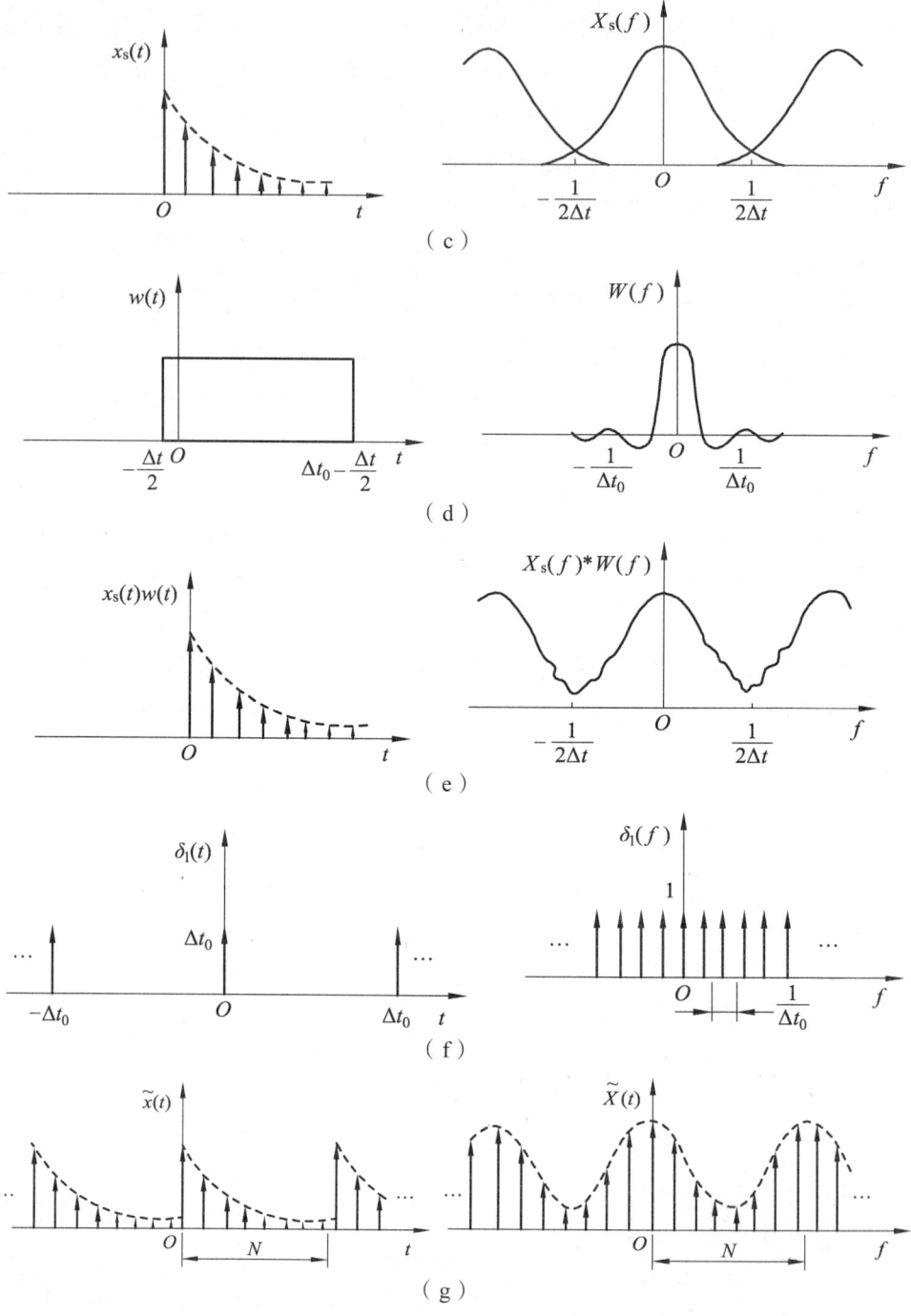

图 6.11 离散傅里叶变换的图解分析

6.1.3.4 采样长度 T_s 的选择与频率分辨率 Δf

（1）采样点数 N。

在频谱分析中，为了 FFT 算法的方便，采样点数 N 一般取 2 的幂数，常见的有 256、512、1 024、2 048、4 096 等。

采样点数越多，越接近原始信号。采样频率确定后，信号中最低频率越低，所需采样点数就越多。反之，采样频率和采样点数确定后，所能分析的最低信号频率也就确定了，这就是下面要介绍的频率分辨率。

（2）谱线数 n。

谱线数 n 是指频谱分析仪器在其显示屏上所能显示的离散频率成分的条数。谱线数的多少，实际上是反映了频谱分析仪器产品本身在频率分辨率上性能品质的高低。常见的有 100 线、200 线、400 线、800 线、1 600 线等。

以往频谱分析仪器的采样点数 N 与谱线数 n 有以下确定的关系：$N = 2.56n$。如今随着 FFT 算法技术的发展和计算机显示屏画面品质的提高，除了部分手持式频谱分析仪以外，采样点数与谱线数不一定再保持以上对应关系，采样点数尤其是谱线数均可突破原有的定数，例如，谱线数可达 12 800 线，甚至更高。

（3）采样长度 T_s 的选择与频率分辨率 Δf。

采样长度 T_s 是指完成一段采样全过程历经时间的长短，或者说是一段信号的记录长度（时间）。

当采样频率 f_s 和采样点数 N 确定后，采样长度 T_s 也就随之确定了。每一段采样样本的长度为

$$T = N\Delta t = N / f_s$$

采样长度必须要有合理的、足够的长度。

首先，为了保证采样信号能够反映原信号的全貌，就必须要有一定的长度。对瞬态信号，采样长度应包括整个瞬态过程，即若干个周期；对周期信号，理论上只需采一个周期，实际上，考虑信号平均等要求，也需要采几个周期。因此，整个采样过程总是需要有一定长度的。当然，为了减少计算量，采样长度也不宜过长。

其次，为了保证有较好的频率分辨率，也需要采样过程具有足够的长度。

频率分辨率是指频谱图上两条相邻离散谱线之间的间隔，即频率轴上的间隔Δf，它是由最高频率（即最大频率分析范围）f_{max}和离散谱线数n所确定的，即

$$\Delta f = f_{max}/n$$

需要指出的是，频率间隔Δf的数值越小，则频率分辨率Δf越高，所能区分的频率成分越精细，所能显示的最低频率越低。

由以上关系式不难推出

$$\Delta f = \frac{f_{max}}{n} = \frac{f_s}{N} = \frac{1}{N\Delta t} = \frac{1}{T_s}$$

通过以上关系式可以看出以下两点：

① 频率分辨率Δf与最高分析频率f_{max}以及采样频率f_s成正比，这就表明，最高频率f_{max}或采样频率f_s越高，频率间隔Δf的数值就越大，那么，频率分辨率Δf就越低，也就是说，分辨率与最高频率以及采样频率永远是相互矛盾的。

然而，采样频率又必须遵照采样定理由最高频率来确定，因此，在实际振动监测与故障分析时，应合理兼顾最高频率（并依其确定采样频率）与频率分辨率（同时内含最低频率）。

② 频率分辨率Δf与谱线数n、采样点数N、采样长度T_s成反比，表明谱线数n越多、采样点数N越密、采样长度T_s越大，则Δf的数值就越小，频率分辨率Δf就越高。

采样长度T_s的长短是由采样点数N的多少和采样频率f_s的高低共同决定的；在采样频率依据最高频率确定后，采样点数的多少主要决定了采样长度。另外，除了部分手持式频谱分析仪以外，采样点数与谱线数不一定存在原有 2.56 的定数。因此，可以说主要是采样点数的多少决定了频率分辨率的高低。当然，采样点数本身要受到计算机能力的限制。

表 6.1 列出了在不同最高频率和采样点数下满足不同分辨率所需的采样长度。

表 6.1 不同最高频率 f_{max} 范围的采样频率 f_s、采样长度 T_s 和频率分辨率 Δf

最高频率 f_{max}	采样频率 f_s	采样点数					
		512		1 024		2 048	
		T_s	Δf	T_s	Δf	T_s	Δf
10	25.6	20	0.05	40	0.025	80	0.012 5
20	51.2	10	0.1	20	0.05	40	0.025
50	128	4	0.25	8	0.125	16	0.062 5
100	256	2	0.5	4	0.25	8	0.125
200	512	1	1	2	0.5	4	0.25
500	1 280	0.4	2.5	0.8	1.25	1.6	0.625
1 000	2 560	0.2	5	0.4	2.5	0.8	1.25
2 000	5 120	0.1	10	0.2	5	0.4	2.5
5 000	12 800	0.04	25	0.08	12.5	0.16	6.25
10 000	25 600	0.02	50	0.04	25	0.08	12.5

6.1.4 振动信号倒频谱分析

倒频谱分析又称二次频谱分析，其实质是对功率谱取对数，然后再进行频谱分析，得到频谱中的周期成分。对于齿轮箱中齿轮和滚动轴承出现的调制边频带，利用倒频谱可以分析出反映故障特征的调制频率，从而诊断故障。

如果一实测信号 $y(t)$ 是由两个分量 $x(t)$ 和 $s(t)$ 叠加形成的，即 $y(t) = x(t) + s(t)$，则当两个分量的能量分别集中在不同的频率里时，可用频域分析中的线性滤波或功率谱分析。当所要提取的分量以一定的形状作周期性重复,而另一个分量是随时间变化的噪声时,可用时域分析中的信号平均方法或相关分析。这些方法都可有效地处理线性叠加信号。

在工程实测中的振动或声响信号不是振源信号本身,而是振源或声响信号 $x(t)$ 经过传递系统到测点的输出信号 $y(t)$,传递系统动态特性是由脉冲响应 $h(t)$ 描述的,则振源或声响信号 $x(t)$ 与输出信号 $y(t)$ 有如下关系

$$y(t) = x(t) * h(t) \tag{6.41}$$

即输出 $y(t)$ 是输入 $x(t)$ 与脉冲响应 $h(t)$ 的卷积,这时用处理线性叠加信号的方法就不够了,而倒频谱却能很好地处理这类问题。

倒频谱的定义为:对多段平均的自功率谱 $G_{xp}(f)$ 取对数,得到对数谱 $G_{xdB}(f)$,对 $G_{xdB}(f)$ 再进行 FFT 分析可得

$$G_{xe}(t) = \int_{-\infty}^{\infty} G_{xdB}(f) e^{-2\pi ft} df = R_e(t) + jI_e(t) \tag{6.42}$$

对其取模得到倒频谱分析的幅值谱

$$G_{xeamp}(t) = \sqrt{R_e^2(t) + I_e^2(t)} \tag{6.43}$$

对其取模的平方得到倒频谱分析的功率谱

$$G_{xep}(t) = R_e^2(t) + I_e^2(t) \tag{6.44}$$

需要指出的是,当对多段平均的功率谱取对数后,功率谱中与调制边频带无关的噪声和其他信号也都得到较大的权系数而放大,所以,当调制边频的幅值不大或信号中含有较大噪声时,倒频谱中得到的调制频率的幅值并不明显,这种方法在实际工程运用中有较大的局限性。根据我们长期对齿轮箱振动和噪声进行信号处理得到的经验,利用解调分析得到的解调谱比倒频谱能够更准确地分析调制频率,所以,如果有条件的话应采用解调分析来分析调制频率。

6.1.5 振动信号细化谱分析

在工程信号分析中,往往会遇到下述情况:被分析的信号是一种密集

型频谱,如语音、振动、噪声等,其频谱图上的频率间隔很细,但频带分布又较宽,为了识别谱图的细微结构,必须要求信号分析系统既要有高的频率分辨率,又要有较宽的频率范围,但这两者之间是有矛盾的。

在齿轮箱故障诊断中,齿轮、滚动轴承或轴发生集中或分布性故障时,一般都会出现以齿轮的啮合频率、齿轮固有频率或滚动轴承内外环固有频率为中心频率,以齿轮所在轴的转频或滚动轴承通过频率为调制频率的调制边频带。一般调制信号的中心频率较高,而调制频率很低,所以要分析调制边频带的细微结构都要采用细化谱分析。

从 FFT 分析方法中知道,被分析信号的时域、频域关系如图 6.12 所示。

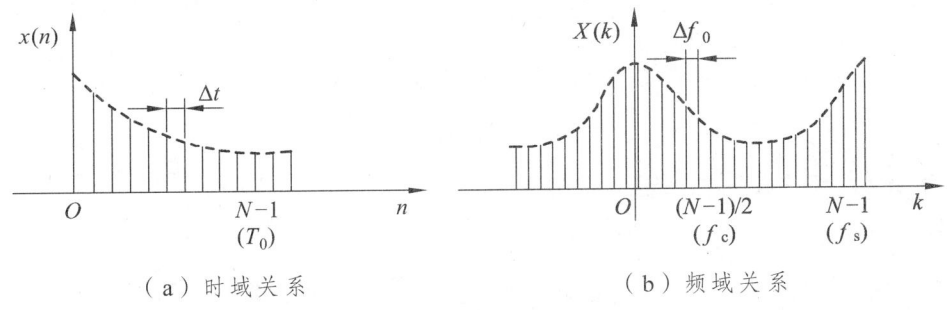

(a) 时域关系　　　　　　(b) 频域关系

图 6.12　FFT 方法中的信号时、频域关系

FFT 分析方法是在 $f_s/2$ 采样频率范围内对 $N/2$ 个采样点数进行变换,谱线间隔($f_0 = f_s/N$)决定了频率分辨能力,即 f_0 越小,谱图的分辨率越高,f_0 较大时,将由于栅栏效应而丢掉有用信息。当采样频率 f_s 选定时,f_0 值决定于采样点数 N,可见,若要提高频率分辨率,又要求上限频率($f_s/2>12$)不变,则需要增加时窗长度 T_0,即增加采样点数,这样计算工作就要增大,特别是专用信号处理机,一旦制成,其可处理的最大点数即已固定,不可随意增大,所以既要不损失上限频率,又要增大分辨率是很困难的。因此,就引出了窄带谱的细化快速傅里叶变换分析。

窄带谱的频率细化,犹如频谱的局部放大,如图 6.13 所示,能使某些我们感兴趣的重点频区得到较高的分辨率。这对分析频率的细微结构是很有效果的。

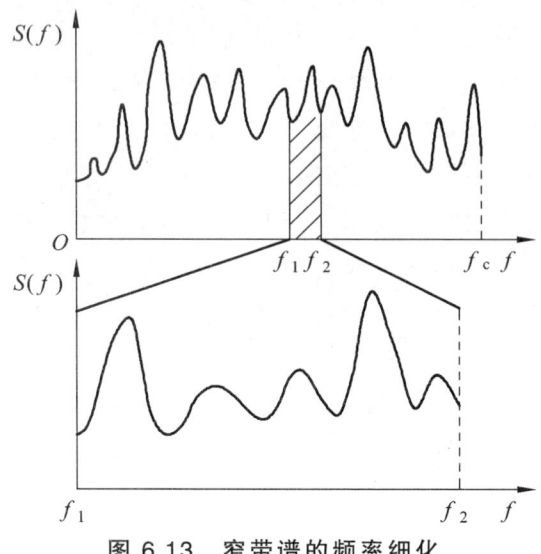

图 6.13 窄带谱的频率细化

6.1.6 振动信号解调分析

在齿轮箱故障诊断中,齿轮、滚动轴承或轴发生集中或分布性故障,对其振动信号进行频谱分析时,频谱图上一般都会出现以齿轮的啮合频率、齿轮的固有频率或滚动轴承内、外环的固有频率为中心频率,以齿轮所在轴的转频或滚动轴承通过频率为调制频率的调制边频带。从信号中提取调制信息,分析其强度和频次就可以判断齿轮箱产生故障的部位和损伤程度,这一分析过程称为解调。它是齿轮箱故障诊断中广泛使用的一种分析故障的有效方法。当前常用的几种解调方法包括:希尔伯特变换解调、高通绝对值分析解调、检波滤波解调和平方解调、循环平稳解调分析以及在这些方法基础上研究出的一些优化的解调方法。

针对高通绝对值分析解调、检波滤波解调、平方解调这三种方法,由于它们的解调原理都是对信号取绝对值或绝对值的平方,然后进行低通滤波,原理上基本一致,因此可以将它们统称为广义检波滤波解调分析。运用这些解调方法可以分析齿轮箱调制性故障,是故障诊断的最重要和最有效的分析手段,在故障诊断中具有重要作用。但是,目前在齿轮箱故障诊断中采用这些解调分析方法时还存在着三方面的局限性:一是将齿轮箱振动信号中不包括调制信息(故障信息)的两时域相加信号,以其频率之差作为解调信号而解出,导致错误的诊断;二是在广义检波滤波和循环平稳解调分析中,由于取绝对值或检波过程可能产生混频效应,因此需要分析采样频率可以选取的范围,以避免这种混频效应;三是在几种细化解调分析新算法中,无法在细化分析的选抽过程中进行数字低通滤波,有可能会出现调制频率高次谐波成分发生频率混叠而反折到低频部分的现象。对于上面的三种局限性,不论是哪一种出现,都会在解调谱上出现无法分析或引起误诊断的频率成分。

6.1.7 振动信号小波分析

如前所述,傅里叶变换可以将时域信号变换到频域中的谱。就振动分析来说,各频段的谱分量可以告诉我们信号的各个组成部分,表征着信号的不同来源和不同特征。FFT 算法和现代谱理论的发展使得信号谱估计可以在很短的时间内完成,从而实现对观测信号的实时分析。频谱估计现已成为故障诊断领域中十分重要的特征分析工具。

傅里叶变换的不足之处在于,它只适用于稳态信号分析,而非稳态信号在工程领域中是广泛存在的,如变速机械的振动等。加窗傅里叶变换是为了适应非稳态信号分析发展起来的一种改进方法,时域信号 $x(t)$ 的加窗傅里叶变换为

$$X(\omega,\tau) = \int_R x(t)\omega(t-\tau)\mathrm{e}^{-\mathrm{j}\omega t}\mathrm{d}t \qquad (6.45)$$

式中　$\omega(t-\tau)$ ——窗函数;
　　　τ ——可变参数,变动 τ 可控制窗函数沿时间轴平移,以实现信号 $x(t)$ 的按时逐段分析。

由于式(6.45)中窗函数的大小和形状是固定的,因此难以适应信号频率高低不同的局部化要求;而且,如果在信号中有短时(相对于窗长)、高频成分,如在故障监测中,对突变信号的分析和谱估计,这种变换也不是非常有效的。在实际应用中,要求低频信号采用宽时窗,高频信号采用窄时窗,以提高谱线分辨率。小波分析发展了加窗傅里叶变换的局部化思想,采用时窗宽度可调的小波函数替代式(6.45)中的窗函数,它的窗宽

随频率增高而缩小，符合高频信号的分辨率较高的要求。

傅里叶分析的理论基础是待分析信号的平稳性。对于非平稳信号，傅里叶分析可能给出虚假的结果，从而导致故障的误诊断。对设备故障诊断问题来说，由于以下原因，使傅里叶分析的应用受到限制：

（1）由于机器转速不稳，负荷变化以及机器故障等原因产生的冲击、摩擦导致非平稳振动信号的产生。

（2）由于机器各零部件的结构不同，致使振动信号所包含的不同零部件的故障频率分布在不同的频道范围内。特别是当机器隐藏有某一零部件的早期微弱缺陷时，它的缺陷信息被其他零部件的振动信号和随机噪声所淹没。

对于这类问题，小波分析方法具有无可比拟的优点。由于小波分解技术能够将任何信号（平稳或非平稳）分解到一个由小波伸缩而成的基函数族上，信息量完整无缺，在通频范围内得到分布在不同频道内的分解序列，在时域和频域均具有局部化的分析功能。因此，可根据故障诊断的需要选取包含所需零部件故障信息的频道序列，进行深层信息处理以查找机器故障源。

6.1.8 振动信号启停机分析

启停机图谱又称瞬态图谱，仅用于分析启停机过程中的状况。
（1）转速时间图。
转速时间图显示了开停机过程中，转速随时间变化的关系。
（2）波特图。
波特图显示了转子振幅和相位随转速变化的关系曲线。
波特图是十分有用的分析图谱，从波特图上可以得到以下信息：
① 转子系统在各种转速下的振幅和相位。
② 转子系统的临界转速。
③ 转子系统的动态放大系数 Q（Q = 临界转速下的峰-峰值/操作转速下的峰-峰值），动态放大系数原本可接受范围是 3~8，但伴随着设计与制造水平的提高，现在动态放大系数越来越小，新出厂的机器多数在 3.55 以下，小于 2.5 的也屡见不鲜（API 标准规定小于 2.5 时为临界阻尼状态），

若动态放大系数过大，则转子系统很可能是不安全的。

④ 转子的振型。

⑤ 系统阻尼的大小。

⑥ 转子是否发生热弯曲。

⑦ 转子上机械偏差和电气偏差的大小。

（3）奈奎斯特图。

奈奎斯特（Nyquist）图把开停机过程中振幅与相位随转速变化关系用极坐标的形式表示出来，又称极坐标图。

奈奎斯特图用一旋转矢量的点代表转子的轴心，该点在各转速下所处位置的极半径就是转子的径向振幅，该点在极坐标上的角度就是此时振动的相位角。这种极坐标表示方法在作用上与波特图相同，但比波特图更为直观。

通过最大振幅，可以看见转子的实际临界转速；通过有无小圈，可以看到转子以外的元件振动，如管道、联轴节、机壳、基础等对转子产生的谐振作用。

通过奈奎斯特图，很容易得到转子的原始晃度，即机械偏差和电气偏差的总和。从带有原始晃度的图形要得到扣除原始晃度后的振动曲线很容易做到，只需将极坐标系的坐标原点平移到与需要扣除的原始晃度矢量相对应的转速点，原图的曲线形状保持不变。这样，原曲线在新坐标系中的坐标即是扣除原始晃度后的振动响应。

通过奈奎斯特图，还可以很容易得到转子的慢转矢量，也就是转子的初始弯曲信号，因为转子的初始弯曲在低转速状态下的相位是不变的。

（4）频谱瀑布图。

频谱瀑布图汇合了开停车过程中各时间间隔下的频谱图，简称瀑布图。

将启停机过程中连续测得的一组频谱图，按一定的时间间隔所组成的三维谱图就是频谱瀑布图。其中，X 轴为频率，Y 轴为振幅，Z 轴按时间间隔平行布置，有时附加上对应的转速。通过瀑布图，可以清楚地看出各振动分量的频率及幅值随时间的变化情况。

（5）级联图。

级联图汇合了开停车过程中各转速间隔下的频谱图。

级联图与瀑布图的区别是它将时间间隔变成转速间隔，Z 轴变为转速。级联图的特点是，各频率分量在图中构成了由坐标原点 O 发射的斜直线状，这在分析与转速有关的振动故障时是很直观的，常用来了解各转速下振动频谱的变化情况,可以确定转子临界转速及其振动幅值,特别是半速涡动或油膜振荡的发生和发展过程等。

6.2 轨道交通齿轮箱模态分析

振动模态是机械结构的固有特性。振动模态分析的最终目标是:识别系统的模态参数,包括固有频率、相位角、振型、刚度、阻尼。当系统状态变化或出现故障时,就会引起系统模态参数的变化,如结构裂纹、零部件损伤、连接件松动、装配不良等。模态分析可为振动故障诊断及预报以及结构动力特性的优化设计提供依据。

传递函数分析是模态分析的主要工具。传递函数分析的目的是研究系统的固有特性。通过测量力和响应,研究两者随频率变化的比例来估计系统的固有特性,主要是研究系统的固有频率、阻尼比等。相干函数是用来检验传递函数测试结果的可靠性的,只有相干函数值高(最大为 1)点的传递才有意义。

设连续系统的输入函数为 $x(t)$,输出为 $y(t)$,系统的传递函数定义为

$$X(f) = \frac{Y(f)}{X(f)} = C(f) + jD(f) \quad (6.46)$$

相干函数(凝聚函数)定义为

$$r_{xy}(f) = \frac{\left|G_{xy}(f)\right|^2}{G_{xx}(f)G_{yy}(f)} \quad (6.47)$$

式中 $G_{xx}(f)$、$G_{yy}(f)$——输入、输出信号的自谱;

$G_{xy}(f)$——输入信号与输出信号的互谱。

在多段平均时,相干系统才有意义,相干系数 $0 \leq r_{xy}(f) \leq 1$,只进行一段传递函数分析,相干系数恒为 1。

传递函数是复函数,所以有两种表示方法,一种是用实部和虚部表示,一种是用幅值和相位表示。式 6.46 中的实部 $C(f)$ 称为实频特性,虚部 $D(f)$ 称为虚频特性。

幅频特性定义为

$$|H(f)| = \sqrt{C^2(f) + D^2(f)} \qquad (6.48)$$

相频特性定义为

$$\phi(f) = \arctan[D(f)/C(f)] \qquad (6.49)$$

在实际计算中，传递函数有 4 种计算方法，称为 H_1、H_2、H_3、H_4 估计方法，其中 H_1、H_2 估计是传递函数的有偏估计，H_3、H_4 估计是传递函数的无偏估计。实际使用中，H_1 估计是应用最广泛的传递函数计算方法。

传递函数的 H_1 估计算法

$$H_1(f) = \frac{Y(f)}{X(f)} = \frac{Y(f)X*(f)}{X(f)X*(f)} = \frac{G_{xy}(f)}{G_{xx}(f)} \qquad (6.50)$$

传递函数的 H_2 估计算法

$$H_2(f) = \frac{Y(f)}{X(f)} = \frac{Y(f)X*(f)}{X(f)X*(f)} = \frac{G_{yy}(f)}{G_{yx}(f)} \qquad (6.51)$$

传递函数的 H_3 估计算法

$$H_3(f) = \frac{1}{2}[H_1(f) + H_2(f)] \qquad (6.52)$$

传递函数的 H_4 估计算法

$$H_4(f) = \sqrt{H_1(f)H_2(f)} \qquad (6.53)$$

只有在幅频特性或虚频特性峰值处的频率附近的相干系数很高（工程测试一般要求大于 0.7）的频率是系统的固有频率。

在齿轮箱的故障诊断中，传递函数可以用来测量箱体、齿轮或滚动轴承内、外环的固有频率，以分析齿轮共振调制现象或箱体共振调制现象，这两类现象都伴随有较严重的故障。

6.3 轨道交通齿轮箱噪声分析

机器内部的机械零部件工作时会发出噪声,发生故障时,噪声的强弱和声调都会变化。噪声诊断就是通过监测噪声信号的强弱和声调来寻找噪声的主要声源和识别故障。具体方法如下:

(1)声音监听法。用听棒或听诊器监听机器内部噪声的强弱和声调,判断机器运转是否正常,零部件是否损坏,流体有无脉动或泄漏。监听效果主要取决于经验。

(2)频谱分析法。与振动分析法相类似,监测仪表也可以对噪声信号进行采集,并分解转换成由各种纯音声调(即频率)及其强弱(即峰值,用声压级、声强级、声功率级表示)组成的噪声频谱。通过频谱图,找出与机械零部件工作特性有关的纯音频率,如通过齿轮的啮合噪声、滚动轴承的间隔噪声、电机的电磁噪声等来寻找噪声源和故障原因。

(3)声强法。声强是单位时间内通过垂直于传播方向单位面积上的声能。与声压不同,声强具有明显指向性,不仅可以测定噪声的大小,而且可以测定哪个方向上的噪声大,又不受环境影响,便于在现场找到噪声源,因此近年来发展较快。

6.4 轨道交通齿轮箱滚动轴承故障诊断方法

滚动轴承是机械设备中最常见和最易损坏的部件之一。总体来讲,在使用过程中,滚动轴承异常的基本形式有 6 种。

1. 疲劳剥落

在滚动轴承中,滚道和滚动体表面既承受载荷,又相对滚动。由于交变载荷的作用,首先在表面一定深度处形成裂纹,继而扩展到使表层形成剥落坑,最后发展到大片剥落。这种疲劳剥落现象造成了运行时的冲击载荷,使振动和噪声加剧。

2. 磨损

滚道和滚动体间的相对运动及杂质异物的侵入都会引起表面磨损，润滑不良会加剧磨损。磨损导致轴承游隙增大，表面粗糙，降低了机器运行精度，增大了振动和噪声。

3. 塑性变形

轴承因受到过大的冲击载荷、静载荷以及落入硬质异物等在滚道表面上形成凹痕或划痕，而且一旦有了压痕，压痕引起的冲击载荷会进一步使邻近表面剥落。载荷的累积作用或短时超载会引起轴承的塑性变形。

4. 腐蚀

润滑油、水或空气中的水分引起表面锈蚀，轴承内部有较大电流通过造成的电腐蚀以及轴承套圈在座孔中或轴颈上微小相对运动造成的微振腐蚀。

5. 断裂

常因载荷过大或疲劳引起轴承零件破裂。热处理、装配引起的残余应力，运行时的热应力过大也会引起断裂。

6. 胶合

轴承发生故障后，其振动特征会有明显的变化。在工作过程中，滚动轴承的振动通常分为两类：一为与轴承的弹性有关的振动，二为与轴承滚动表面的状况（波纹、伤痕等）有关的振动。前者与轴承的异常状态无关，而后者反映了轴承的损伤情况。

滚动轴承在运转时，滚动体在内、外圈之间滚动。如果滚动表面损伤，滚动体在损伤表面转动时，便产生一种交变的激振力。由于滚动表面的损伤形状是无规则的，所以激振力产生的振动将是由多种频率成分组成的随机振动，从轴承滚动表面状况产生振动的机理可以看出，轴承滚动表面损伤的形态和轴的旋转速度，决定了激振力的频率；轴承和外壳，决定了振动系统的传递特性。因此，振动系统的最终振动频率由上述二者共同决定。也就是说，轴承异常所引起的振动频率由轴的旋转速度、损伤部分的形态及轴承与外壳振动系统的传递特性所决定。

通常，轴的旋转速度越高，损伤越严重，其振动的频率就越高；轴承的尺寸越小，其固有振动频率越高。因此，轴承异常所产生的振动，对所有的轴承都没有一个共同的特定频率；即使对一个特定的轴承，当产生异常时，也不会只发生单一频率的振动。

常用的几种轴承振动信号分析方法有低频信号接收法、包络分析法、冲击脉冲法、尖峰能量法，下面将一一详细介绍。

6.4.1 低频信号接收法

低频信号接收法是对由传感器检测到的宽频带信号直接进行频谱分析，或者将信号经过低通滤波（一般截止频率为 1 kHz），去除高频成分后再作频谱分析。从频谱图上观察主要的谱线，如果某一谱线对应的频率与理论计算出的轴承元件的缺陷间隔频率相一致，则表示该轴承元件存在某种故障。这种方法对于低频成分能量较大、外来干扰较小或者处于故障中、后期的信号来说，还是可行的。但因为实际工作中的轴承，其故障冲击的能量并不大，初期缺陷产生的冲击能量很小，而常规振动（不平衡、轴弯曲、不对中、摩擦、结构共振、基础松动、流体动力激振等）、轴承加工缺陷、电源等其他低频背景噪声所产生的振动能量相对更大。因此，直接利用低频信号得到的频谱图往往谱线密集，模糊不清，很难鉴别出轴承故障信号。或者说，轴承故障特征频率（缺陷间隔频率）被许多其他的频率成分淹没了。如今，在针对滚动轴承的专门监测中，已很少直接用低频信号去识别轴承故障。

6.4.2 包络分析法

包络分析法是一种基于滤波检波的振动信号处理方法，与传统的 FFT 分析方法不同。在进行频谱分析之前，需先对信号进行高通或带通滤波，滤掉低频成分，然后对信号进行包络解调，提取低频调制信号。它的实质是，对周期性的冲击故障信号来说，其宽频带特性常引起系统固有频率处的谐振，从而在该频率附近形成以特征故障频率为基频的边带，此边带可被认为是故障信号调制的结果，因此又有人称为解调分析。

包络分析是诊断设备零件损伤故障的一种有效手段，识别能力很强。目前常用的包络解调分析方法有：宽带解调技术、共振解调技术、选频解调技术和 Hilbert 解调技术。

包络法把与滚动轴承故障有关的信号从高频调制信号中解调出来，从而避免与其他如不平衡、不对中等低频干扰的混淆，故有很高的诊断可靠性和灵敏度，可根据包络信号的频率成分识别出产生故障的元件（如内环、外环、滚动体）来。

目前应用比较广泛的有 SKF 公司开发的加速度包络技术。

6.4.3 冲击脉冲法

冲击脉冲法是瑞典 SPM 公司的专利技术。从 20 世纪 80 年代起，我国企业广泛采用该技术。

冲击脉冲法诊断滚动轴承故障，取得显著的成效。由于采用冲击脉冲法诊断滚动轴承简便有效，因而最受企业欢迎。即使到了 21 世纪，冲击脉冲法仍然是用于现场简易诊断的有效手段之一。

冲击脉冲法从本质上来说仍属于振动诊断的范围，但它又与一般的振动诊断在实施步骤和判别方法上都有很大的差别。

处于高速运转中的滚动轴承，承受着整个转子的动、静负荷，工作条件极其严酷，因此，对轴承的质量、运转条件都有很高的要求。轴承上的每一点缺陷，如滚动体疲劳剥蚀、滚道磨损，保持架变形或者断裂，内外圈与轴、孔配合松动而产生摩擦以及缺乏润滑油或油中混入杂质等，都会在轴承振动信号中反映出来。滚动体的冲出会产生宽带高频冲击脉冲振动，冲击脉冲形成高频压缩波，在金属内部传递给轴承座。这种高频压缩波一旦被安置在轴承座上的传感器所接收，经测量仪器处理后，显示出轴承的高频冲击脉冲，就可以据此判断轴承处于何种状态。

冲击脉冲计是冲击脉冲法原理诊断滚动轴承的专用仪器，其加速度传感器（即冲击脉冲探头）对输出信号的处理有别于一般的振动法。它对振动信号不作宽频带测量，而只是在传感器的固有频率上测量。轴承的冲击振动经轴承座传播到加速度传感器上，激起其固有频率的减幅振荡。这个振动的幅度与轴承故障的严重程度成正比。

应当指出，采用冲击脉冲法诊断滚动轴承，只能判明轴承的总体状态是正常还是异常以及损伤的严重程度，但不能像频谱分析一样确定其中哪个元件损坏。不过，在生产现场设备维修中能做到这一点也已经够了。因为对滚动轴承这样的易损件，只要其中任何一个元件损坏，都得将整个轴承更换，从来没有修复的先例，所以无需将故障定位到某个元件上。

6.4.4 尖峰能量法

振动尖峰能量测量是利用高通滤波器滤除常规机械振动故障（如不平衡、不对中和松动等）频率后，在一预定的高频范围内检测振动能量，通常为 5~50 kHz，过滤 50 kHz 以上的高频及 5 kHz 以下的低频信号。在这一高频范围内，滚动轴承的缺陷所产生的机械冲击能量会激起加速度传感器及其结构的自振频率，这些频率作为载波频率调制轴承故障频率，利用峰-峰值检波器检测并保持高频脉冲峰值的方法，用衰减时间常数来确定振动尖峰能量频谱的最高频率，这样既保持了故障的严重程度，又突出了故障频率及其谐振频率。

美国 ENTEK 公司基于尖峰能量法开发的 g/SE 技术提供了滚动轴承故障诊断的一个便捷平台。

g/SE 实际上是一种滤波器，它运用包络法将上述经调制的高频分量拾取，经放大，滤波后送入解调器，即可得到原来的低频脉动信号，再经快速傅里叶变换 FFT 即可获得 g/SE 谱。

虽然尖峰能量法在使用带通滤波器与检波概念方面与传统的调制解调（包络法）相似，但其基本原理与调制解调法却有实质不同。

（1）尖峰能量法使用振动加速度传感器来采集加速度信号。由于传感器共振，高倍数地增加冲击信号的幅度，可以提取深埋于正常振动中的轴承故障冲击信号。

（2）尖峰能量频谱中的幅值单位为 g's，其实质为一加速度单位。

（3）因包络法检波时先进行希尔伯特变换后要再进行低通滤波来解调故障信号，但低通滤波器会衰减波形的峰值，而尖峰能量法的检波器能得到真实的冲击峰值，因此，它比包络法对冲击故障更灵敏，这也是尖峰能量法的独特优点。

6.5　故障程度的评估

　　判断故障所形成的危害程度，对确定是否需要立即停车、能否维持运行、是否需要减负荷运行有着决定性的指导作用。

　　在判断故障程度时，要仔细比较故障前后的有关数据、图谱，然后参照有关规范、规定及设备的历史情况加以综合判断。其中，既要考虑现在的数值，更要考虑与原正常值相比的变化倍数，关键看当前数值有无继续上升的趋势。以下仍就最常见的振动故障来举例说明。

　　对于由转子动不平衡所引发的振动（并且为工频的幅值及相位都发生了突变），首先，应进一步查看一倍频趋势图，看振值及相位有无再次或多次发生突变。若有，表明转子发生了二次损伤、多次损伤扩大故障，故障的程度往往比较严重；若无，表明转子没有发生二次损伤，故障的程度一般较为稳定，而且在一定的时间段内不大可能再次发生强烈振动。其次，应比较故障发生前后工频幅值变化倍数的大小。通常，故障后的工频振动值小于故障前正常值的 2.5 倍时，可以认为，虽然转子的动不平衡状况发生了比较明显的变化，但仍可继续监视运行；故障后的工频振动值为故障前的 2.5~3 倍以上时，则表明转子动不平衡状况的变化程度非常严重，应考虑停车。（在振动评定标准、动平衡精度等级标准中，都是按照 2.5 倍的级差来划分等级档次的。）再次，关键的是看当前的工频振动值有无继续上升的趋势。若无上升趋势，则表明尽管转子发生了动不平衡，甚至当前的振动值也非常高，但是，转子本身的刚度较强，转子因弯曲变形而产生的弹性恢复力随变形量（即振动值）的增大也同时增大，与不平衡量所产生的离心力处于动态平衡状态，也就是说，不平衡质量矩所造成的危害程度也就仅此而已，振动不会再增大；若有上升趋势，即使上升的速率很缓慢、振动值并不很高、工频幅值变化倍数低于 2.5 倍，仍说明故障程度相当严重，从转子上掉下的质量较大，转子在不平衡质量矩的作用下仍将被继续拉弯，不平衡质量矩将继续上升，或者说转子轴承系统本身的刚度较差，弹性恢复力难以抗拒离心力，必须停车。

即使发生断叶片这样的重大设备故障，只要判断准确，处理得当，同样可以做到监视运行、待机修理。

对于由轴承工作不良故障而引起的振动，由于此类振动通常为间歇性的跳动，判断其故障程度主要是通过趋势图，看振动值的跳动范围、跳动的持续时间和相邻两次振动的间隔时间，最为关键的是看振动趋于平稳后，振动值能否回落到原有的正常值。若振动值的跳动范围越来越大，持续时间越来越长，间隔时间越来越短，则说明振动程度趋于严重。特别是振动值回落后高于原正常值，则表明程度相当严重，应考虑停车。

对摩擦故障程度的判断，一般情况下，通过波形频谱图看新增加的频率成分多不多，新频率成分的振幅值大不大。如果新频率成分不多，振幅值不大，则摩擦程度不大；反之，则摩擦程度大。如果频率成分丰富，幅值很高，甚至超过工频时，则摩擦程度相当严重。其中，高频成分相对丰富，但是幅值较低，低频成分较少，持续时间较短时，很可能是局部轻摩擦；低频成分相对密集，幅值较高，高频成分稀疏，持续时间长，甚至连续，则很可能是局部严重摩擦。判断摩擦程度是否严重，关键是通过轴心轨迹图看转子的进动方向。若为正进动，表明摩擦程度不太严重，通常为梳齿密封的齿片所产生的摩擦，不必急于停车；若为反进动，特别是正、反进动交错发生时，说明摩擦时所产生的能量相当大，故障程度相当严重，此时若振动仍在加剧，则必须立即停车。在刚刚检修结束后的开车过程中，由于若干梳齿密封的间隙偏小，常常会出现摩擦，一般在通过临界转速区后，摩擦现象会自行消失。

不对中故障程度的判断，除了看轴心轨迹外，还要看2倍频振动趋势图，要分辨是一开车就高还是在开车过程中逐步变高或迅速变高，或是在运行一段时间后缓慢增高。如果是一开车就高，则为原始冷态不对中所引起，其影响程度不会变化，相对较小；如果是开车中逐步变高或迅速变高，则为管线、支座等受热不均匀而产生的热态不对中所引起，其程度相对较严重，应该迅速查找原因，及时消除或减轻；如果是在运行中缓慢、逐步增高，则为齿式联轴器磨损所引起，磨损初期影响不大，磨损后期会迅速加剧，因此在中后期要加强监视。

6.6 故障部位的诊断

判断故障所发生的具体部位，对停车后的抢修工作有着很重要的指导作用，判断具体、准确时，可以大大缩短抢修时间，降低检修费用，为工厂创造较好的经济效益。判断时，一定要紧密结合设备的具体结构特点并参考各方面的信息加以综合考虑。

例如，如果是转子动不平衡所引起的振动（并且为振值及相位均发生了突变），对汽轮机和轴流式压缩机而言，大多数为断叶片（包括断铆钉头、围带、拉金）；特别对凝汽式汽轮机来说，断叶片又多数发生在末级、次末级，因为末级、次末级处于湿汽区或干、湿汽过渡区，很容易产生水击、水蚀而造成叶片疲劳断裂；对于轴流式压缩机，则有可能发生在处于段间冷却器后的中、高压段的首级、次首级叶片；对于离心式压缩机，由于叶轮强度相对较高，除了灾难性的轴向摩擦外，叶轮很少发生断裂损坏，产生动不平衡的具体部位有转子结垢，结垢后又突然掉落一块，镶嵌的软密封突然脱落，转子内有异物（大修后开车），止推盘、平衡盘、轴套、锁母、半联轴器等旋转组件因间隙过大而产生松动等。

如果是轴承工作不良所引起的振动，产生的具体部位有瓦面接触不好的形成"夹帮"，瓦块支点处磨损变形而造成的瓦块摇摆性不好，轴承合金脱胎剥落，油挡间隙小于瓦隙而与轴颈产生接触，轴颈与轴承间同轴度差，润滑油的黏度、温度、压力、流量不正常，轴承压盖无紧力等。

如果是热态对中不良所引起的振动，造成的原因有两大类。一类是轴承支座升降的不均匀性而引起的，如管道力的作用、机壳变形或移位、基础的不均匀下沉，特别是轴承支座的不均匀膨胀等。实际判断时需要通过对现场的仔细勘察或检查运行参数是否发生明显变化而加以确认。另一类是联轴器工作不良而引起的。对刚性联轴器来说，平行（径向）不对中主要会激起2倍频的振动，同时也存在工频和多倍频的振动，联轴器两侧轴承径向振动的相位差为180°；角度（端面）不对中主要会激起工频的振动，同时也存在多倍频的振动，联轴器两侧轴承径向振动的相位相同。对有中间套筒的齿式联轴器来说，即使是平行不对中，但在齿套与齿壳之间仍表现为角度不对中，不对中引起轴向振动（轴位移动）较大，联轴器两侧径向振动相位差为180°，径向振动的2倍频、3倍频、4倍频……的增大要比工频的增大更为明显一些。对叠片、膜盘联轴器来说，径向振动的频率特点主要与螺栓孔数 n 有关，对偶数孔为 n 倍频，对奇数孔则为 $2n$ 倍频。

6.7 故障趋势的预测

　　判断故障的发展趋势，除了对确定是否需要停车有决定性作用外，还对如何维持运行有着具体的指导作用。应着重根据所发生故障的自身特点及故障发生后短时间内所呈现的特征来进行判断。

　　例如，动不平衡和轴承工作不良所引发的振动均敏感于转速的变化，而热态不对中则对转速不敏感；动不平衡在极短的时间内会引发二次损伤扩大故障，只要不发生二次损伤和持续上升，尽管有时振动值较大，但总体振动趋势较为平稳，只要远离临界转速区，一般不会有新的发展；轴承工作不良所引发的振动具有间歇性、波动性和突发性，其发展趋势难以准确预测，只要振动发生跳动后的振值能回落到原有正常值，可以认为轴承尚未受到严重损伤，但多数情况下振动会越来越强烈；热态不对中所引发的振动发展趋势通常比较平缓，特别是经常发生的轴承支座不均匀膨胀所引起的不对中振动，处理得当还可及时消除。

　　面对故障，只要分析透彻、判断准确，正确的处理意见就会在分析、判断的过程中自然形成。基于判断要提出可靠、稳妥、切实可行的处理意见，通常需要依次明确以下问题：① 是立即停车检修，还是维持运行待机修理；② 是降低负荷维持运行，还是满负荷运行；③ 是否需要采取哪些应急措施来维持运行；④ 维持运行中需要监视、调整哪些主要的运行参数，具体为何值；⑤ 哪些运行参数变化为何值时需立即停车；⑥ 停车后的抢修项目；⑦ 抢修中的重点检查内容及主要控制指标；⑧ 抢修所需的时间、人员、主要备件。

7 故障诊断专家系统原理

7.1 故障诊断专家系统概述

7.1.1 专家系统与人工智能

人工智能（Artificial Intelligence，简称 AI）是一门研究学科，它是计算机学科中研究、设计和应用计算机去模仿和执行各种拟人任务的一个分支。人类的各项活动都涉及智能，人工智能研究者正在尝试将人类的智能赋予计算机系统，以便利用计算机去解决一些特殊的智能问题。近几十年中，人工智能的许多概念、过程和技术已显示出巨大的商业价值，已有一些产品走向市场。目前，人工智能最活跃的研究领域主要有自然语言理解、机器人、自动智能程序设计、人工神经网络以及专家系统等。其中，专家系统是其最成功、实用性最强的一个领域。

由此可以看出，专家系统并不是代表某一种产品，而是表示一整套概念、过程和技术，这些概念、过程和技术能够帮助人们充分利用计算机系统更有效地解决实际问题，因此也可以说专家系统是一种"基于知识"（Knowledge-based）的人工智能诊断系统。它的实质是应用大量人类专家的知识和推理方法求解复杂的实际问题的一种人工智能计算机程序。专家系统能够模拟、再现、保存和复制有时甚至还能超过人类专家的脑力劳动，从而获得巨大的经济效益与社会效益，引起各国的充分重视，获得许多新的进展，在医学、工程领域都得到了推广、应用和发展。

7.1.2 设备故障诊断专家系统特点

设备故障诊断工作属于工程实际中的新兴学科，它具有如下特点：

（1）知识可以从类似机器和工作实际、诊断实例中获取，即知识来源比较规范。

（2）诊断对象多为复杂的、大型的动态系统，这种系统的大部分故障是随机的，普通人很难判断，这时就需要通过讨论或请专家来进行诊断。但对于一些新型机器，可能无处获得诊断知识；或者对于非定型生产的机器，由于其工作特性和常用机器相比差异很大，知识获取也十分困难。

（3）实际应用后，经济效益和社会效益十分明显。

专家系统恰恰适用于复杂的、知识来源规范的大型动态系统，它可以汇集众多专家的知识，进行分析、比较、推理，最终得出正确的结论。现场技术人员可以充分利用各种信息和征兆，在计算机系统的帮助下有效地解决工程实际问题，这也是设备故障诊断专家系统近年来成为热门研究课题的原因。

设备故障诊断专家系统是将人类在设备故障诊断方面的多位专家具有的知识、经验、推理、技能综合后编制成的大型计算机程序，它可以利用计算机系统帮助人们分析解决只能用语言描述、思维推理的复杂问题，扩展了计算机系统原有的工作范围，使计算机系统有了思维能力，能够与决策者进行"对话"，并应用推理方式提供决策建议。

设备故障诊断专家系统的另一个特点是通过对话窗口能使那些不具备编程能力的工程技术人员建立功能强大的程序系统。这样，实际工作中，在生产一线的工程技术人员就不会再受计算机语言和编程技巧的限制，可以将他们的故障诊断经验、知识和遇到的故障实例输入专家系统，使专家系统不断学习、提高，丰富其知识库，提高故障诊断的准确率。与此同时，专家系统提供的处理问题的对策也将更具有针对性、更为有效。

7.1.3 专家系统的几个概念

与通常的计算机系统相比，专家系统有三个主要的不同点，这也是专家系统的三个主概念。

(1) 表达知识的新方法。

知识比信息更复杂，但更有价值。通常情况下，知识指有关一个特定主题的经验的有序集合体。例如，说某人在某一方面知识丰富，意思是指此人不仅知道这方面的许多事例，而且他对相关的问题也比较了解，同样可以进行分析并做判断。

AI 已经可以用动词和图形表达知识，而不再是传统的数学计算。因此，当传统程序员寻找将一个问题分解为一些能用数学术语表示并用算法处理的子问题时，AI 程序员则对用句子和结构表达、用逻辑推理处理知识技术更感兴趣。用自然语言表达进行编码，用逻辑推理过程操作编码知识，将大大扩展计算机所能解决问题的类型范围。

(2) 启发式搜索。

传统的计算机计算过程依赖于对一个问题的每一个元素和每一步骤的详细分析，这局限了计算机所能解决问题的范围。人类在解决许多问题时是凭启发式思维（或经验）进行的，这些经验可以使他们将大问题缩减为一个较小的问题；但完全的启发式思维由于简化了一些步骤，有时会导致错误。

例如，要在一台公用计算机的硬盘上找到某个用户所编制的一个特定文件，硬盘内容很多，要一个一个文件寻找是很费时费事的。有一定计算机使用经验的人都知道，文件通常是按类、按不同的用户存放在不同的子目录下的。凭着这个经验，就可以将问题缩小，很快进入该用户子目录下寻找所需文件。这说明了启发式搜索的关键性质：依赖特定环境知识，来源于实践经验。但启发式知识不能保证一定成功，比如，该文件的编程者可能是个新手，他没有建自己的子目录，将文件存到其他地方了，此时，利用启发式知识就找不到答案。所以，启发式知识表达的是可能性知识，仅仅在可能碰到的各种情况中的一些情况下适用。

启发式编程技术迅速扩展了计算机的工作范围，使程序员可以研制更大、更复杂的程序，能分析解决非常模糊的问题，并做出解答。然而，启发式搜索将依赖不确定性技术，应用不确定性技术让专家对自己的判断定出准确度。基于启发式的程序不是给出一个正确答案，而是建议几种可能的选择，并提供每一种选择的可能性估计值。

因此，专家系统技术中，能应用传统方法精确处理的内容，应尽量使用传统方法处理，只有当问题很复杂、很模糊、无法精确处理时，才应用不确定技术。

（3）知识与推理和控制的分离技术。

传统的编程，有关一个问题的知识与利用这种知识去解决该问题的过程是结合在一起的。当非程序人员看到一个应用软件的源程序时，无法断定程序是关于什么或是解决什么问题的，必须依靠程序员正确地表示。这就像人们用电报通信的情况。由于信息的发出人和接收人不能读懂电报代码，他们又得假定电报操作人员操作正确。这就给开发大型应用程序的程序员提出了非常高的要求，因为专家无法帮助程序员把知识放入程序中。

AI研究者发明了将知识与应用知识的过程相分离的技术。这就相当于任何一个专家都可以检查一个专家系统里的知识，并判断其正确性。另外，当关于一个问题的知识改变时，专家能找到相应的规则并修改它们。

知识与推理和控制的分离，是人工智能研究的最重要概念。表面上看起来很简单：人工智能语言能实现，传统的编程语言同样也能实现。而实际上并非如此，这项新成果的意义在于使非程序员编程成为可能，从此，编程者不必是懂得处理技术问题的专家，而技术专家不必懂得计算机语言也可以编制大型程序。

7.2 专家系统的基本结构及功能

7.2.1 专家系统的基本结构

本章7.1节已经介绍，专家系统是一类包含知识和推理的智能计算机程序。但是，这种智能程序与传统的计算机应用程序已有本质上的不同。在专家系统中，求解问题的知识已不再隐含在程序和数据结构中，而是单独构成一个知识库。这种分离为问题的求解带来极大的便利和灵活性。实际上，常规的计算机应用程序也有知识，也可以解决"专家级水平"的问题，但是这些知识隐含在程序结构之中，由于结构是固定的，不易修改，适用范围就受到一定限制，对不同类型的问题，必须编写不同的程序。而在专家系统中，专家的知识用分离的知识进行描述，每一个知识单元描述一个比较具体的情况以及在该情况下应采取的措施，而专家系统总体上则提供了一种机制——推理机制。这种推理机制使其可以根据不同的处理对象，从知识库中选取不同的知识元构成不同的求解序列，或者说生成不同的应用程序，以完成某一指定任务。一旦推理机制和某个专业领域知识库已经建成，该系统就可以处理本专业领域中各种不同的问题，就好像为每一个具体问题都编制了一个具体的程序一样，而这些程序的修改调试也只需要修改相应的知识元即可，其推理机制可保持不变。这就使得系统具有很强的适应性和灵活性，而常规的计算机应用程序很难做到这一点。

由于专家系统是一类相当广泛的系统，其技术还处于不断发展时期，因此，专家系统结构也没有一个固定不变的模式，通常设备故障诊断专家系统主要由知识库、数据库、推理机、学习系统、上下文、征兆提取器和解释器组成，如图 7.1 所示。

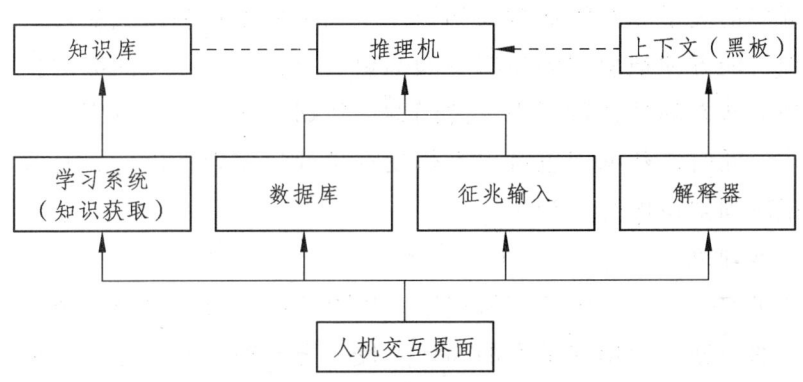

图 7.1　专家系统结构示意图

7.2.2　专家系统各部分功能

（1）知识库。

知识库是用来存放专家知识、经验、书本知识和常识的存储器。在知识库中，知识是以一定的形式来表示的，知识库的结构形式取决于所采用的知识表示方式，常用的有逻辑表示、语义网络表示、规则表示、框架表示和子程序表示等。用产生式规则表达知识方法是目前专家系统中应用最普遍的一种方法,它不仅可以表达事实,而且可以附上置信度因子来表示对这种事实的可信程度,这就使得专家系统具有进行非精确推理的可能性。

(2)数据库。

数据库是专家系统中用于存放反映系统当前状态的事实数据的场所。事实数据包括用户输入的事实、已知的事实以及推理过程中得到的中间结果等。数据库通常由动态数据库和静态数据库两部分构成。静态数据库用来存放相对稳定的参数,如离心式压缩机的设计参数:额定工作转速、额定流量、压力、振动报警限等。

动态数据库是运行过程中的机组参数,如某天某时的工作转速、介质流量、振动幅值等。这些数据都是推理过程中不可少的诊断依据。

数据库的表示和组织通常与知识库中知识的表示和组织相容或一致,以使推理机能方便地使用知识库中的知识、综合数据库中的数据描述问题和表达当前状态的特征数据去求解问题。数据库通常以"事实规则"的形式来表达,此时,数据库也可以看作没有条件的规则,因此,有些专家系统将数据库和知识库合二为一。

(3)推理机。

推理机实际上是一组计算机程序,用以控制、协调整个系统,并根据当前输入的数据,利用知识库的知识,按一定推理策略去逐步推理直到得出相应的结论为止。推理机包括推理方法和控制策略两部分。

推理方法分为精确推理和不精确推理两类。

控制策略主要是指推理方向的控制及推理规则的选择策略。推理有正向推理、反向推理及正反向混合推理等。

(4)学习系统(知识获取系统)。

知识获取过程实际上是把"知识"从人类专家的脑子中提取和总结出来,并且保证所获取的知识的正确性和一致性,它是专家系统开发中的关键。

构建专家系统时,要求专业领域的专家和知识工程师密切合作,总结和提取专家领域知识,把它形式化并编码存入计算机中形成知识库。但是专业领域知识是启发式的,较难捕捉和描述,专业领域专家通常善于提供事例而不习惯提供知识,同时,建成的知识库经常会发现有错误或不完整。因此,知识获取过程还包括对知识库的修改和扩充,这也是知识获取被公认为是专家系统开发研究中的瓶颈问题的原因之一。

(5)上下文。

上下文即存放中间结果的地方,给推理机提供一个笔记本记录,指导推理机工作,其功能相当于一个工作过程的"记录黑板",可以擦除和重写。

(6)征兆提取器。

在故障诊断领域,征兆通常是采取人机交互方式,由人机交互接口送入系统中。显而易见,人机交互容易产生因人而异的弊端,同一个专家系统,因操作者水平不同会产生不同的结果。

故障诊断准确的前提是故障征兆正确。故障征兆的识别不仅重要而且难度较大,因为现代设备的动态信号不仅包含有随机因素、混沌因素等,而且常常存在并发故障的复合因素。因此,故障征兆的自动识别应是故障诊断专家系统必不可少的一个组成部分。

(7)解释器。

透明性是专家系统性能的衡量指标之一。透明性就是专家系统能告诉用户自己是如何得出此结论的,根据是什么。解释的目的是让用户相信自己,它可以随时回答用户提出的各种问题,包括与系统推理有关的问题和与系统推理无关的系统自身的问题。它可对推理路线和提问的含义给出必要而清晰的解释,为用户了解推理过程以及维护提供方便,便于使用和调试软件,并增强用户的信任感。

7.2.3 设备故障诊断专家系统

专家系统在设备故障诊断领域的应用非常广泛,目前,已成功推出的有旋转机械故障诊断专家系统、往复机械故障诊断专家系统、发电机组故障诊断专家系统、汽车发动机故障诊断专家系统等。设备故障诊断专家系统除了具备专家系统的一般结构外，还具有自己的特殊性，其结构如图 7.2 所示。

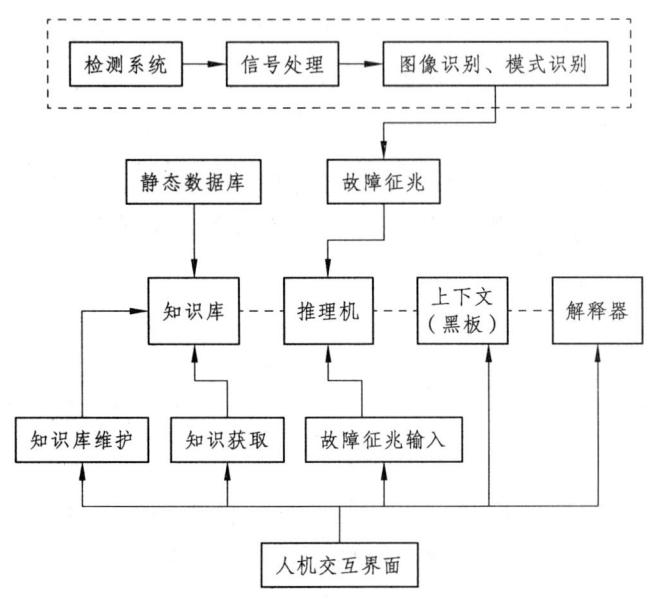

图 7.2　设备故障诊断专家系统结构简图

图中虚线框中的检测部分是故障诊断专家系统特有部分，对于机械设计专家系统，可以不包括这部分。对设备故障诊断而言，征兆正确是诊断正确的前提，因此，检测系统的设计安装、信号分析与数据处理、专家系统的数据传递和征兆的自动获取都是故障诊断专家系统的重要内容。

在设备故障诊断系统中借助多种数学原理和系统理论，形成了多种不同的诊断方法：利用灰色系统理论进行故障诊断的方法称灰色诊断；将模糊数学理论应用于故障诊断，形成了模糊诊断方法；将人工神经网络用于故障诊断，开发了神经网络智能诊断系统。

7.3　设备故障的灰色诊断技术

设备故障的灰色诊断是应用灰色系统理论对故障的征兆模式和故障模

式进行识别的技术。灰色系统理论认为，客观世界是信息的世界，既有大量已知信息，也有不少未知信息、非确知信息。未知的、非确知的信息是黑色的；已知的信息是白色的；既含有未知信息又含有已知信息的系统，称为灰色系统。当机械设备系统发生故障时，必然有一些征兆会表现出来，但也有不是全知的征兆，因此是灰色系统。可以利用灰色系统理论使这些征兆明确，完成故障诊断的任务。

7.3.1 基本概念

目前主要采用以下方式对灰色系统进行描述：
（1）灰色参数、灰色数、灰色元素（简称灰元），记为 $\otimes$。
（2）灰色方程，包括微分、差分、代数方程。
（3）灰色矩阵。
（4）灰色群。

灰色参数可以找到其真实原型，如一个机械系统振动幅值的预测值。常见的灰色参数有下述类型：
（1）下界的 $\otimes \in [\underline{C}, \infty)$。
（2）上界的 $\otimes \in (-\infty, \overline{C}]$。
（3）闭区间的 $\otimes \in [\underline{C}, \overline{C}]$。
（4）开区间的 $\otimes \in (-\infty, \infty)$。
（5）离散的 $\otimes \in \{x_1, x_2, \cdots, x_n\}$。

含有灰色参数的方程为灰色方程，含有灰色元素的矩阵称为灰色矩阵。

研究灰色系统的关键是灰元如何处理，灰色系统如何白化。

灰元的处理在故障诊断中一般有以下方法：
（1）通过 n 个特殊的白色矩阵（称为样本矩阵）对灰色矩阵作用后，使灰色矩阵变白。
（2）根据某种准则、规则、概念作定量化，将灰元变为白元，这称为灰元的白色量化，简称白化。

（3）将时间的数据列或两个因素的关联序列，在因素平面或时间-数据平面上作图，然后将曲线按某种规则分为 n 块，定为 n 种量值，灰色参数以取得相应的量值而白化。

灰色系统的白化在工程应用中更具有重要性，即将一个整体信息不完全确定的灰色系统从结构上、模型上、关系上，使其由灰变白。这方面的常用方法有如下几种：

（1）以建模为基础的动态模型法。

（2）确定时间序列关联程度的灰色关联分析法。

（3）灰色统计法。

（4）对多种因素，在众多的指标限制下的灰色聚类分析法。

7.3.2 灰色关联度及其故障诊断技术

一个系统含有许多因素（对象），有些因素之间的关系是灰色的，分不清哪些因素关系密切，哪些不密切，这样就难以找到主要矛盾，发现主要特征，认清主要关系。关联度是指不同因素（不同对象）之间的关联程度。一个因素或对象可用一个过程曲线来形象表征，则曲线的几何形状的相似性和空间未知的相似性可作为衡量它们所代表的对象之间的关联度的两大指标：A 型关联度和 B 型关联度。

7.3.2.1 A 型关联度

A 型关联度是用于衡量对象过程曲线之间的"相似"关联程度。

如图 7.3 所示，X_1、X_2、X_3、X_4 四个时间序列分别对应于标号为 1、2、3、4 的曲线。假设 X_1 与 X_2 之间的关联度记为 r_{12}，X_1 与 X_3 之间的关联度记为 r_{13}，X_1 与 X_4 之间的关联度记为 r_{14}，很明显，$r_{12} > r_{13} > r_{14}$。相应的序列 $\{r_{12}, r_{13}, r_{14}\}$，称为关联序。

7 故障诊断专家系统原理

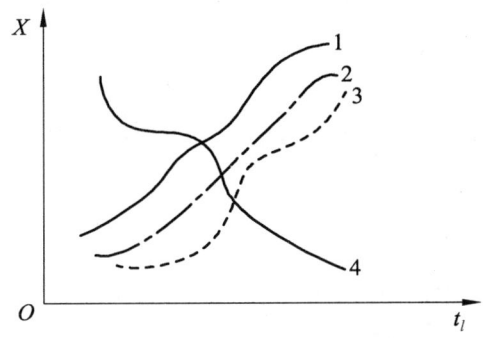

图 7.3 A 型关联度示意图

关联度的计算需要引入一个概念：关联系数。

设 X_j 和 X_i 为两对象，t_l 为 X_j 和 X_i 的采样时刻，则 X_j 和 X_i 的绝对差值为

$$|X_i(t_l) - X_j(t_l)| = \Delta_{ij}(t_l) \quad l \in \{1, 2, \cdots, N\} \tag{7.1}$$

各时刻最小绝对差为

$$\Delta_{\min} = \min |X_i(t_l) - X_j(t_l)| \tag{7.2}$$

各时刻最大绝对差为

$$\Delta_{\max} = \max |X_i(t_l) - X_j(t_l)| \tag{7.3}$$

则关联系数定义为

$$\xi_{ij}(t_l) = \frac{\Delta_{\min} + \Delta_{\max}}{\Delta_{ij}(t_l) + \Delta_{\max} k} \quad l \in \{1, 2, \cdots, N\} \tag{7.4}$$

显然 $\Delta_{ij}(t_l)$ 的最小值是 $\Delta_{\min}$，这时有

$$\xi_{ij}(t_l) = 1 \tag{7.5}$$

$\Delta_{ij}(t_l)$ 的最大值是 $+\Delta_{\max}$，这时有

$$\xi_{ij}(t_l) = \frac{1}{1+k}\left(k + \frac{\Delta_{\min}}{\Delta_{\max}}\right) \tag{7.6}$$

因此 $\xi_{ij}(t_l)$ 是有界的数，若 $k = 1$，则

$$\frac{1}{2}\left(1+\frac{\Delta_{\min}}{\Delta_{\max}}\right) \leqslant \xi_{ij} \leqslant 1 \tag{7.7}$$

显然，关联系数 $\xi_{ij}(t_l)$ 是时间的函数，若做出各时刻的 $\xi_{ij}(t_l)$ 并连成曲线，可以得到图 7.4 所示图形。在图 7.4 中，直线 ξ_{ij} 为 X_i 与 X_i 自身的关联系数曲线。自己与自己总是密切关联的，记为

$$\xi_{ij}(t_l) = 1, \quad \forall t_l \in \{1, 2, 3, \cdots, N\}$$

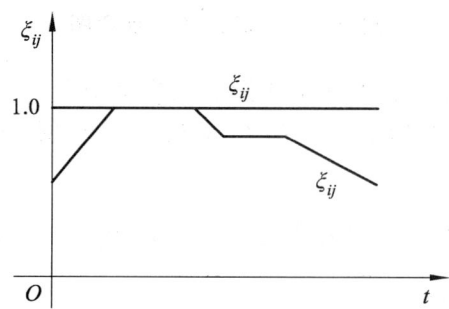

图 7.4 A 型关联系数

图 7.5 所示曲线 X_i、X_j 下面的面积 Q_{ii}、Q_{ij} 可以代表整个 X_i 曲线与整个 X_j 曲线的关联情况。为此，定义 Q_{ij} 与 Q_{ii} 之比为 X_i 与 X_j 的关联度，记为 r_{Aij}。

$$r_{Aij} = \frac{Q_{ij}}{Q_{ii}} \tag{7.8}$$

r_{Aij} 即为 A 型关联度，它仅仅衡量了 X_i 与 X_j 之间的形状相似性。一旦一条曲线延时后，其 A 型关联度将发生变化，即 $X_i(t)$ 与 $X_i(t+\Delta t)$ 的关联度不等于 1。

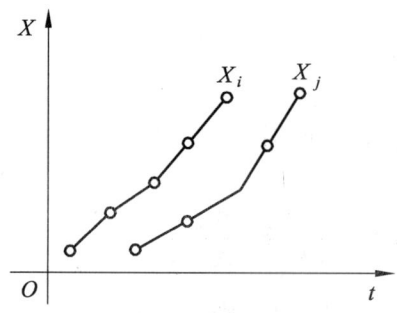

图 7.5 A 型关联度

7.3.2.2 B型关联度

B型关联度用于衡量对象过程曲线之间的"相近"关联程度。设 $X_i(t_k)$、$X_j(t_k)$，$t_k \in (t_1, t_2, \cdots, t_n)$，则B型关联度为

$$r_{Bij} = \frac{1}{1 + \frac{1}{n}r_{ij}^{(0)} + \frac{1}{n-1}r_{ij}^{(1)} + \frac{1}{n-2}r_{ij}^{(2)}} \quad (7.9)$$

式中 $r_{ij}^{(0)}$、$r_{ij}^{(1)}$、$r_{ij}^{(2)}$——零阶、一阶和二阶差商。

$$r_{ij}^{(0)} = \sum_{k=1}^{n} \Delta_{ij}^{(0)}(t_k) = \sum_{k=1}^{n} |X_i(t_k) - X_j(t_k)|$$

$$r_{ij}^{(1)} = \sum_{k=1}^{n} \Delta_{ij}^{(1)}(t_k) = \sum_{k=1}^{n} |X_i(t_{k+1}) - X_j(t_{k+1}) - X_i(t_k) + X_j(t_k)|$$

$$r_{ij}^{(2)} = \sum_{k=1}^{n} \Delta_{ij}^{(2)}(t_k)$$

$$= \frac{1}{2}\sum_{k=2}^{n-1} |[X_i(t_{k+1}) - X_j(t_{k+1})] - 2[X_i(t_k) - X_j(t_k)] + [X_i(t_{k-1}) - X_j(t_{k-1})]|$$

显然，$r_{ij}^{(0)}$ 反映了对象之间的相近性，$r_{ij}^{(1)}$ 和 $r_{ij}^{(2)}$ 反映了对象之间发展过程的相似性。但B型关联度计算较为复杂，为此，又引入了AB0型关联度。

7.3.2.3 AB0型关联度

AB0型关联度定义为

$$r_{AB0} = a r_A + b r_{B0} \quad (7.10)$$

式中 $r_{AB0} \in [0, 1]$，$a \in [0, 1]$，$b \in [0, 1]$，$a + b = 1$；

r_A——A型关联度；

r_{B0}——B型关联度去掉一阶和二阶差商项后剩下的零阶差商；

a、b——权系数，$a > b$ 时，相似性占主导地位；$a < b$ 时，相近性占主导地位。

显然，式（7.10）中第一项是相似性的衡量，第二项是相近性度量，且式（7.10）抛掉了B型关联度的一阶和二阶差商项的烦琐计算。

7.3.2.4 关联度矩阵

当有 m 条参考模式系列 $\{Y_j\}(j=1, 2, \cdots, m)$ 及 n 条待检模式序列 $\{X_i\}(i=1, 2, \cdots, n)$ 时，它们之间的关联程度及顺序可用关联度矩阵 $\boldsymbol{R}$ 来表征，即

$$\boldsymbol{R} = \begin{bmatrix} r_{11} & r_{12} & \cdots & r_{1m} \\ r_{21} & r_{22} & \cdots & r_{2m} \\ \vdots & \vdots & & \vdots \\ r_{n1} & r_{n2} & \cdots & r_{nm} \end{bmatrix} \begin{matrix} X_1 \\ X_2 \\ \vdots \\ X_n \end{matrix}$$

$$\{Y_1\}\{Y_2\}\cdots\{Y_m\}$$

7.3.2.5 应用关联度分析进行故障诊断的原理

应用关联度分析进行故障诊断一般分为以下 5 个步骤：

（1）构造标准故障模式向量集 $\{Y_j\}(j=1, 2, \cdots, m)$。

（2）确定待检状态模式向量集 $\{X_i\}(i=1, 2, \cdots, n)$。

（3）计算 AB0 型关联度矩阵 $\boldsymbol{R}_{AB0}$。

$$\boldsymbol{R}_{AB0} = \begin{bmatrix} r_{11} & r_{12} & \cdots & r_{1m} \\ r_{21} & r_{22} & \cdots & r_{2m} \\ \vdots & \vdots & & \vdots \\ r_{n1} & r_{n2} & \cdots & r_{nm} \end{bmatrix} \begin{matrix} X_1 \\ X_2 \\ \vdots \\ X_n \end{matrix}$$

参考序列—— $\{Y_1\}\{Y_2\}\cdots\{Y_m\}$

（4）确定关联度阈值 r_{tij}。

（5）故障分析及诊断。

① 诊断。

若 $r_{ij} > r_{tij}$，则模式 $\{X_i\} \in$ 故障 $\{Y_j\}$；

若 $r_{ij} < r_{tij}$，则模式 $\{X_i\} \notin$ 故障 $\{Y_j\}$；

若 $r_{ij} = r_{tij}$，则模式 $\{X_i\} \in$ "临界"状态。

② 分析。

根据关联度进行优势分析，对设备状态给出全局性宏观描述：

- r_{ij} 按大小顺序排列，给出各种状态发生各类故障的可能性顺序；

- 将 R_{AB0} 的列向量或其均值排序，给出针对所有状态各类故障发生的可能顺序；
- 将 R_{AB0} 的行向量或其均值排序，给出针对所有故障各种状态发生故障的可能顺序。

用关联度分析识别设备的故障模式具有以下特点：
- 不追求大样本量（特征向量不要求很多）；
- 不要求数据有特殊分布；
- 计算量小；
- 不会出现与定性分析不一致的结论。

7.4 设备故障的模糊诊断技术

根据现代数学的集合论可知，集合可以表示概念，而集合的运算和变换可以表示判断和推理。在普通集合中，一个对象对应一个集合，要么属于，要么不属于，二者必居其一，而且二者仅居其一，绝不模棱两可。因此，普通集合论只能表现"非此即彼"的现象。

然而，客观世界中存在许多亦此亦彼的现象，例如，机器运行过程的动态信号及其特征值都具有某种不确定性，如偶然性和模糊性。所谓模糊性是指区分或评价客观事物差异的不分明，例如，故障征兆用许多模糊的概念来描述，如"振动强烈"、"噪声大"，故障原因用"偏心大"、"磨损严重"等。同一种机器，在不同条件下，由于工况的差异，使机器的动态行为不尽一致，人们对同一种机器的评价只能在一定范围内做出估计，而不能做出明确的判断。还有，不同的技术人员，由于种种原因，如个人经历、业务水平、主观判断能力等不同，也会导致对同一台机器的评价得到不确切的结论。从事实本身来看，模糊现象往往是客观规律。为了解决这类问题，需要以模糊数学为基础，把模糊现象与因素间关系用数学表达方式来描述，并用数学方法进行运算，得到某种确切的结果，这就是模糊诊断技术。

7.4.1 模糊集合的基本概念

（1）模糊子集的定义。

定义 1：所谓"给定了论域 U 上的一个模糊子集 $\tilde{A}$"，是指对于任意 $u \in U$，都指定了一个数 $\mu_{\tilde{A}}(u) \in [0,1]$，叫作 u 对 $\tilde{A}$ 的隶属程度，即映射

$$\mu_{\tilde{A}}: U \to [0,1] \tag{7.11}$$

若 $u \to \mu_{\tilde{A}}(u)$，则 $\mu_{\tilde{A}}$ 叫作 μ 对 $\tilde{A}$ 的隶属函数。模糊子集完全由其隶属函数所刻画。

当 $\mu_{\tilde{A}}$ 的值域 $= \{0,1\}$ 时，$\mu_{\tilde{A}}$ 蜕化成一个普通子集的特征函数，$\tilde{A}$ 便蜕化成一个普通子集。

记 U 上全体模糊子集构成的类为 $\vartheta(U)$，则

$$\vartheta(U) \supseteq P(U) \tag{7.12}$$

$P(U)$ 为 U 集合的幂。

例 7.1 如图 7.6 所示，其集合表示为

$$U = \{a, b, c, d, e\} \tag{7.13}$$

在此论域上定义一模糊子集 $\tilde{A}$ 表示"轴心轨迹为椭圆形"这一模糊概念，则各元素对 $\tilde{A}$ 的隶属度可以确定为

$$a \to 1, \quad b \to 0.9, \quad c \to 0.4, \quad d \to 0.2, \quad e \to 0.0$$

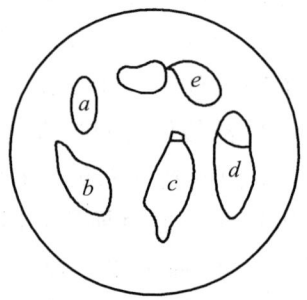

图 7.6 U 上的"椭圆形"模糊子集

若 U 由有限个元素组成，称为有限论域，则有限论域上的模糊子集可以用向量来表示，即

$$A = \{1, 0.9, 0.4, 0.2, 0\} \tag{7.14}$$

定义 2：设 $\tilde{A}, \tilde{B} \in \vartheta(u)$，定义 $\tilde{A} \cup \tilde{B}$，$\tilde{A} \cap \tilde{B}$，$\tilde{A}^c$，它们分别具有下列隶属函数，即

$$\mu_{\tilde{A} \cup \tilde{B}}(u) \triangleq \max[\mu_{\tilde{A}}(u), \mu_{\tilde{B}}(u)] \tag{7.15}$$

$$\mu_{\tilde{A} \cap \tilde{B}}(u) \triangleq \max[\mu_{\tilde{A}}(u), \mu_{\tilde{B}}(u)] \tag{7.16}$$

$$\mu_{\tilde{A}^c}(u) \triangleq 1 - \mu_{\tilde{A}}(u) \tag{7.17}$$

以上三式分别称为 $\tilde{A}$ 与 $\tilde{B}$ 的并集、交集和 $\tilde{A}$ 的余集。

例 7.2 在例 7.1 中，若定义

$$
\begin{array}{cccccc}
 & a & b & c & d & e \\
\tilde{A}(\text{椭圆形}) \triangleq (& 1, & 0.9, & 0.4, & 0.2, & 0) \\
\tilde{B}(\text{双环椭圆形}) \triangleq (& 0.2, & 0.3, & 0.6, & 0.1, & 0) \\
\text{则} \quad \tilde{A} \cup \tilde{B}(\text{或椭圆或双环椭圆}) \triangleq (& 0.2, & 0.3, & 0.4, & 0.1, & 0) \\
\tilde{A}^c(\text{不是椭圆}) \triangleq (& 0, & 0.1, & 0.6, & 0.8, & 0) \\
\end{array}
$$

（2）隶属函数的确定方法。

模糊集合是隶属函数描述的。隶属函数确定的合理性，直接影响研究对象的客观性。但是，怎样确定隶属函数，在理论上还没有一个普遍适合的方法。

在故障诊断领域，通常采用的方法有专家打分法、二元对比排序法和模糊统计法。

① 专家打分法。

专家打分法就是根据专家的经验，直接给予打分。这样的方法表面上看起来是主观的，但是专家经验是客观实例在专家头脑中的客观反映，受客观的制约，实际上是客观的。

② 二元对比排序法。

二元对比排序法就是将研究对象排成优先顺序，根据此优先顺序建立模糊子集 $\tilde{A}$ 的隶属值。这样，$\tilde{A}$ 的隶属函数的大致轮廓就出来了。

③ 模糊统计法。

模糊统计法是通过模糊统计实验得到函数，如图 7.7 所示。例如，对"动态摩擦"这一模糊概念（与之对应的模糊集合为 $\tilde{A}$）进行实验统计的结果。

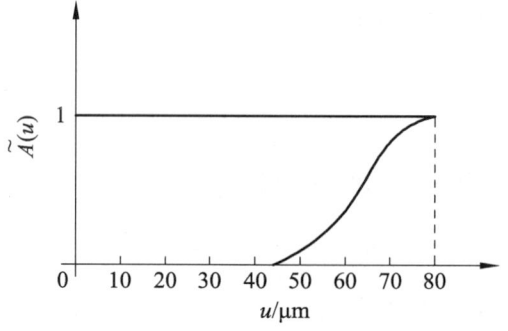

图 7.7 用模糊统计法求隶属函数

通过统计实验仅可以得到隶属函数曲线,而由曲线得到隶属函数还是一件比较麻烦的工作。因此,实际应用中可根据实际情况选用常用的隶属函数。

表 7.1 列出了设备故障诊断专家系统常用的几种隶属函数类型。

表 7.1 常用的隶属函数类型

序号	类型	函数表达式	分布形态
1	正态型	$\tilde{A}(u) = e^{-\left(\frac{u-a}{b}\right)^2}$	
2	Γ 型	$\tilde{A}(u) = \begin{cases} 0 & u < 0 \\ \left(\dfrac{u}{ab}\right)^a e^{a-\frac{u}{b}} & (a>0, b>0, u \geqslant 0) \end{cases}$	
3	戒下型	$\tilde{A}(u) = \begin{cases} 0 & u < 0 \\ \dfrac{1}{1+[a(u-c)]^b} & 0 < u < c \\ 1 & u \geqslant c \quad (a>0, b>0) \end{cases}$	
4	戒上型	$\tilde{A}(u) = \begin{cases} 1 & 0 < u \leqslant c \\ \dfrac{1}{1+[a(u-c)]^b} & (u < c) \end{cases}$	

（3）最大隶属原则及其在故障诊断中的适用条件。

最大隶属原则为

设 $\tilde{A}_1$，$\tilde{A}_2$，$\cdots$，$\tilde{A}_n \in \vartheta(U)$，$u_0 \in U$。若 $i \in \{1, 2, \cdots, n\}$，使

$$\mu_{\tilde{A}_i}(u_0) = \max[\mu_{\tilde{A}_1}(u_0), \mu_{\tilde{A}_2}(u_0), \cdots, \mu_{\tilde{A}_n}(u_0)] \tag{7.18}$$

则认为 u_0 相对隶属于 $\tilde{A}_i$。

在故障诊断中，已经认识的故障种类是有限的，且任何两种故障都可能同时并发，所以很难找全模糊子集，即被识别对象 u_0 有可能是 $\mu_{\tilde{A}_1}(u_0)$，$\mu_{\tilde{A}_2}(u_0)$，$\cdots$，$\mu_{\tilde{A}_n}(u_0)$，均较小，但 $\mu_{\tilde{A}_i}(u_0) = \max[\mu_{\tilde{A}_1}(u_0), \mu_{\tilde{A}_2}(u_0), \cdots, \mu_{\tilde{A}_n}(u_0)]$ 总是存在的，若用最大隶属原则判断，则必然存在误判的可能性。

因此，在故障诊断中若要应用最大隶属原则，需加一条限制，即增加一个阈值 T，$\mu_{\tilde{A}_i}(u_0)$ 不仅要满足式（7.18），还需满足

$$\mu_{\tilde{A}_i}(u_0) \geqslant T \tag{7.19}$$

这样才能判断 u_0 隶属于 $\tilde{A}_i$。

7.4.2　基于模糊变换的故障诊断技术

由本章 7.4.1 节定义 1 可知，模糊映射

$$f: U \to \vartheta(V) \tag{7.20}$$

$$f: U \to V \tag{7.21}$$

即把 U 中的一个元素 u 映射为 V 的一个模糊子集。

定理 1：任意 $A \in \vartheta(U \times V)$，都唯一确定了一个从 U 到 V 的模糊映射，记为

$$\xi = \xi_R : U \to V \tag{7.22}$$

反之，任意从 U 到 V 的模糊映射

$$\xi : U \to V \tag{7.23}$$

都唯一确定了一个模糊关系 $\tilde{R} \in \vartheta(U \times V)$，记为

$$\tilde{R} = \tilde{R}_f \quad (7.24)$$

将模糊论域中 U 上的一个元素扩展为一个模糊子集就成为模糊变换。给定 $\tilde{R} \in \mu_{n \times m}$,对任意 $a \in \mu_{1 \times n}$,都可以得到

$$b = a \cdot R \in \mu_{1 \times m} \quad (7.25)$$

因此,由 R 决定了一个映射,记作 T_R,即

$$T_R: \mu_{1 \times n} \to \mu_{1 \times m}$$
$$a \to b = a \cdot R \quad (7.26)$$

T_R 将一个模糊向量变为另一个模糊向量,相当于一种变换。

定义 3:称映射

$$T: \vartheta(U) \to \vartheta(V) \quad (7.27)$$

为从 U 到 V 的一个模糊映射,记为

$$T: \mu_{1 \times n} \to \mu_{1 \times m}$$

定理 2:任意 $R \in (U \times V)$,都唯一确定了一个从 U 到 V 的模糊变换,记为

$$T = T_R: \vartheta(U) \to \vartheta(V) \quad (7.28)$$

使对任意 $A \in \vartheta(U)$,均有

$$T_{R \cdot \tilde{A}} = \tilde{A} \cdot \tilde{R} \in \vartheta(V) \quad (7.29)$$

此处

$$\mu_{\tilde{A} \cdot R}(v) \triangleq \bigvee_{u \in U} [\mu_{\tilde{A}}(u) \wedge \mu_{\tilde{R}}(v, u)] \quad (v \in V) \quad (7.30)$$

式中 ∨——取大符号;
∧——取小符号。

在设备故障诊断过程中测量得到的是许多信号,通过信号分析可以得到许多故障征兆。征兆和故障之间存在一定关系。设一种征兆论域为 S,故障论域为 F,测量分析得到的信号是论域 S 上的一个模糊子集 $\tilde{A}$,以向量 a 表示,对应着故障论域上一个模糊子集,以向量 b 表示,S 论域与 F 论域之间存在着模糊关系 $\tilde{R}$,则应用模糊变换定理得

7 故障诊断专家系统原理

$$T: T_R: \vartheta(S) \to \vartheta(F) \tag{7.31}$$

$$T_{R \cdot \tilde{A}} = \tilde{A} \cdot R \in \vartheta(F) \tag{7.32}$$

即

$$b = a \cdot R \in \vartheta(F) \tag{7.33}$$

b 对应的 B 即为故障论域上的一个模糊子集，即一个诊断结果。

7.4.3 基于模糊综合决策的故障诊断技术

在故障诊断中，单征兆诊断的结果是相互交叉、重叠的，最终的诊断结果应是多征兆诊断结果的综合。此综合的理论即是模糊综合决策。模糊综合决策分为一级模型和多级模型，多级模型为一级模型的扩展。在此，对应的三要素为：

（1）因素集。

因素集为征兆种类集 $S = \{S_1, S_2, \ldots, S_n\}$ = {第一种征兆，第二种征兆，……，第 n 种征兆}。

（2）决断集。

决断集为诊断结果集 $F = \{f_1, f_2, \ldots, f_m\}$ = {第一种故障，第二种故障，……，第 m 种故障}。

（3）单因素决断。

单因素决断为单征兆诊断结果，将所有单位征兆诊断结果构成矩阵 $\boldsymbol{R}$，即

$$\boldsymbol{R} = \begin{bmatrix} b_{s1} \\ b_{s2} \\ \vdots \\ b_{sn} \end{bmatrix} = \begin{bmatrix} 第一种症兆诊断结果 \\ 第二种症兆诊断结果 \\ \vdots \\ 第n种症兆诊断结果 \end{bmatrix}$$

则决策模型为

$$\boldsymbol{b} = \boldsymbol{c} \cdot \boldsymbol{R} \tag{7.34}$$

式中 c——权重向量，$c = \{c_1, c_2, \ldots, c_n\}$ = {第一种征兆诊断结果权重，第二种征兆诊断结果权重，……，第 n 种征兆诊断结果权重}；

b——诊断结果，$b = \{b_1, b_2, \cdots, b_n\} = \{f_1$ 故障可信度，f_2 故障可信度，……，f_n 故障可信度$\}$。

模糊综合决策用于故障诊断，需要进行以下三个方面的改进。

① 权重向量 c 的归一化。

原模糊数学对 c 的归一化要求其元素之和等于 1，然而，故障诊断的实际却并非如此。故障征兆分为以下几种：充分条件（群）、必要条件（群）、充要条件（群）、辅助条件（群）。充要条件（群）的元素之和应为 1。在征兆种类论域上，可能有不止一个充分条件（群）或充要条件（群），由此，模糊关系方程求解的前提就不成立。为此，归一化发展为充分条件、充要条件子集元素之和为 1。

② 单征兆决断改为多征兆决断。

仅以一种主要的征兆最终决定故障的可信度，这显然与实际不相符，实际应用中应加以改进。

③ 权重向量扩展为矩阵。

同一种故障征兆在不同的故障诊断中占有不同的地位，权重也应不一样。权重向量不能描述所有故障，所以应扩展为矩阵。

7.4.4 灰色诊断与模糊诊断的比较

灰色诊断与模糊诊断在概念、思路、方法、结论、特点及局限性等方面的分析比较见表 7.2，以供对照、参考。

表 7.2 模糊诊断与灰色诊断方法综合比较

内容	灰色诊断	模糊诊断
思路	利用灰色系统理论的灰色数概念及关联度分析原理，解决含有未知信息及不确定问题的设备故障诊断问题	利用模糊集合论中的隶属函数及模糊关系矩阵的概念，解决故障与征兆间关系的模糊不确定性和故障的早期预报及精密诊断问题
方法	计算待检状态与参考模式之间的关联度矩阵 R	求解模糊关系方程 $X = Y \cdot \tilde{R}$

续表 7.2

内容	灰色诊断	模糊诊断
结论	故障的定性、定位、定量、早期预报及趋势分析	出现故障的可能性及故障的程度
特点	计算简单，应用方便，对样本要求低	计算简单，应用方便，结论明确直观，但难以进行趋势分析
隶属函数的关联度	关联度反映对象之间关系的密切程度，即 $r_{AB0}=ar_A+br_{B0}$，$r_{AB0}\in[0,1]$，$a+b=1$ 式中各项是由计算得出的，对诊断结论起直接作用，所含信息丰富，因而结论比较全面，对象含有未知信息时，可进行灰色关联度分析	隶属函数可由隶属度曲线来表示，是人为构造出来的，含主观因素，是方法实施的前提，对诊断结论起间接作用。其物理意义明确，但构造较复杂困难，当征兆与故障间的关系中含有未知因素时，隶属函数将无法构造出来
缺点及局限性	关联度的分辨率尚待提高，当含有灰元时，计算量将大为增加，且结论不够直观，参考模式阵的建立及关联度阈值的确定比较困难	模糊关系矩阵的建立比较困难，当含有未知信息而无法确定隶属函数时，该法失效；对征兆参数的选择有一定要求，若参数不合理，则精度下降甚至完全失效

8 齿轮箱状态监测评价标准

在齿轮箱的状态监测与故障诊断中，振动噪声监测诊断方法在国内外得到了广泛的运用。但是如何判断齿轮箱的工作状态正常与否，目前国内外还没有完善及统一的标准。由于齿轮箱自身工作的复杂性，建立一套完善的标准是相当困难的。

目前，国内外已有一些针对部分专门设备建立的标准，通过对这些标准的了解，我们可以在工程实际中建立自己的标准，以实现对齿轮箱故障的准确监测和诊断。因此，了解和掌握标准建立的方法是非常重要的。

8.1 建立标准的方法

对齿轮箱进行测试，通过分析处理而得到的参数，需要与相应的标准进行对比分析，以判断齿轮箱的运行状态是否正常。如果发现运行状态异常，则对齿轮箱的异常和故障进行诊断。常用的振动状态监测标准的建立主要有以下三种方法：

（1）建立绝对判断标准。绝对标准的建立需要大量的数据，所以这主要是由有关行业协会完成的。通过对大量数据进行归纳整理，得出适合于某些通用齿轮箱的有关表格、图表和文字说明。绝对标准的适用范围广，权威性强，不是单个用户能建立的，而且建立齿轮箱振动和噪声信号的绝对标准是相当困难的，目前国际上还没有完善和通用的相应标准。绝对判断标准一般有国际标准、国家标准和行业标准，采用的顺序是先行业标准，次国家标准，最后是国际标准。

（2）建立相对判断标准。对于企业而言，大多数情况下都是建立相对标准。对同一齿轮箱的同一部位（同测点、同方向、同工况等）定期监测，并按时间先后进行比较，把正常状况（新机器、调试验收后或大修后等）下统计的时域振动幅值或频域特征频率幅值作为基准，称为初始值或正常值，这就是相对标准。在实际监测诊断时，根据实测值与基准值的比较来判断齿轮箱的工作状况。

（3）建立类比判断标准。如果有一些或多台类型相同或相似设备的齿轮箱，可以以类比法的原则建立适合于当前齿轮箱的振动和噪声判别标准。如果没有现成的可用标准，可以对多个同类齿轮箱在相同条件下，对同一部位进行测量和比较来建立类比标准，以此来判别和掌握齿轮箱工作情况的异常程度。一般规定把其中大多数振动比较低的平均值作为基准值，根据实测值与基准值的比值来判断机组的工作状况。在缺乏现成标准的情况下，建立类比标准是非常有效的一种解决方法，在工程实际中得到了广泛的应用。

8.2 齿轮箱振动评价标准

为了更合理地分析判断齿轮箱是否处于正常运转状态，国际标准化组织（ISO）就齿轮箱及旋转机械振动已逐步制定了一系列的评价标准，并不断完善。近年来，我国颁布了一系列最新的有关振动的国家标准，新国标几乎完全等同于最新版本的 ISO 标准，并且技术内容相同，编写方法一致。

振动标准明确界定了所适用机器的范围,详细规定了振动测量的位置、方法、仪器、振幅度量值。其核心是制定了评价机器振动状态的两条准则：第一条准则是看振动幅值的大小，第二条准则是看振动幅值的变化量。这里提供一些标准供实际进行监测的技术人员作为参考。

按第一准则，所有振动标准都按振幅值的大小将机器的振动状态划分为以下四个评价区域，即依据振幅值查振动所处的区域来评价机器的振动状态。

区域 A：新交付使用的机器的振动通常属于该区域，俗称优良状态。

区域 B：通常认为振动值在该区域的机器可不受限制地长期运行，俗称合格状态。

区域 C：通常认为振动值在该区域的机器不适宜于长期持续运行。一般来说，机器可在这种状态下运行有限的时间，直到有采取补救措施的合适时机为止，俗称不合格状态、或注意状态。

区域 D：振动值在这一区域中通常被认为振动剧烈，足以引起机器损坏，俗称不允许状态或危险状态。

按第二准则，振动标准提出：当振幅值的增加或降低超过 B 区域上限的 25% 时，应引起关注，需进行诊断研究以查明变化的原因和确定相应的措施。

各系列振动标准都给出了各种类型机器评价区域界限的推荐值以及报警与停机的取值建议。

8.2.1 轴承座振动评价标准

轴承座振动，又称为轴承振动或瓦振，它是以轴承座垂直、水平和轴向三个方向中的最大振动为评定依据，测点布置如图 8.1 所示。振动位移和振动烈度是轴承座振动监测所主要采用的两个尺度。

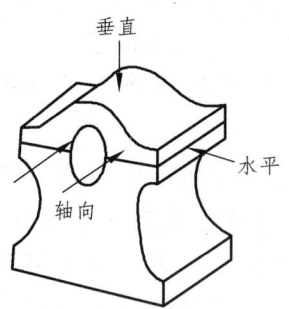

图 8.1 轴承座振动测量方向和位置

由于齿轮箱的工作特点，测量轴承座振动通常较为方便，此外，齿轮、轴承的振动也能够有效地传递到轴承座上，监测轴承座的振动情况能够有效地反映齿轮箱的实际运转状况。常用的振动评价标准也是建立在测量轴承座振动上的。典型的轴承座振动评价标准有 ISO 2372（见表 8.1）、GB/T 6075《在非旋转部件上测量和评价机器的机械振动》系列标准（等同于 ISO 10816）。

表 8.1 ISO 2372 采用的机械振动烈度判据

振动烈度的量程		判定每种机器质量的实例			
振动烈度级数 /(mm/s)	在该量程极限上的速度有效值/(mm/s)	第一类	第二类	第三类	第四类
0.28	0.28	A	A	A	A
0.45	0.45	A	A	A	A
0.71	0.71	A	A	A	A
1.12	1.12	B	A	A	A
1.8	1.8	B	B	A	A
2.8	2.8	C	B	B	A
4.5	4.5	C	C	B	B
7.1	7.1	D	C	C	B
11.2	11.2	D	D	C	B
18	18	D	D	C	C
28	28	D	D	D	C
45	45	D	D	D	D
71		D	D	D	D

注：A——优；B——良；C——合格；D——不合格。

GB/T 6075《在非旋转部件上测量和评价机器的机械振动》标准目前包括 6 个部分。该系列标准规定了在整机的非旋转或非往复式部件上测量和评价机器振动的通用条件及方法，说明了振动幅值和振动变化与运行监测和验收测试的关系。标准的提出首先考虑机器安全可靠地长期运行,同时也考虑将对相关设备的有害影响减至最小(标准规定了运行限值)。标准的评价准则仅与机器本身产生的振动有关,而与外部传递给它的振动无关。该标准不适用于扭转振动。

GB/T 6075 中规定的典型测量位置如图 8.2~8.6 所示。

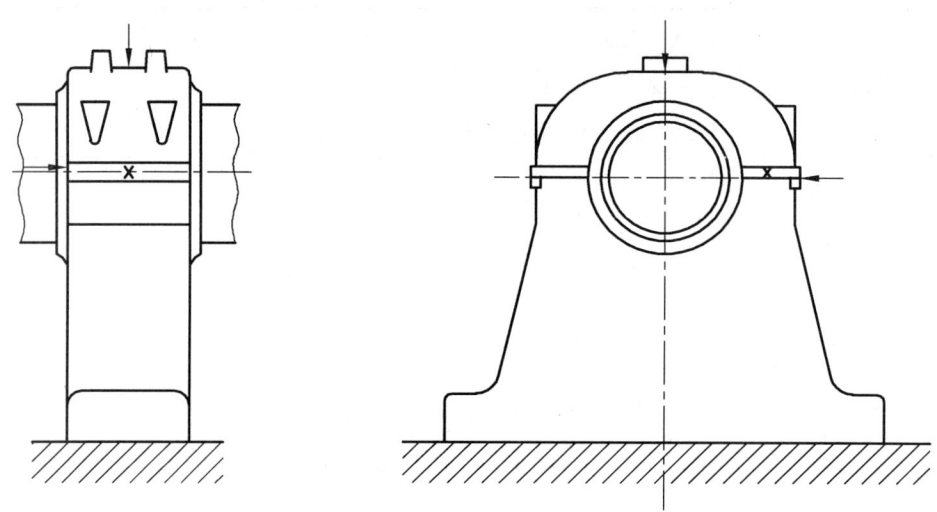

图 8.2 支座轴承测量点

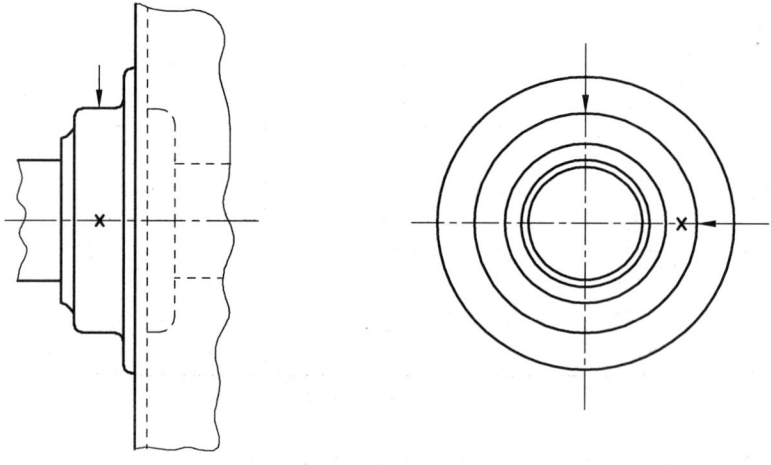

图 8.3 端盖轴承测量点

8 齿轮箱状态监测评价标准

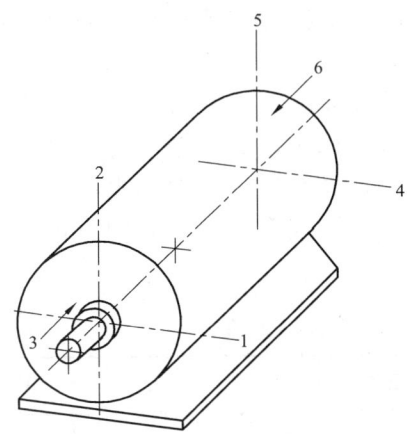

图 8.4 小型电机测量点

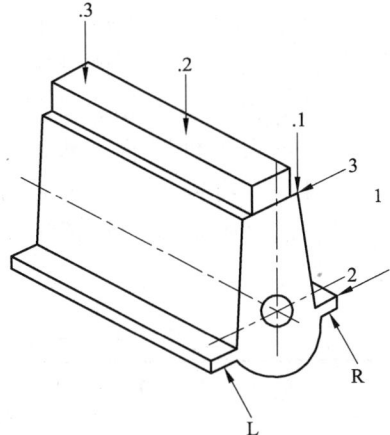

图 8.5 往复式机器测量点

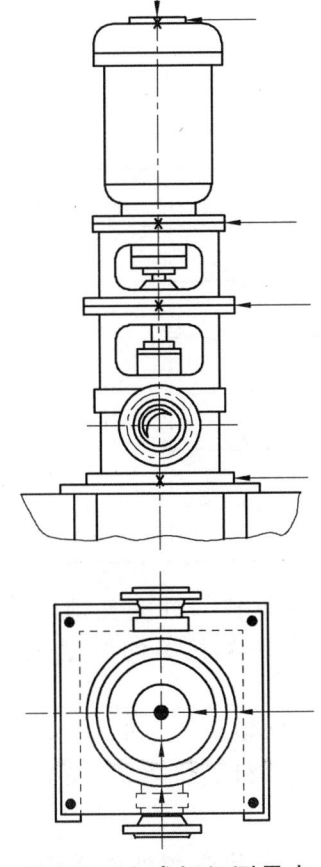

图 8.6 立式机组测量点

在 GB/T 6075.1—1999《在非旋转部件上测量和评价机器的机械振动 第1部分：总则》的"5 评价准则"中，给出了适用于所有机器（壳振）的评价区域边界限值，见表 8.2。只要把在机器壳体上测得的振动值与此表对照，即可得知机器的振动状态。不过，该标准也声明：此表是通用准则，是临时的、有限的，在各专门机器标准发布后，取消此表。但是，这并不妨碍我们通过此表对机器（壳振）的振动标准有一个总的认识。表中的机器分类如下：

表 8.2 振动状态评价区域边界限值

振动速度均方根值/(mm/s)	I类	II类	III类	IV类
0.28				
0.45	A			
0.71		A		
1.12			A	
1.8	B			A
2.8		B		
4.5	C		B	
7.1		C		B
11.2			C	
18	D			C
28		D	D	
45				D

I类：发动机和机器的单独部件完整地联结到正常运行状况的整机上（15 kW 以下的电机是这一类机器的典型例子），即 15 kW 以下的小型机器。

II类：无专门基础的中型机器（具有 15～75 kW 输出功率的电机），在专门基础上刚性安装的发动机或机器（300 kW 以下），即 300 kW 以下的中型机器。

III类：具有旋转质量，安装在刚性的重型基础上的大型原动机和其他大型机器，基础在振动测量方向上相对是刚性的，即刚性支承的大型机器。

Ⅳ类：具有旋转质量，安装在基础上的大型原动机和其他大型机器，其基础在振动测量方向上相对是柔性的（如输出功率大于 10 MW 的汽轮发电机组和燃气轮机），即柔性支承的大型机器。（支承固有频率高于机器工作频率时，为刚性支承；反之，则为柔性支承。）

为加深对 GB/T 6075 系列标准的理解，下面对该标准各部分进行逐一介绍。

（1）GB/T 6075.1—1999《在非旋转部件上测量和评价机器的机械振动 第 1 部分：总则》等同于 ISO 10816.2—1995，规定了在非旋转部件上进行振动测量时对不同型式机器振动评价的一般要求。

（2）GB/T 6075.2—2007《在非旋转部件上测量和评价机器的机械振动 第 2 部分：50 MW 以上陆地安装的大型汽轮发电机组》等同于 ISO 10816.2—2001。

该标准适用于额定功率大于 50 MW，额定工作转速范围为 1 500 r/min、1 800 r/min、3 000 r/min 及 3 600 r/min 陆地安装的大型汽轮发电机组。一般来说，汽轮发电机组的振动状态应从转轴振动和轴承座振动两个方面进行评价。

评价区域边界推荐值见表 8.3。

表 8.3 汽轮发电机组轴承座振动速度评价区域边界的推荐限值

区域边界	轴转速/（r/min）	
	1 500 或 1 800	3 000 或 3 600
	振动速度均方根值/（mm/s）	
A/B	2.8	3.8
B/C	5.3	7.5
C/D	8.5	11.6

（3）GB/T 6075.3—2001《在非旋转部件上测量和评价机器的机械振动 第 3 部分：额定功率大于 15 kW 额定转速在 120～15 000 r/min 之间的

在现场测量的工业机器》等同于 ISO 10816.3—1998。

该标准适用于额定功率大于 15 kW，运行转速在 120~15 000 r/min 的机组，如汽轮机或电动机驱动机组。

该标准所包括的机器有：

① 功率不大于 50 MW 的汽轮机；
② 功率大于 50 MW、转速低于 1 500 r/min 或高于 3 600 r/min 的汽轮机；
③ 旋转式压缩机；
④ 功率不大于 3 MW 的工业燃气轮机；
⑤ 离心式、混流式或轴流式泵；
⑥ 除水力发电机组或泵站以外的发电机；
⑦ 各种类型的电动机；
⑧ 鼓风机或风机（通常为 300 kW 以上具有相当刚性结构的非柔性支承风机）。

该标准不包括另有标准的机器以及与往复式机器连接的机器、回转式压缩机（如螺杆式压缩机）、往复泵、潜水泵、风力涡轮机。

该标准包含带有齿轮或滚动轴承的机器，但不涉及齿轮或滚动轴承状态的诊断评价。（注：在所有振动标准中，此标准是唯一适用于带有滚动轴承的旋转机械的振动标准。）

该标准仅适用于由机器本身产生的振动而不是由外界传递到机器的振动。

评价区域边界推荐值见表 8.4~8.7。

表 8.4　第一组机器：额定功率大于 300 kW 并且小于 50 MW 的大型机组，转轴高度 $H \geqslant 315$ mm 的电机

支承类型	区域边界	位移均方根值/μm	速度均方根值/(mm/s)
刚性	A/B	29	2.3
	B/C	57	4.5
	C/D	90	7.1
柔性	A/B	45	3.5
	B/C	90	7.1
	C/D	140	11.0

表 8.5 第二组机器：额定功率大于 15 kW 并且小于等于 300 kW 的中型机器，转轴高度 160 mm≤H<315 mm 的电机

支承类型	区域边界	位移均方根值/μm	速度均方根值/(mm/s)
刚性	A/B	22	1.4
刚性	B/C	45	2.8
刚性	C/D	71	4.5
柔性	A/B	37	2.3
柔性	B/C	71	4.5
柔性	C/D	113	7.1

表 8.6 第三组机器：额定功率大于 15 kW 的多叶片叶轮且与原动机分开连接的泵（离心式、混流式或轴流式）

支承类型	区域边界	位移均方根值/μm	速度均方根值/(mm/s)
刚性	A/B	18	2.3
刚性	B/C	36	4.5
刚性	C/D	56	7.1
柔性	A/B	28	3.5
柔性	B/C	56	7.1
柔性	C/D	90	11.0

表 8.7 第四组机器：额定功率大于 15 kW 的多叶片叶轮且与原动机成一体的泵（离心式、混流式或轴流式）

支承类型	区域边界	位移均方根值/μm	速度均方根值/(mm/s)
刚性	A/B	11	1.4
刚性	B/C	22	2.8
刚性	C/D	36	4.5
柔性	A/B	18	2.3
柔性	B/C	36	4.5
柔性	C/D	56	7.1

（4）GB/T 6075.4—2001《在非旋转部件上测量和评价机器的机械振动 第 4 部分：不包括航空器类的燃气轮机驱动装置》等同于 ISO 10816.4—1998。

该标准适用于功率在 3 MW 以上、转速范围在 3 000~20 000 r/min、用于发电和机械驱动的重型燃气轮机。

评价区域边界推荐值见表 8.8。

表 8.8 转轴速度在 3 000~20 000 r/min，以轴承壳体或轴承座振动速度为基础的评价区域

区域界限	速度均方根值/（mm/s）
A/B	4.5
B/C	9.3
C/D	14.7

（5）GB/T 6075.5—2002《在非旋转部件上测量和评价机器的机械振动 第 5 部分：水力发电厂和泵站机组》等同于 ISO 10816.5—2000。

该标准适用于水力发电厂和泵站机组正常工况下在轴承、轴承支架或轴承座上进行振动测量和评价。

该标准适用的机组有以下组合：

① 水轮机和水轮发电机；

② 水泵和作电动机运行的电机；

③ 水泵-水轮机和电动机-发电机。

该标准不适用于热电厂或工业设备上的泵、使用滚动轴承的水力机器。

评价区域边界值见表 8.9~8.12。

表 8.9 安装在刚性基础上的带有座式轴承或端盖轴承的卧式机器，通常工作转速大于 300 r/min

区域边界值	所有主轴承处	
	位移峰-峰值/μm	速度均方根值/（mm/s）
A/B	30	1.6
B/C	50	2.5
C/D	80	4.0

8 齿轮箱状态监测评价标准

表 8.10 轴承座只支承在水力机器外壳上的卧式机器，
通常其工作转速低于 300 r/min

区域边界值	所有主轴承处 速度均方根值/(mm/s)
A/B	2.5
B/C	4.0
C/D	6.4

表 8.11 轴承座都支承在基础上的立式机组，
通常其工作转速在 60~1 800 r/min

区域边界值	所有主轴承处	
	位移峰-峰值/μm	速度均方根值/(mm/s)
A/B	30	1.6
B/C	50	2.5
C/D	80	4.0

表 8.12 下导轴承座支承在基础上，上导轴承座支承在发电机定子上的立式机组，
通常其工作转速在 60~1 000 r/min

区域边界值	上导轴承处		其他轴承处	
	位移峰-峰值/μm	速度均方根值/(mm/s)	位移峰-峰值/μm	速度均方根值/(mm/s)
A/B	65	2.5	30	1.6
B/C	100	4.0	50	2.5
C/D	160	6.4	80	4.0

（6）GB/T 6075.6—2002《在非旋转部件上测量和评价机器的机械振动 第 6 部分：额定功率大于 100 kW 的往复式机器》等同于 ISO 10816.6—1995。

该标准适用于刚性或弹性安装的功率 100 kW 的往复活塞式机器上，如舰船用推进发动机、船用辅机、柴油发电机、气体压缩机和机车柴油机。还适用于由往复式机械驱动或驱动往复式机械的机器。不适用于陆用车辆（如汽车、拖拉机）。

往复式机器的激振频率一般在 2~300 Hz，考虑包括辅助设备在内的整个机器时，频率范围在 2~1 000 Hz。

往复式机器振动烈度等级将从每台机器主结构上测量的位移、速度、加速度的最大总均方根值得到，机器的振动烈度级是这三个级中最大的一个。

往复式机器振动状态的评价方法具体为：先按照测量位置图（见图8.7）

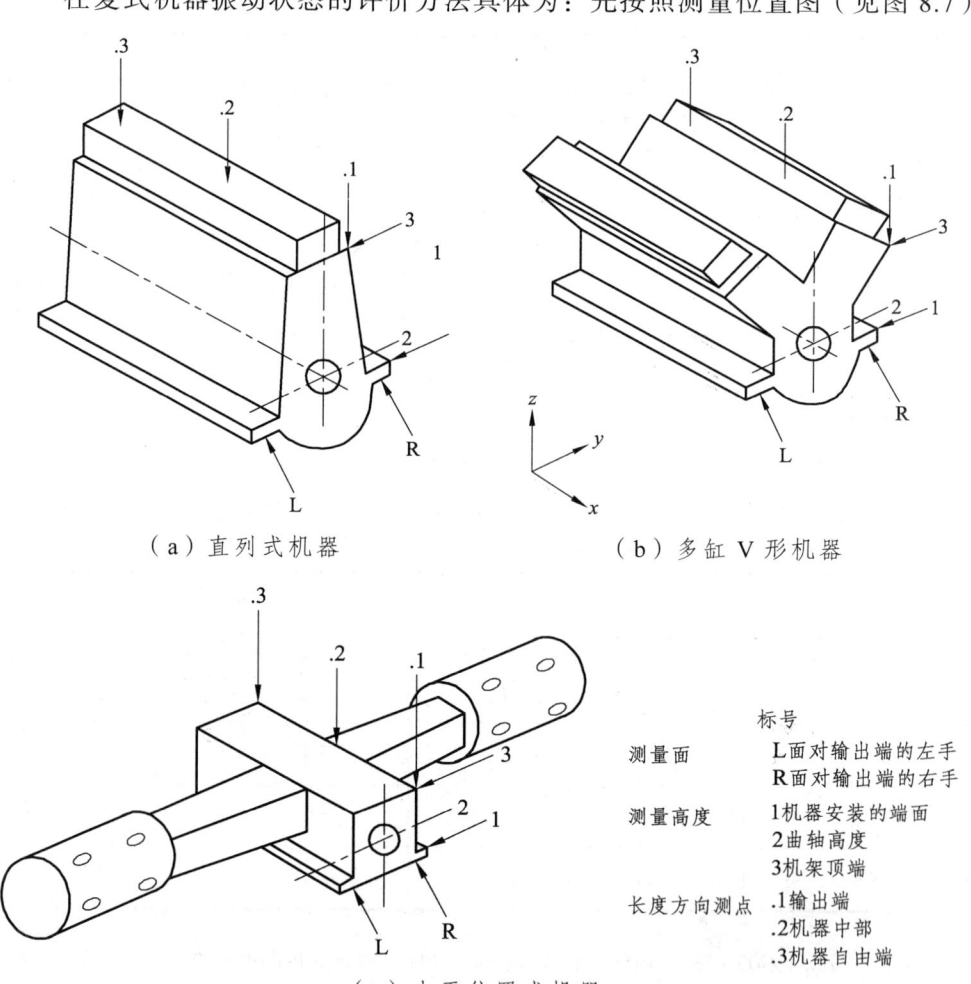

（a）直列式机器　　　　（b）多缸 V 形机器

（c）水平位置式机器

图 8.7　往复式机器测量位置图

测量出各个位置处三个方向上的振动位移、速度、加速度；再对照振动烈度分级标准（见表 8.13）查出相对应的振动烈度级，并取出最大振动烈度级（具体操作见表 8.15）；最后，以最大振动烈度级对照"往复式机器的振动分类和标准值"表（见表 8.14），得知机器所处的振动状态评价区域。

表 8.13　振动烈度级（2~1 000 Hz）

振动烈度级	机器结构上测得的总振级界限值		
	位移均方根值 /μm	速度均方根值 /（mm/s）	加速度均方根值 /（m/s²）
1.1	≤17.8	≤1.12	≤1.76
1.8	≤28.3	≤1.78	≤2.79
2.8	≤44.8	≤2.82	≤4.42
4.5	≤71.0	≤4.46	≤7.01
7.1	≤113	≤7.07	≤11.1
11	≤178	≤11.2	≤17.6
18	≤283	≤17.8	≤27.9
28	≤448	≤28.2	≤44.2
45	≤710	≤44.6	≤70.1
71	≤1 125	≤70.7	≤111
112	≤1 784	≤112	≤176
180	>1 784	>112	>176

注：以上数值来源于：2~10 Hz 稳定的位移；10~250 Hz 稳定的速度；250~1 000 Hz 稳定的加速度。

此标准并未给出机器分类的具体说明，只提出："往复式机器可根据它的型号、用途、尺寸、形状、弹性或刚性支承及转速划分为几类。例如，许多工业和船用柴油机可划分在 5、6 或 7 类中。"并提出："生产商和用户可根据运行的经验或数据商定机器分类。"

表 8.14 往复式机器的振动分类和标准值

振动烈度级	机器结构上测得的总振级最大值			机器振动分类						
	位移均方根值 /μm	速度均方根值 /(mm/s)	加速度均方根值 /(m/s^2)	1	2	3	4	5	6	7
				评定范围						
1.1	17.8	1.12	1.76	A/B	A/B	A/B	A/B	A/B	A/B	A/B
1.8	28.3	1.78	2.79							
2.8	44.8	2.82	4.42							
4.5	71.0	4.46	7.01	C						
7.1	113	7.07	11.1		C					
11	178	11.2	17.6			C				
18	283	17.8	27.9				C			
28	448	28.2	44.2	D				C		
45	710	44.6	70.1		D				C	
71	1 125	70.7	111			D				C
112	1 784	112	176				D	D		
180									D	D

注:在机器使用寿命内,往复式机器振动值比旋转式机器更稳定,因此,表中 A/B 表示 A 和 B 的混合区,今后随着经验的积累,可以提供 A 和 B 之间的区分标准值。

表 8.15 振动值的例子

位 置	测量的振动值		
	位移均方根值 /μm	速度均方根值 /(mm/s)	加速度均方根值 /(m/s^2)
$R3.1x$	100[7.1 级]	15[18 级]	9[7.1 级]
$R3.1y$	150[11 级]	16[18 级]	8[7.1 级]
$R3.1z$	250[18 级]	22[28 级]	10[7.1 级]

注:表 8.15 中的振动值是按照图 8.7 所示测量位置,从机器主结构上位置 $R3.1$ 处测得的;相应的振动烈度级是从表 8.13 中查出的,该点的振动烈度级是[28 级]。按同样的方法可以得到所有其他位置的振动烈度级,然后比较找出最大振动烈度级,即为机器的振动烈度级。

8.2.2 转轴振动评价标准

轴承座振动并不能完全反映转轴在轴瓦内的振动（轴振）。轴承座振动和轴振的比值与轴承支承刚度有关。激振力一定时，支承刚度越大，轴承座振动越小，轴振越大。即使在不大的轴承振动下，转轴仍有可能存在较大的相对振动。转轴振动过大，可能使轴承疲劳损坏并导致动、静部件碰磨。振动评定标准中应充分考虑该因素。为弥补轴承振动不能全面反映转轴振动的不足，大型旋转机械应考虑以转轴振动作为机组振动状态评定标准的尺度。轴振动测量参数是通频振动峰-峰值，以两个相互垂直方向上测得的位移峰-峰值中较大者作为评定依据。

由于振动位移不像振动速度那样本身就含有能量因素，所以还需要考虑机器的转速因素，加之各类型机器在转速上相差较大，因此，轴振的振动标准难以像轴承座振动标准那样有一个通用准则。常用的评价轴振的标准有等同于 ISO 7919 的 GB/T 11348《旋转机械转轴径向振动的测量和评定》、等同于 ISO 8579-2：1993 的 GB/T 6404.2—2005《齿轮装置的验收规范 第 2 部分：验收试验中齿轮装置机械振动的测定》。

（1）GB/T 11348.1—1999《旋转机械转轴径向振动的测量和评定 第 1 部分：总则》等同于 ISO 7919.1—1996。标准中没有给出各种机器的振动状态评价区域的具体界限值，强调的只是与制造商和用户协商。

（2）GB/T 11348.2—2007《旋转机械转轴径向振动的测量和评定 第 2 部分：陆地安装的大型汽轮发电机组》等同于 ISO 7919.2—1996。

该标准适用于额定功率大于 50 MW、额定工作转速范围为 1 500 ~ 3 600 r/min 的陆地安装的大型汽轮发电机组。一般来说，汽轮发电机组的振动状态应从转轴振动和轴承座振动两个方面进行评价。

该标准适用于正常工况下位于或靠近轴承处转轴振动的测量和评定。

该标准不适用于非稳态工况，例如，启动、停机、超速及通过临界转速时，轴系振动状态的评定；也不适用于轴系扭转振动和轴向振动的测量和评定。

评价区域的转轴振动限值见表 8.16 ~ 8.17。

表 8.16　各区域转轴相对振动位移界限值

区域界限值	额定转速/(r/min)			
	1 500	1 800	3 000	3 600
	转轴相对振动位移峰-峰值/μm			
A/B	100	90	80	75
B/C	120~200	120~185	120~165	120~150
C/D	200~320	185~290	180~260	180~240

表 8.17　各区域转轴绝对振动位移界限值

区域界限值	额定转速/(r/min)			
	1 500	1 800	3 000	3 600
	转轴绝对振动位移峰-峰值/μm			
A/B	120	110	100	90
B/C	170~240	160~220	150~200	145~180
C/D	265~385	265~350	250~320	245~290

对于 300 MW 以上的机组，取表 8.16 和表 8.17 中的较小值。

报警值为"基线值 + B 区上限值的 25%"和 B 区上限值二者中的小值。

（3）GB/T 11348.3—1999《旋转机械转轴径向振动的测量和评定　第 3 部分：耦合的工业机器》等同于 ISO 7919.3—1996，适用范围相对最广。

该标准适用于最高连续转速从 1 000 r/min 至 30 000 r/min 具有滑动轴承的耦合的工业机器，包括汽轮机、透平压缩机、汽轮发电机组、涡轮泵、涡轮风机、电力驱动装置及耦合的齿轮变速装置。机器的大小和功率不受限制。

该标准不适用于输出功率大于 50 MW 的陆地安装的大型汽轮发电机组，也不适用于输出功率大于 1 MW 的水轮机组及泵组的转轴振动的测量和评定。

评价区域的转轴振动限值如图 8.8 所示。

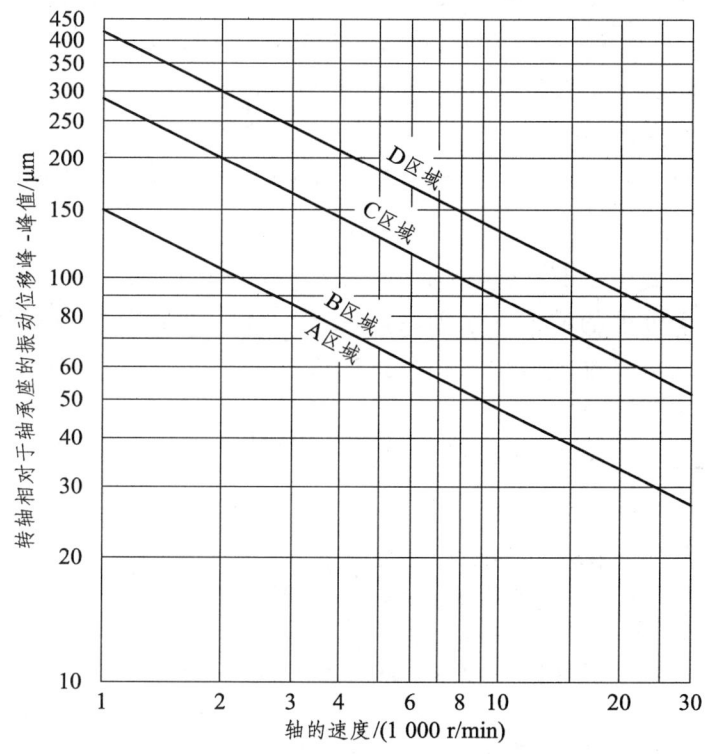

图 8.8　轴的转速与振动位移峰-峰值限值关系图

根据经验，区域边界推荐值与转轴转速的平方根成反比，图 8.8 给出了工业机器转轴的转速与振动位移峰-峰值限值的关系。

图 8.8 中的边界推荐值按下列各式计算：

$$A/B \text{ 区域边界} \quad S_{p\text{-}p} = \frac{4\,800}{\sqrt{n}} \ \mu m$$

$$B/C \text{ 区域边界} \quad S_{p\text{-}p} = \frac{9\,000}{\sqrt{n}} \ \mu m$$

$$C/D \text{ 区域边界} \quad S_{p\text{-}p} = \frac{13\,200}{\sqrt{n}} \ \mu m$$

式中　$S_{p\text{-}p}$——转轴振动位移的峰-峰值；
　　　n——转轴的最高连续转速。

报警值为"基线值 + B 区上限值的 25%"和 B 区上限值二者中的小值。

（4）GB/T 11348.4—1999《旋转机械转轴径向振动的测量和评定 第 4 部分：燃气轮机组》等同于 ISO 7919.4—1996。

该标准适用于具有滑动轴承、输出功率大于 3 MW、转轴转速从 3 000 r/min 到 30 000 r/min 的所有燃气轮机组，包括带有齿轮箱的燃气轮机组。

该标准不适用于航空发动机用燃气轮机，因为它与工业用燃气轮机的主要区别在于轴承的型式（滚动轴承）、转子和支撑结构的刚度和质量比。

评价区域边界推荐值按下列各式计算：

$$\text{A/B 区域边界} \quad S_{p\text{-}p} = \frac{4\ 800}{\sqrt{n}}\ \mu m$$

$$\text{B/C 区域边界} \quad S_{p\text{-}p} = \frac{9\ 000}{\sqrt{n}}\ \mu m$$

$$\text{C/D 区域边界} \quad S_{p\text{-}p} = \frac{13\ 200}{\sqrt{n}}\ \mu m$$

式中　$S_{p\text{-}p}$——转轴振动位移的峰-峰值；

n——转轴的最高连续转速。

报警值为"基线值 + B 区上限值的 25%"和 B 区上限值二者中的小值。

（5）GB/T 11348.5—2002《旋转机械转轴径向振动的测量和评定 第 5 部分：水力发电厂和泵站机组》等同于 ISO 7919.5—1997。

该标准适用于水力发电厂和泵站机组，其额定转速为 60～1 800 r/min，轴瓦类型为筒式或分块瓦轴承，主机功率大于或等于 1 MW。

该标准适用的机组有以下组合：

① 水轮机和水轮发电机；

② 泵与作电动机运行的电机；

③ 水泵-水轮机和电动机-发电机。

该标准不适用于热电厂或工业设备上的泵、用水润滑轴承的水力机器和使用滚动轴承的水力机器。

振动状态评价区域边界推荐值：

① 根据测量平面内的振动位移最大值 S_{max}，如图 8.9 所示；

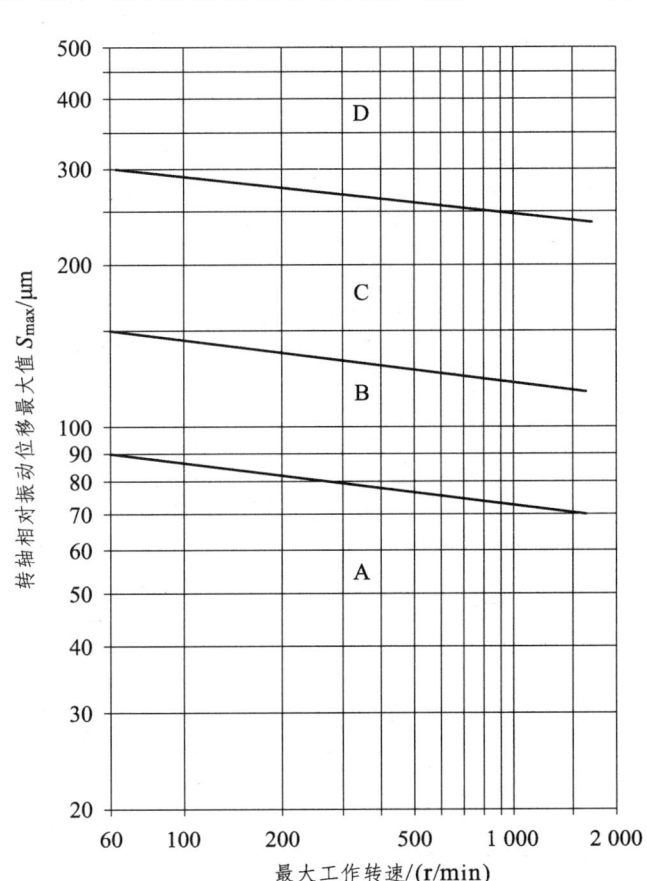

图 8.9 水力机器或机组转轴相对振动位移最大值的推荐评价区域

② 根据测量方向上的振动位移峰-峰值 $S_{p\text{-}p}$，如图 8.10 所示。

（6）GB/T 6404.2—2005《齿轮装置的验收规范 第 2 部分：验收试验中齿轮装置机械振动的测定》，等同于 ISO 8579-2：1993。

GB/T 6404 的该部分适用于具有独立箱体的闭式增速和减速齿轮装置机械振动的测定。规定了箱体和轴振动的测定方法以及测定振动级的仪器类型、测量方法和测试步骤，包括了验收中的振动等级，不包括齿轮系统扭转振动测量。

GB/T 6404 的该部分仅适用于在制造者的试验设备上做验收试验，且在设计速度、载荷、温度范围和润滑条件下测试和运行的齿轮装置。如经协商一致，齿轮装置也可在其他地方测试，但应在制造者推荐的条件下运转。

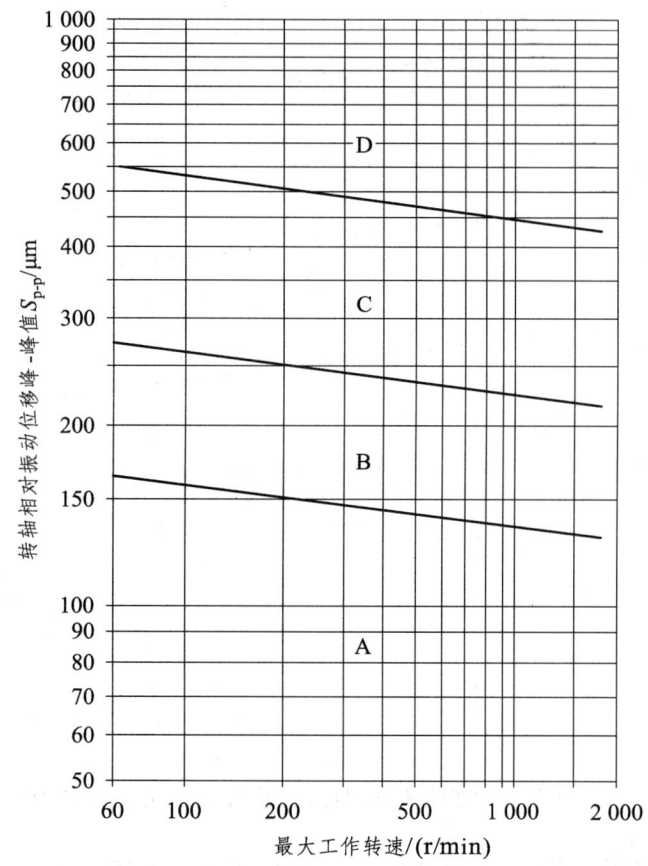

图 8.10 水力机器或机组转轴相对振动位移峰-峰值推荐评价区域

对于在现场测量齿轮装置的振动可能还需要其他关于振动评价的标准。

GB/T 6404 的该部分不适用于一些特殊的或辅助性的齿轮装置，如与齿轮装置做成一体的压缩机、泵、透平以及不传递动力的齿轮装置。

轴的振动位移应相对于箱体进行测量，应使用非接触式传感器，传感器应安装在尽可能靠近轴承的地方并且固定在箱体刚性较好的部位。应测量轴 3 个相互垂直方向上的振动,其中的一个方向应与轴线平行。每根轴上有一个轴向传感器是必要的。测点的数量和安装位置由用户和制造厂协商确定。

轴位移的峰-峰值可用图 8.11 进行评价。以包含所有测量的(未经滤波)轴位移的最低线作为齿轮轴的评价级,对于被测齿轮装置,以所有被测轴上的最高评价级作为齿轮装置的评价级。

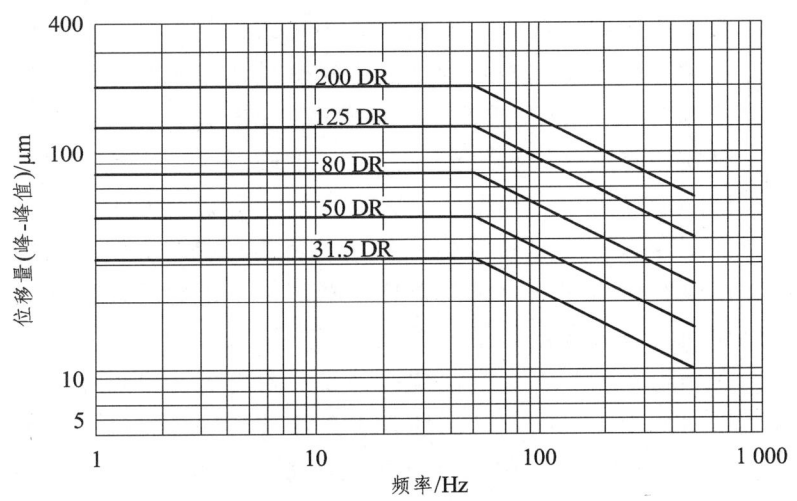

图 8.11 轴振动评价曲线

注:当频率为 0~50 Hz 时,评价值等于评价曲线的位移值;当频率大于 50 Hz 时,每 10 倍频程下曲线降价 10 dB。

8.3 齿轮箱噪声评价标准

齿轮箱运行过程中所产生的振动和噪声是反映其本身工作状态的诊断信息的重要来源,只要抓住其产生振动并发出噪声的机理和特征,就可以对它的状态进行诊断。齿轮箱所辐射的噪声含有丰富的频率成分,与该装置的运行状态直接联系,所以,噪声监测也是齿轮箱故障诊断最基本的方法之一。测量噪声时不需要接触齿轮箱本身。噪声测量的物理量有声压级、声功率级和声强。声压级和声功率级的测量比较容易进行,但对测量环境有一定要求；声强测量最突出的特点是可以消除周围其他声源的干扰，这对于既有原动机又有负载的齿轮箱来说是非常宝贵的。声强测量对仪器设备和测试方法有比较严格的要求。

在进行声压级和声功率级测量时，理想的测试环境是有比较大的空间；与被测齿轮箱相连接的原动机或拖动机噪声比齿轮箱小 10 dB 以上；齿轮箱放置的地面光滑平整；周围无反射物体；四周墙壁距齿轮箱较远；齿轮箱安装牢固，对中良好。如果在声学环境上达不到上述条件，可以采用简易的声学屏蔽措施（隔声或吸声）来减少环境条件的影响。当测试环境的噪声不可避免时，也可采用修正的办法来对测量结果进行修正。最大修正量为 3 dB，但背景噪声必须低于齿轮箱噪声 3 dB 以上，否则测量是无效的。在测量时要注意尽量减少气流、振动、电磁或其他干扰源的影响。

噪声测试系统必须有传声器、放大器和记录分析仪器等，噪声测量系统的示意图如图 8.12 所示。传声器的作用是将声压信号转为电压信号，噪声测量中常用电容传声器或电压陶瓷传声器。由于电容传声器的输出阻抗很高，所以加前置放大器进行阻抗变换。其中输入和输出放大器是电压放大器，它们在相当宽的频率范围内响应平直。对电容传声器还要提供直流极化电压。在两放大器之间通常还插入带通滤波器和计权网络，前者能够对某频带信号采用 FFT 分析仪或计算机软件进行实时的声源频谱分析；后者则可以获得不同的计权声级。输出放大器的输出信号必须经检波电路和显示装置，以获得总声级，A、B、C、D 计权声级或各频带声级。还可以接示波器，显示声压随时间变化的波形，或用电平记录仪自动描绘声源谱图。另外，采用双话筒互谱技术进行声强测量，利用声强的方向性进行故障定位和现场条件下的声功率级的确定。

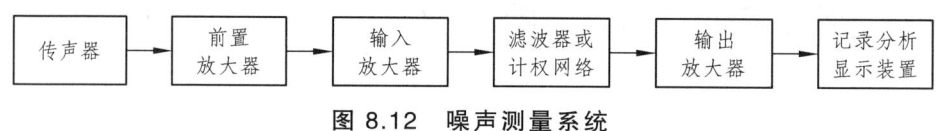

图 8.12 噪声测量系统

机器内部的机械零部件工作时会发出噪声，发生故障时噪声的强弱和声调都会变化。噪声诊断就是通过监测噪声信号的强弱和声调，来寻找噪声的主要声源和识别故障。通过声级的大小判断齿轮箱是否发生了声音的异常变化，通过噪声的频谱分析判断异常声音的频率和对应的部位，综合进行故障诊断。

利用噪声监测和诊断齿轮箱的故障必须保证一个前提：在被测设备测点位置由其他噪声源传来的背景噪声比较小，至少要低于被测设备噪声 20 dB 以下，以保证被测噪声信号中主要是被测对象的信号。噪声测试主要以加权声级的大小为主，噪声频谱分析以线性、1/3 倍频程和等间隔频率的频谱分析为主。

噪声一般通过声功率级进行评价，声功率级可通过声强法、声压法等进行测量，国际标准化组织分别制定了相应的标准。

8.3.1 声强法测量标准

瞬时声强 $I(t)$：声场中某点处单位时间内通过与质点速度方向垂直的单位面积的声能。

声场中某点的瞬时声强是一个矢量，等于该点瞬时声压与瞬时质点速度的乘积，即

$$I(t) = p(t) \cdot u(t) \quad (8.1)$$

式中　$I(t)$——瞬时声强，W/m^2；
　　　$p(t)$——瞬时声压，Pa/m^2；
　　　$u(t)$——瞬时质点速度，m/s。

瞬时声压 $p(t)$ 指在某空间点和指定频带，由于有声波存在而引起的某特定时刻叠加在大气静压上的脉动压力值。

声强 I：稳态声场中瞬时声强 $I(t)$ 在一定时间 T 内的平均值。其计算公式为

$$I = \frac{1}{T}\int_0^T I(t)\,dt \quad (8.2)$$

式中　T——周期的整数倍或长到不影响计算结果的时间。

I 是矢量 $\mathbf{I}$ 的幅值，其量值可能为正，也可能为负，它取决于被测声源能流的传播方向；$|I|$ 是矢量幅值的绝对值。

声强法测量标准有 GB/T 16404—1996《声学 声强法测定噪声源的声功率级》系列标准，等同于 ISO 9614，包括三部分：

（1）GB/T 16404—1996《声学 声强法测定噪声源的声功率级 第 1 部分：离散点上的测量》等同于 ISO 9614-1：1993。

该标准规定了与测量表面垂直的声强分量的测量方法，测量表面应包围被测的噪声源。1/1、1/3 倍频带或其他带宽的计权声功率级根据测量值来计算。该方法适用于具有确定的测量表面的任何声源。在测量表面上，声源产生的噪声在时间上是稳态的。测量表面根据声源的尺寸与形状来选择，该方法能够用于现场或特殊目的的测试环境。

该标准能够用于周围环境随时间的变化不致使声强测量准确度降低到不可接受的程度，或声强测量探头不会受到高速或非稳定气流的影响的任何环境中的声源。

测试条件有时不能满足该标准的要求，特别是当外部噪声级在测试期间变化过大时，该标准给出的方法不宜用来测定声源的声功率级。

（2）GB/T 16404—1996《声学 声强法测定噪声源的声功率级 第 2 部分：扫描测量》等同于 ISO 9614-2：1996。

该标准规定了一种与测量面垂直的声强分量的测量方法，测量面应包围被测噪声源。

把测量面分为若干相邻的面元，垂直于测量面的声强的面积分是用声强探头在每个面元上沿覆盖面元到一定程度的一条连续路径扫描来近似的。测量仪器测量的是每次扫描期间的平均法向声强分量和均方声压。扫描可用手动或机械系统来操作。

有限频段的计权声功率级由测得的倍频带或 1/3 倍频带值来计算。该方法能够用于具有确定的固定测量面的任何声源。在此测量面上，被测声源以及其他明显的外部声源产生的噪声在时间上应该是稳态的，测量面根据声源的尺寸与形状来选取。该方法能够用于现场或特殊目的的测试环境。

该标准规定了判断准确度等级的辅助方法，它被列在该标准的附录 B

中。假如按这种方法得到的结果其准确度不满足该标准的要求，则应当按照指定的方式对测试过程进行修改。

该标准不适用于被测声功率为负值的任何频带。

该标准能够用于处在如下任何环境中的声源：环境随时间的变化不会导致声强测量的准确度降低到不可接受的程度，或者声强测量探头不会遇到速度高到难以接受或不确定的气流。

对测试条件十分恶劣，以致无法满足该标准要求的情况，如外部噪声级可能超过测量仪器的动态性能或者在测试期间变化过大时，该标准不适用。

（3）GB/T 16404—1996《声学 声强法测定噪声源的声功率级 第 3 部分：扫描测量精密法》等同于 ISO 9614-3：2002。

该部分规定了一种通过在测量面上测量声强法向分量来测量噪声源声功率级的方法，测量面应完全包围被测噪声源。

垂直于测量面的声强分量对面积的积分是用声强探头在被划分为若干相邻的局部测量面上，沿着覆盖该面范围的一条连续路径进行扫描来近似。测量仪器测量的是每次扫描期间的平均法向声强分量和均方声压。扫描操作可以用手动或机械装置来实现。

倍频带或有限频段的计权声功率级是用测得的 1/3 倍频带值来计算。该方法能够用于具有确定的稳定测量面的任何声源，在此测量面上，被测声源和其他明显的外部声源产生的声音在时间上是稳定的。被测噪声源的范围通过测量面的选取来定义。该方法能够用于满足本部分所有相关要求的指定测试环境。

该标准的附录 C 描述了要与声功率测定一起进行的辅助测试，其结果用来评价声功率测定的质量和准确度等级。如果测量的质量不能满足该部分的规定要求，则测量过程要按照指定的方法进行修正。

该部分不适用于被测声源声功率为负数的任何频带。

该部分能够用于下面任何环境中的噪声源：随着时间变化不至于导致声强测量准确度下降到不可接受的情况，声强测量探头不会遇到速度大到不能接受或不稳定气流情况。

在某些情况下，会因测量条件太恶劣而不能满足本部分的要求。例如，外部噪声级可能超过仪器的动态性能范围或者在测试过程中变化过大。此时，该部分给出的方法不适合用来测量噪声源的声功率级。

8.3.2 声压法测量标准

声压 p：在一段时间内瞬时声压的方均根值。

声压法测量标准有：GB/T 3767—1996《声学 声压法测定噪声源声功率级 反射面上方近似自由场的工程法》等同于 ISO 3744：1994、GB/T 6882—2008《声学 声压法测定噪声源声功率级 消声室和半消声室精密法》等同于 ISO 3745：2003、GB/T 3768—1996《声学 声压法测定噪声源声功率级 反射面上方采用包络测量表面的简易法》等同于 ISO 3746：1995、GB/T 16538—2008《声学 声压法测定噪声源声功率级 现场比较法》等同于 ISO 3747：2000。

（1）GB/T 3767—1996《声学 声压法测定噪声源的声功率级 反射面上方近似自由场的工程法》等同于 ISO 3744：1994。

该标准规定了在一个或多个反射面附近近似自由场的条件下，在包络声源的测量表面上测量声压级以计算噪声源声功率级的方法。同时给出了测试环境、测量仪器的要求以及表面声压级及声功率级的计算方法。声功率级的测定结果准确度等级为 2 级。

对于各种类型的设备，根据该标准制定和使用其专用噪声测试规范是非常重要的。噪声测试规范中应对被测声源的安装、负载、工作条件、测量表面和传声器阵列的选择给出详细的说明。

该标准规定的方法适用于测量各种类型的噪声。

该标准适用于各种类型和尺寸的声源（设备、机器、部件、组件等）。

该标准不适用于超高或超长的声源，如烟囱、管道、输送机械、多声源工业设备等。

该标准适用于室内或室外一个或多个反射面附近近似自由场的测试环境。

（2）GB/T 6882—2008《声学 声压法测定噪声源的声功率级 消声室和半消声室精密法》等同于 ISO 3745：2003。

该标准规定了在消声室和半消声室中测量包围噪声源的测量表面上的声压级，从而确定噪声源的声功率级或声能量级的测量方法。它给出了对测试环境和仪器的要求，同时给出了由测得的表面声压级计算其声功率级或声能量级的方法，保证所得到的结果具有 1 级准确度。

该标准规定的方法适用于所有类型噪声源的测量。

噪声源可以是设备、机器、组件或附件。可测量声源的最大尺寸取决于测量包络面假想球（或半球）的半径。

（3）GB/T 3768—1996《声学 声压法测定噪声源的声功率级 反射面上方采用包络测量表面的简易法》等同于 ISO 3746：1995。

该标准规定了在包络声源的测量表面上测量声压级以计算噪声源声功率级的方法。同时，给出了测试环境、测量仪器的要求以及表面声压级及声功率级的计算方法。声功率级的测定结果准确度等级为 3 级。

对于各种类型的设备，根据该标准制定和使用其专用噪声测试规范是非常重要的。噪声测试规范中应对被测声源的安装、负载、工作条件、测量表面和传声器阵列的选择给出详细的说明。

该标准规定的方法适用于测量各种类型的噪声。

该标准适用于各种类型和尺寸的声源（设备、机器、部件组件等）。

该标准不适用于超高或超长的声源（烟囱、管道、输送机械、多声源工业设备等）。

该标准适用于满足具有一个或多个反射面的室内或室外测试环境。

（4）GB/T 16538—2008《声学 声压法测定噪声源声功率级 现场比较法》等同于 ISO 3747：2000。

该标准规定了声源，特别是非移动声源的声功率级现场测定方法。该标准采用比较法，所有测量均采用倍频带。测量不确定度取决于测试环境。测量不确定度是通过与一个描述空间声场分布的指示值的比较来估算的。准确度等级可以是工程级，也可以是简易级的。

被测声源的声功率级由该声源和标准声源分别在规定的测量点处产生的声压级测量值来计算。声功率级是用校准过的标准声源值和被测声源测量值与标准声源测量值的差值计算得到。所有的计算都按倍频带进行，A-计权声功率级由倍频带值确定。

该标准能够用于所有实验室测量法要求环境之外的各种测试环境，只要该环境的背景噪声足够低且传声器位置处的声压级主要依赖于房间表面的反射。

该标准主要适用于辐射噪声是宽频带的噪声源。同时它也可用于辐射窄带或离散纯音的噪声源，但测量不确定度可能会比该标准给出的要大。

8.3.3 声功率级评价标准

通过声强法或声压法测量得到齿轮箱声功率级后，需要对声功率值进行评价。常用的噪声评价标准是 GB/T 6404.1—2005《齿轮装置的验收规范 第1部分：空气传播噪声的试验规范》等同于 ISO 8579-1：2002。

GB/T 6404 的该部分给出了确定齿轮装置和带电动机的齿轮装置发出的、由空气传播的噪声的必要说明和标准条件。结合用于试验的运行条件和安装条件，还给出了允许的测量方法。

辐射特性包括规定位置的辐射声压级和声功率级，因此，下列资料的确定是必要的：

（1）齿轮装置和带电动机的齿轮装置的制造者，目的是为了得到他们可能说明的辐射噪声。

（2）比较在运行条件下齿轮装置和带电动机的齿轮装置的辐射噪声。

（3）在设计阶段噪声控制的目的。

GB/T 6404 的该部分的目的是保证在规定的范围内确定空气传播噪声辐射特性的再现性，该范围由所使用的基本测量方法的精度等级确定。GB/T 6404 的该部分允许使用的噪声测量方法为工程法（2级）和概测法（3级）。

该标准中的声功率级由不同类型的齿轮装置在不同速度和载荷级下验收试验确定，如图 8.13~8.17 所示。

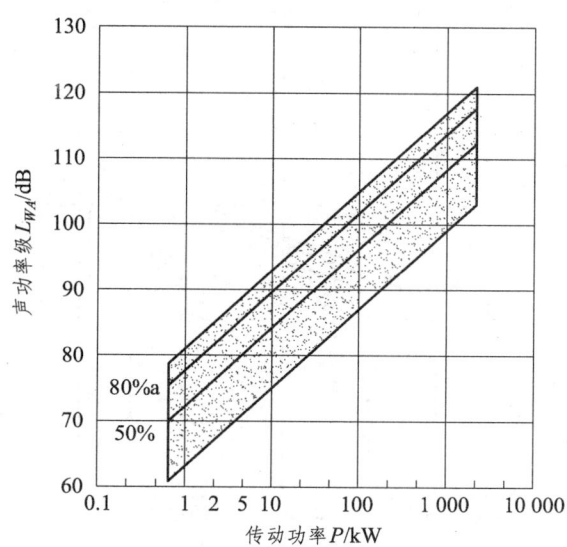

类型:具有下列主要(>80%)特性的外啮合圆柱齿轮传动装置	
箱 体	铸 造
轴 承	滚子轴承
润 滑	溅油润滑
安 装	刚性的钢和(或)混凝土基座上
功率/kW	0.71~2 400
输入转速(最大)/(r/min)	1 000~5 000(主要为1 500)
节圆线速度/(m/s)	1~20
输出转矩/(N·m)	100~200 000
传动级数	1~3
轮齿资料	最高速级用精加工的硬齿面斜齿轮(β=10°~30°)传动,精度为 GB/T 10095.1—2001 的 5~8 级

图 8.13 圆柱齿轮(工业用)的声功率值

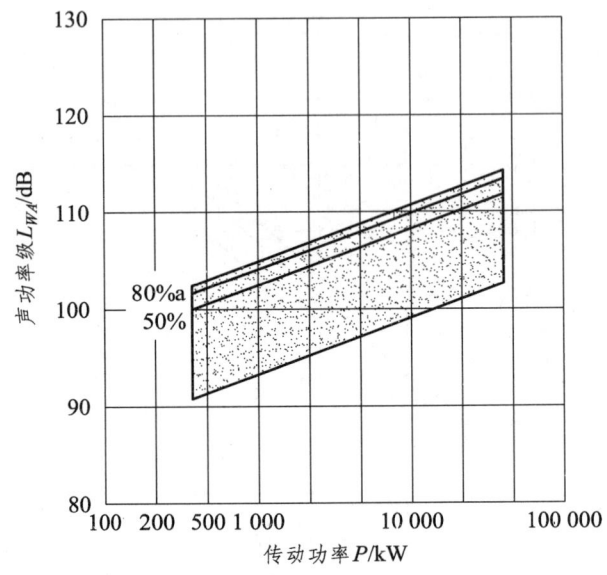

类型：具有下列主要（>80%）特性的外啮合圆柱齿轮传动装置	
箱　体	铸　造
轴　承	滑动轴承
润　滑	有压力的喷油润滑系统
安　装	刚性的钢和（或）混凝土基座上
功率/kW	380～42 000
输入转速（最大）/（r/min）	1 000～12 700
节圆线速度/（m/s）	35
输出转矩/（N·m）	3 600～460 200
传动级数	1～2
轮齿资料	大多数为精加工硬齿面双斜齿轮（$\beta=20°～30°$）传动，精度为 GB/T 10095.1—2001 的 3～5 级

图 8.14　圆柱齿轮（透平传动用）的声功率值

8 齿轮箱状态监测评价标准

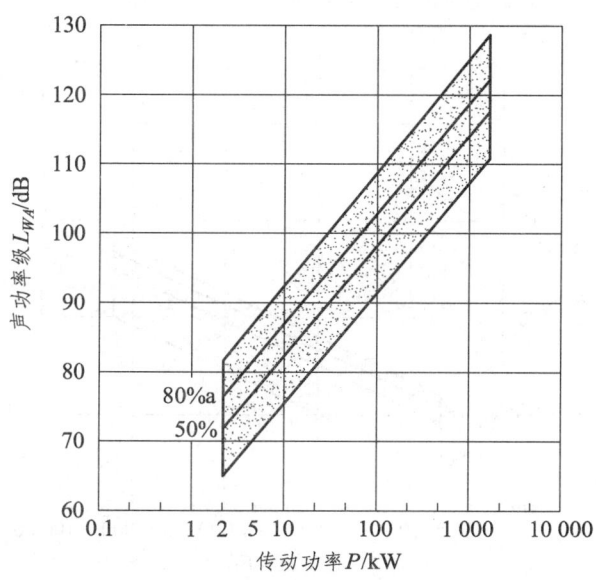

类型：具有下列主要（>80%）特性的锥齿轮传动、锥齿轮/圆柱齿轮传动装置	
箱　　体	铸造和焊接结构
轴　　承	滚子轴承、小锥齿轮端用滚锥轴承
润　　滑	溅油润滑
安　　装	刚性结构的基座上
功率/kW	2～1 800
输入转速（最大）/（r/min）	970～3 000
节圆线速度/（m/s）	2～24
输出转矩/（N·m）	3 600～190 000
传动级数	1～3
轮齿资料	锥齿轮（大多数是速度最高的级）渗碳淬硬并研磨，非偏置轴弧齿锥齿轮；加工和轮齿测量技术的发展没有圆柱齿轮那样快

图 8.15　锥齿轮传动、锥齿轮/圆柱齿轮传动的声功率值

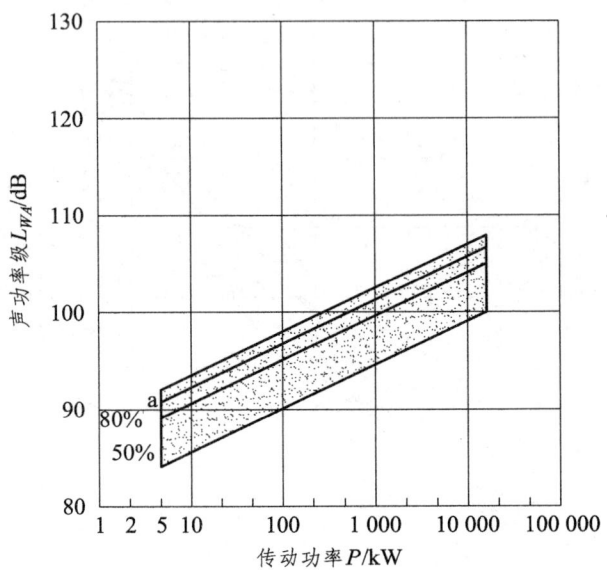

类型：具有下列主要（>80%）特性的行星齿轮传动装置	
箱　体	铸　造
轴　承	低速：滚针轴承，高速：滑动轴承
润　滑	喷　油
安　装	刚性钢和（或）混凝土基座
功率/kW	6~12 500
输入转速（最大）/(r/min)	350~16 500
输出转矩/(N·m)	1 000~330 000
传动级数	1~2
轮齿资料	直　齿 斜齿（$\beta = 25° \sim 30°$） 内齿轮热处理，太阳轮和行星轮硬化，轮齿精度随输入转速的提高而提高

图 8.16　行星齿轮传动的声功率值

8 齿轮箱状态监测评价标准

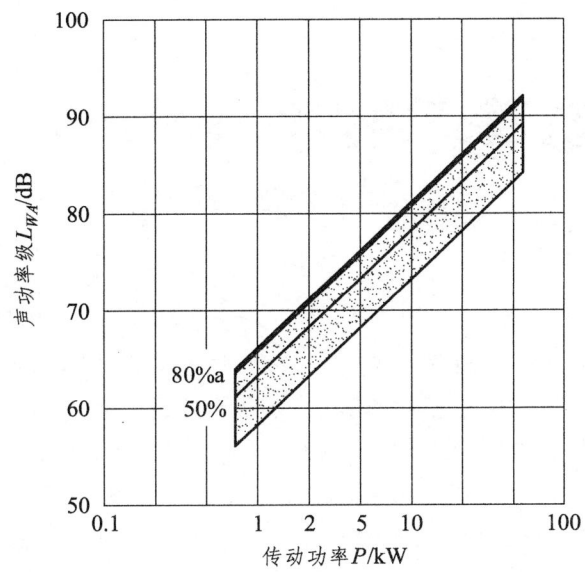

类型：具有下列主要（>80%）特性的蜗杆传动装置	
箱　体 轴　承 润　滑 安　装	滚子轴承 溅油润滑 刚性钢板上
功率/kW	0.7～56
输入转速（最大）/（r/min）	1 350～14 800
输出转矩/（N·m）	67～3 800
传动级数	单　级
蜗杆头数	1～6、1～3
轮齿资料	蜗杆渗碳淬火并磨齿；蜗轮为锡青铜

图 8.17　蜗杆传动的声功率值

9 轨道交通齿轮箱状态监测与故障诊断流程

齿轮箱状态监测与故障诊断的任务是对振动信号进行特征参数提取，并依据特征参数进行齿轮箱状态正常与否的分析以及对特征参数序列进行数据解释。齿轮箱故障诊断的工作流程为：采用正确的信号分析技术，将信号中反映设备状况的特征信息提取出来，与过去值进行比较，找出其中的差别，以此判定齿轮箱的状态。若有故障，则进一步指出故障的类型以及故障的部位。

9.1 状态监测及故障诊断的流程及任务

状态监测故障诊断的流程如图 9.1 所示。

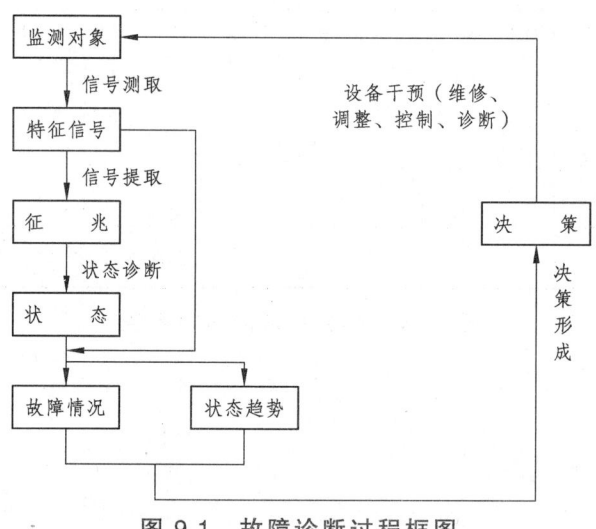

图 9.1 故障诊断过程框图

状态监测与故障诊断的任务主要有：

（1）反映被监测齿轮箱的运行状态并对异常状况发出警告。通过监测与诊断系统对齿轮箱进行监测，并通过与正常状态的特征值比较，判断是否发生异常，若发现或判定异常，则提出故障警告。

（2）提供齿轮箱状态的准确描述。在正常运行时，判断出主要零部件的劣化程度，为齿轮箱的检修提供针对性的依据。齿轮箱发生故障时，反映故障的位置、造成故障的零部件及故障的程度，为是继续运行还是拆解检修提供决策依据。

（3）预测齿轮箱状态的发展趋势。通过对齿轮箱状态特征参数的时间历程的趋势分析，描绘出状态特征参数的时间历程曲线和趋势拟合方程曲线，对齿轮箱状态发展进行预测，以提供制订齿轮箱后期大修内容的依据，避免欠维修或过维修现象发生。

状态监测与故障诊断的流程主要有五个环节，即齿轮箱基本参数获取、齿轮箱特征频率分析、振动监测系统的数据库设置、状态监测与故障诊断的实施以及状态判别、故障判断与检查验证。

9.2 齿轮箱基本参数获取

在对齿轮箱实施状态监测与故障诊断之前，必须对它的各个方面有充分的认识和了解，就像医生治病必须熟悉人体的构造一样。经验表明，诊断人员如果对设备没有足够充分的了解，甚至茫然无知，那么，即使是信号分析专家也是无能为力的。所以，了解被诊断对象是开展现场诊断的第一步。

了解齿轮箱的主要手段就是对整个齿轮箱系统进行调查，收集齿轮箱的信息，主要包括整个齿轮箱系统简图和所有设备部件的资料、尽可能多的齿轮箱出现过的故障记录以及向现场技术人员获取齿轮箱运转的信息。

9.2.1　齿轮箱系统简图

齿轮箱系统简图主要包括以下几个方面：
（1）组成该系统的主要部件。
（2）轴的直径和长度。
（3）转子的直径和重量。
（4）所使用的轴承的型号、数量和参数。对于球（或滚动）轴承，参数主要包括球（或滚珠）的直径、球（或滚珠）的数量、节圆直径、接触角及轴的转速。
（5）如果有带轮，则需要带轮中心距、带轮的节圆直径、皮带的数目及长度。
（6）齿轮副的信息，主要包括齿轮类型及布置、齿数及齿数比、主动齿轮的转速。

9.2.2　整合齿轮箱故障及维修记录

收集整理齿轮箱系统的故障及维修记录，确认轴承是否出现过过早失效，出现过早失效的原因（安装不良、润滑不良、轴承不对中、轴承过载、频繁启停机、轴不对中、轴承过电等），是否有部件进行过更换或修理，整个齿轮箱系统的检修周期信息，系统所使用的润滑油品种及润滑周期等。

9.2.3　现场技术人员的信息输入

通过与现场技术人员、操作人员的沟通，了解振动异常现象是如何发展的，是突然出现还是渐渐发生的，振动异常在什么条件下持续出现。
表9.1是常用的一种齿轮箱系统信息表实例。

9 轨道交通齿轮箱状态监测与故障诊断流程

表 9.1　地铁齿轮箱系统信息表

机器技术数据表						
机器名称		机器说明		制造商		
功率/kW		转速/(r/min)		型号		
非驱动端轴承		润滑		驱动端轴承		润滑
齿轮箱类型		制造商		型号		
额定输入转速		额定输出转速		联轴器类型		
齿轮箱级数		主动轴齿轮齿数		输出轴齿轮齿数		
齿轮类型		主动轴轴承		输出轴轴承		
中间轴输入齿轮齿数		中间轴输出齿轮齿数		中间轴轴承		

轴承参数									
序号	轴承型号	节圆直径	滚珠直径	滚珠个数	接触角	保持架缺陷特征频率	内圈缺陷特征频率	外圈缺陷特征频率	滚珠缺陷特征频率
1									
2									
3									
4									

9.3 齿轮箱特征频率分析

为更方便地利用齿轮箱各故障特征频率进行齿轮箱状态监测数据库设置、状态分析和故障诊断，有必要利用收集到的数据信息，对齿轮箱特征频率先行进行计算，计算步骤如下：

（1）计算传动比。

$$i = \frac{z_2}{z_1} \tag{9.1}$$

式中　z_1——主动齿轮齿数；
　　　z_2——从动齿轮齿数。

（2）计算旋转频率。

$$f_1 = \frac{n_1}{60}; \quad f_2 = \frac{n_2}{60} \tag{9.2}$$

式中　f_1——主动轴转频，Hz；
　　　f_2——从动轴转频，Hz；
　　　n_1——主动轴转速，r/min；
　　　n_2——从动轴转速，r/min。

（3）计算齿轮啮合频率 GMF，计算方法按第 3 章所述。

（4）计算轴承缺陷特征频率，计算方法按第 3 章所述。

表 9.2 是目前地铁齿轮箱常用的一些轴承的基本参数信息及损伤频率计算结果，计算结果对应的轴承所在轴的转频为 1 Hz。

表 9.2　常用轴承损伤频率

轴承型号	QT 9B-2	QT 26	QT 9F	QT 34	QT 7A	QT1	FAG 573160
节圆直径	110	237.5	109.169	249.678	117.5	235	247.5
滚珠直径	21.506	21.445	19.723	18.679 5	18.7	35.9	17.37
滚珠个数	13	29	13	32	14	28	39
接触角	28.5	13.833	28.5	14	28.369	23.429	12

9 轨道交通齿轮箱状态监测与故障诊断流程

续表 9.2

轴承型号	QT 9B-2	QT 26	QT 9F	QT 34	QT 7A	QT1	FAG 573160
保持架缺陷特征频率	0.414	0.456	0.421	0.464	0.43	0.43	0.466
内圈缺陷特征频率	7.616	15.771	7.532	17.161	7.98	15.962	20.839
外圈缺陷特征频率	5.384	13.229	5.468	14.839	6.02	12.038	18.161
滚珠缺陷特征频率	2.482	5.495	2.698	6.648	3.08	3.209	7.091

9.4 振动监测系统数据库设置

振动监测系统数据库设置主要以 SKF 公司的 MasCon/ProCon 便携式在线监控系统（32 个振动通道，16 个数字通道）的数据库设置为例进行说明。在状态监测时，各系统数据库设置需要关注的要点是一致的。

MasCon 单元硬件配置如图 9.2 所示，图中右侧 Analogue channels 表示模拟通道，主要是设置振动测试所用的传感器；Digital channels 表示数字通道，主要是设置转速传感器。

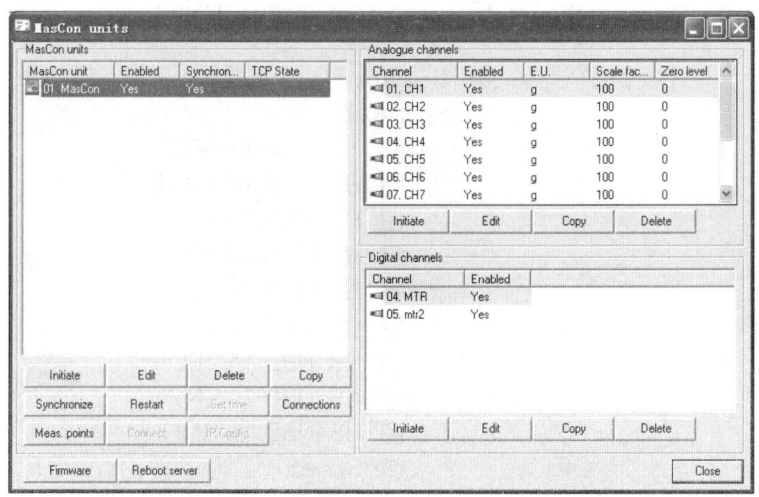

图 9.2 MasCon Unit 硬件配置

9.4.1 建立齿轮箱故障诊断程序树型结构

齿轮箱有高速轴和低速轴，共四个轴承。传感器一般采用磁性座布置在齿轮箱轴承座水平、垂直和轴向三个正交方向上，如图 9.3 所示，图中 V 表示垂直方向，A 表示轴向，H 表示水平方向。

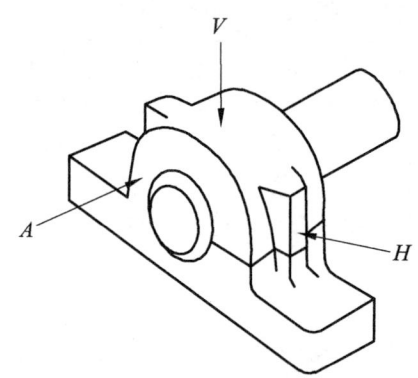

图 9.3 传感器布置

在每个轴承座上的三个方向各布置一个传感器（见图 9.3），总共布置 12 个通道进行数据采集。一般情况下，每个通道需要进行设置转频及相应倍频宽测试数据库、齿轮啮合频率相应频宽测试数据库及轴承加速度包络测试数据库。对所有传感器所布置的位置、测试项点进行编号，建立图 9.4 所示的程序树形结构图。其中，各编号的意义说明见表 9.3。

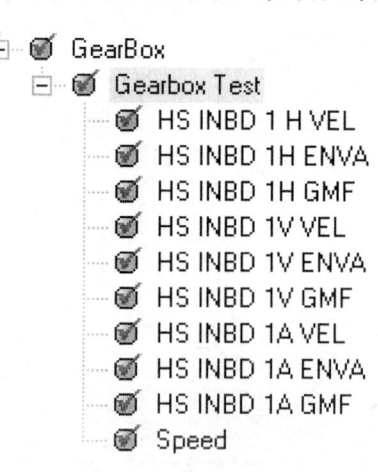

图 9.4 ProCon 程序树形结构

表 9.3 编号意义说明

符号	说 明
HS	齿轮箱的高速轴
INBD	齿轮箱的内侧；输入端
1H	第一个轴承，传感器布置在水平向
VEL	速度值频宽测试，一般取 10 倍速度值进行设置
ENVA	加速度包络测试
GMF	齿轮啮合频率频宽测试

9.4.2 建立机器图

通过建立一个机器简图（见图 9.5），可以比较直观地反映整个齿轮传动系统的结构形式，并且对机器图上的齿轮和每一个轴承进行参数配置，可以与检测点及数据库数据实现关联。

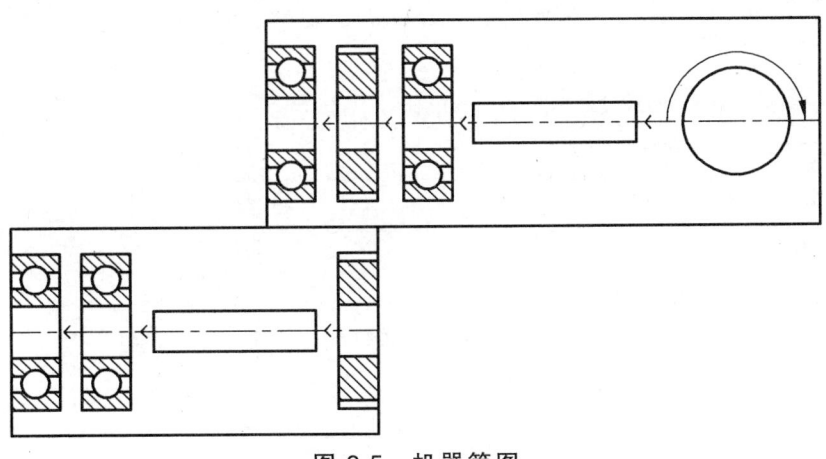

图 9.5 机器简图

9.4.3 数据库设置

9.4.3.1 Speed 转速测试数据库设置

Speed 转速测试主要是通过转速传感器实时测试齿轮箱的输入或输出轴转速，并通过软件将测量得到的转速传递到齿轮箱各特征频率的计算中。Speed 测试数据库设置实例如图 9.6 所示，图中 MasCon channel 后面的复选框可选择上述数字通道的转速传感器。

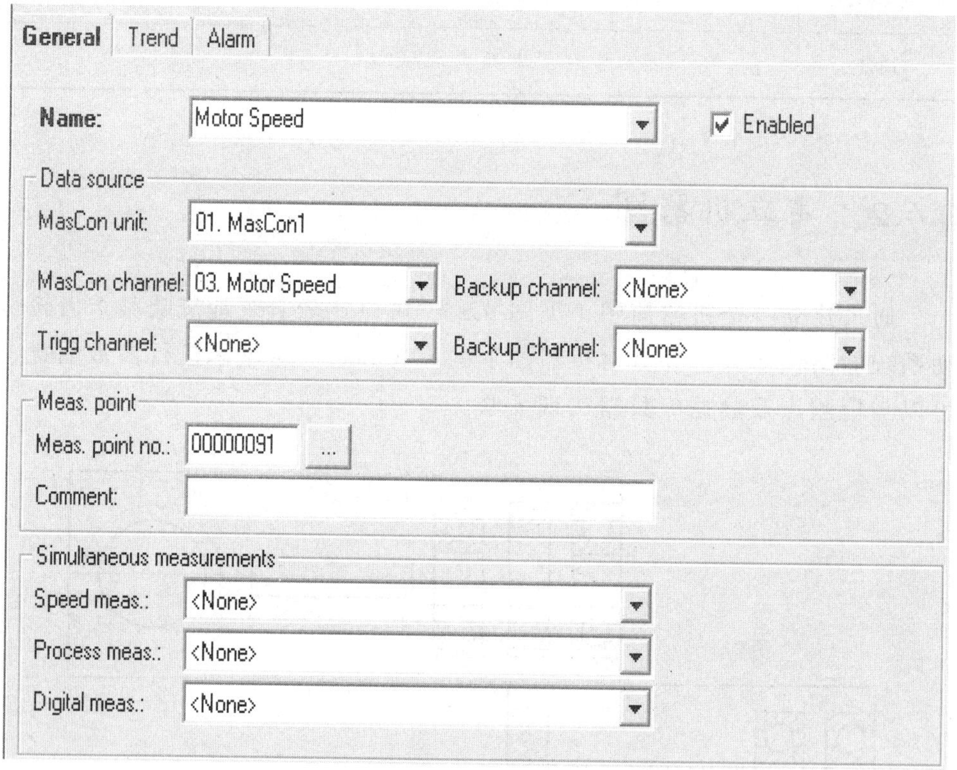

图 9.6 转速测试数据库设置

9.4.3.2 转频及相应倍频宽测试数据库的设置

转频及相应倍频宽测试数据库的设置实例如图 9.7 所示。

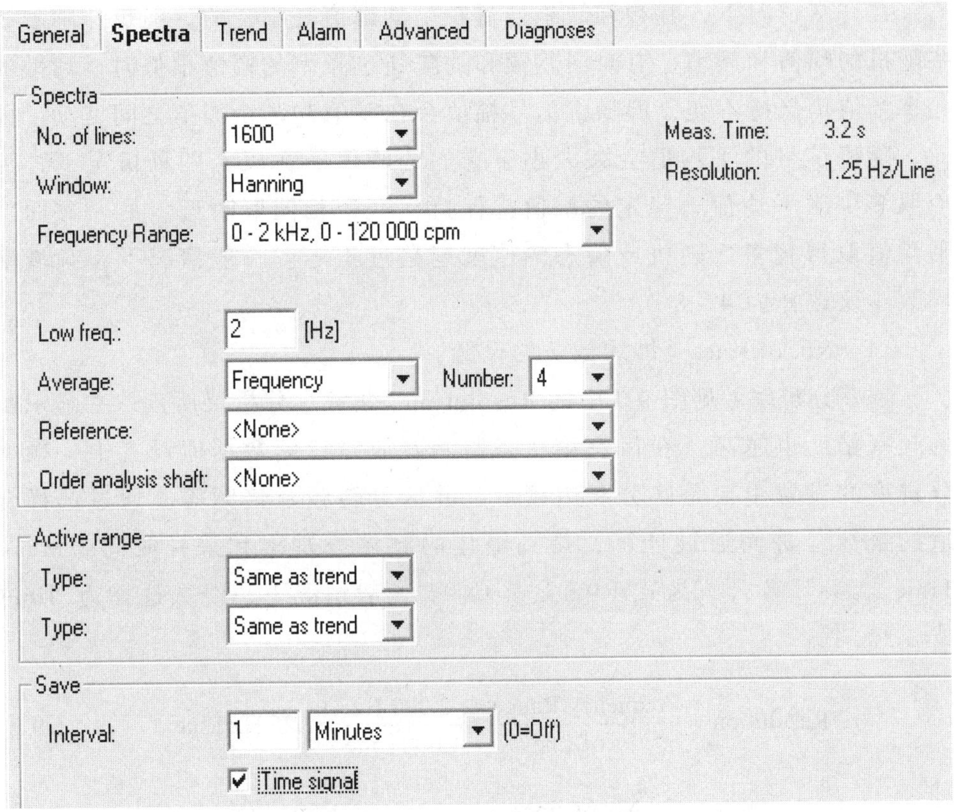

图 9.7 转频及相应倍频宽测试数据库的设置

（1）Frequency Range（即频宽）的设置。

对于转频及相应倍频宽测试数据库的设置，主要是分析不平衡、不对中、松动等故障特征，一般情况下，频宽选择大于 10 倍转频。

（2）Window（即窗函数）的设置。

在振动分析中，最常用的窗函数就是汉宁窗，它能用于周期性和非周期性的正弦波，因此一般情况下齿轮箱状态监测和故障诊断中窗函数选择汉宁窗。但如果进行瞬态测试，比如敲击测试，则应使用矩形窗函数。此外，平顶窗可以提供最精确的幅值测量，卡塞-贝塞尔窗能提供最好的频率分辨率。

(3) Average 及 Number（即频域平均数）的设置。

在许多情况下，基频和缺陷通过频率的幅值是不变的，但也伴随着一些随机的幅值和频率，有时当基频和缺陷通过频率的幅值很低时，离散的频率幅值仍保持不变，但随机信号幅值会在零值和某个峰值之间波动。因此，随机信号的平均值会大大小于它们的峰值。在以上两种情况下，无论取多少次平均值，稳定的幅值都保持在一个相同值附近。另一方面，平均值取得越多，随机或瞬态幅值就越趋近于零。一般情况下，频域平均数建议选择为 4~8 次。

(4) No. of lines（即线数）的设置。

频率分辨率（见图 9.7 中的 Resolution）越高，分析仪所读取并显示出的频率精度也越高。在齿轮箱状态监测及故障诊断数据库设置中，频率分辨率的设置主要是区分开边频带，并区分转频及倍频等。通过选择合适的线数，进而通过计算，得到最佳的频率分辨率和采样时间（Meas. Time），其计算公式为式（9.3）、（9.4）。一般情况下，线数选择为 1 600 或 3 200 线。

$$\text{Resolution} = \frac{\text{Frequency Range}}{\text{No. of lines}} = \frac{2\,000\text{ Hz}}{1\,600\text{ Line}} = 1.25\text{ Hz/Line} \quad (9.3)$$

$$\text{Meas. Time} = \frac{\text{No. of lines}}{\text{Frequency Range}} \times \text{Number} = \frac{1\,600\text{ Line}}{2\,000\text{ Hz}} \times 4 = 3.2\text{ s} \quad (9.4)$$

(5) Low Freq.（即低频截止）的设置。

目前一般采用加速度传感器测量齿轮箱振动信号，然后通过软件或硬件积分运算，得到振动的速度信号，再进行进一步分析。但通过积分运算得到的振动速度信号在信号初始阶段会产生比较大的误差，通常采用低频截止方法将产生较大误差的低频段截断。

一般情况下，低频截止频率设置为轴承保持架缺陷特征频率的 1/5 左右，对于齿轮传动系统，一般设置为 2 Hz。

此外，图 9.7 中 Save 选项卡下的 Interval 选项为信号采集保存时间，应确保保存时间大于采样时间（Meas. Time）。Time signal 选项为确认是

9 轨道交通齿轮箱状态监测与故障诊断流程 195

否需要保存时域信号,一般建议选择此项,时域信号在分析冲击信号等时很有用。

9.4.3.3 齿轮啮合频率相应频宽测试数据库的设置

齿轮啮合频率相应频宽测试数据库的设置实例如图 9.8 所示。

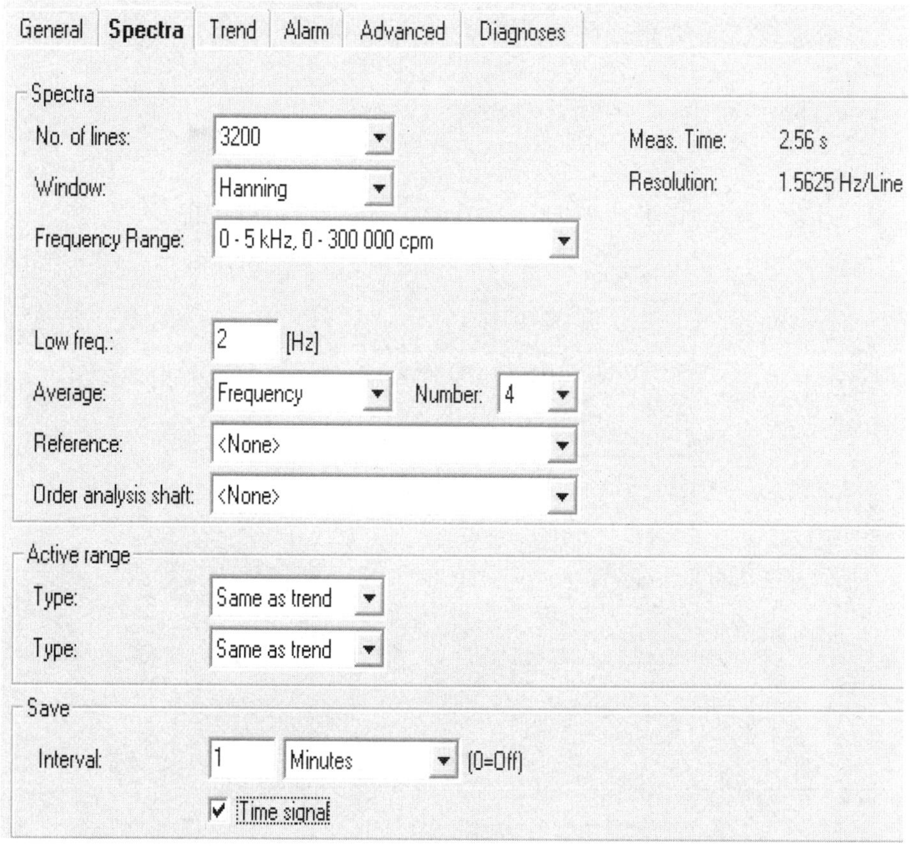

```
General  Spectra  Trend  Alarm  Advanced  Diagnoses
Spectra
No. of lines:      3200              Meas. Time:   2.56 s
Window:            Hanning           Resolution:   1.5625 Hz/Line
Frequency Range:   0 - 5 kHz, 0 - 300 000 cpm

Low freq.:         2        [Hz]
Average:           Frequency    Number:  4
Reference:         <None>
Order analysis shaft: <None>

Active range
Type:              Same as trend
Type:              Same as trend

Save
Interval:          1   Minutes    (0=Off)
                   ✓ Time signal
```

图 9.8 齿轮啮合频率相应频宽测试数据库的设置

对于齿轮箱,当齿数已知时,需要在同一测点进行频宽为 $3.25 \times \mathrm{GMF}$ 的高频测量。设定频宽为 $3.25 \times \mathrm{GMF}$,在对应齿轮的啮合位置附近选择安装点,并在该特定位置处使用特定的齿轮啮合频率。由于频宽较高,传感器有可能要求螺栓或黏结安装,并做加速度测量。一般使用 1 600~3 200 的频谱线数,便于检测每个啮合齿轮的 1 倍转频边频带。

当齿数未知时,一般将频宽设定为 200 倍转频。一旦确定齿数,所有设置应进行替换。

9.4.3.4 轴承加速度包络测试数据库设置

轴承加速度包络测试数据库设置如图 9.9 所示。

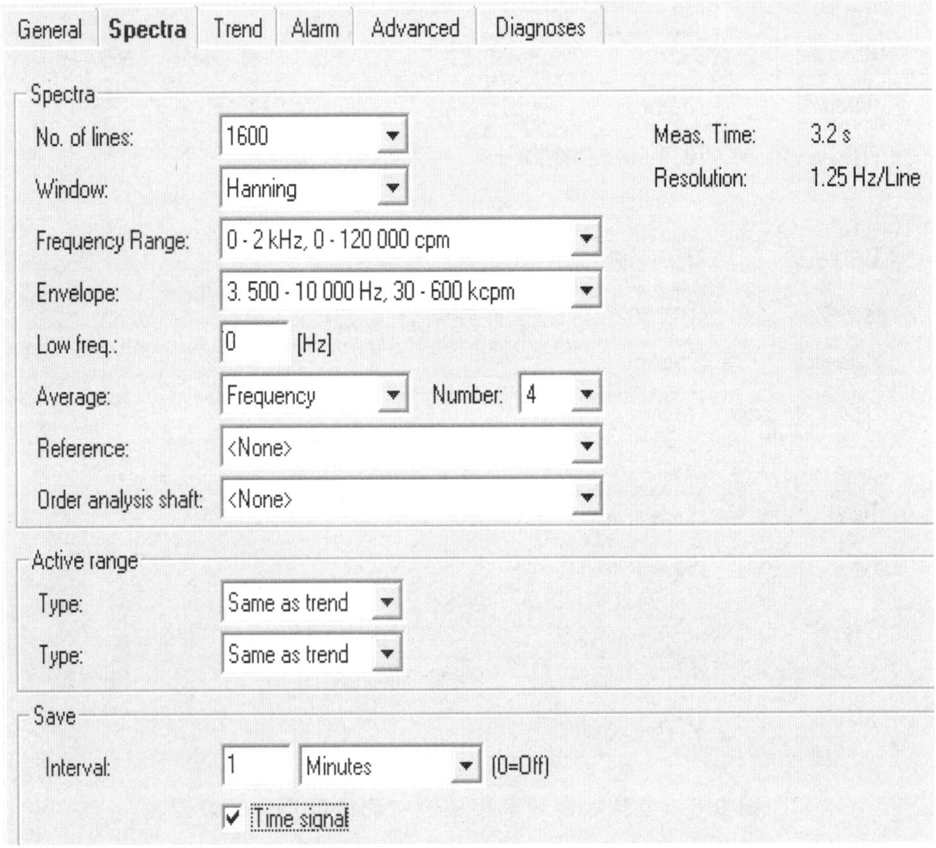

图 9.9 轴承加速度包络测试数据库设置

图 9.9 中的设置选项与图 9.8 的设置基本一致,其主要差异在于,轴承加速度包络测试数据库需要设置信号滤波器和加速度包络频谱频率量

程（见图 9.9 中的 Envelope）。参照表 9.4 确定信号滤波器和包络频谱频率量程，一般选择编号为 3 的滤波器。如果轴承转速不处于编号 3 的滤波器轴承转速范围，通常也建议额外增加编号 3 的滤波器进行加速度包络处理。

表 9.4　加速度包络设置

滤波器编号	带通频段	适用轴承转速	包络频谱频率量程
1	5 ~ 100 Hz	0 ~ 50 r/min	0 ~ 10 Hz
2	50 ~ 1 000 Hz	25 ~ 500 r/min	0 ~ 100 Hz
3	500 ~ 10 000 Hz	250 ~ 5 000 r/min	0 ~ 1 000 Hz
4	5 000 ~ 40 000 Hz	2 500 ~ 20 000 r/min	0 ~ 10 000 Hz

此外，根据轴承的尺寸和轴转速等信息，可以借助 Atlas 等软件，确定轴承加速度包络测试的危险报警值和警告报警值，如图 9.10 所示。

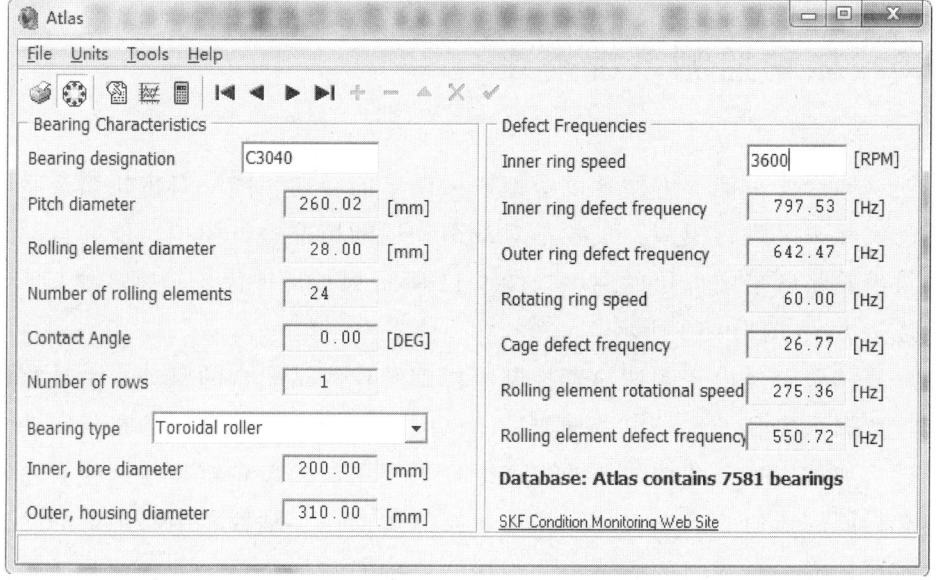

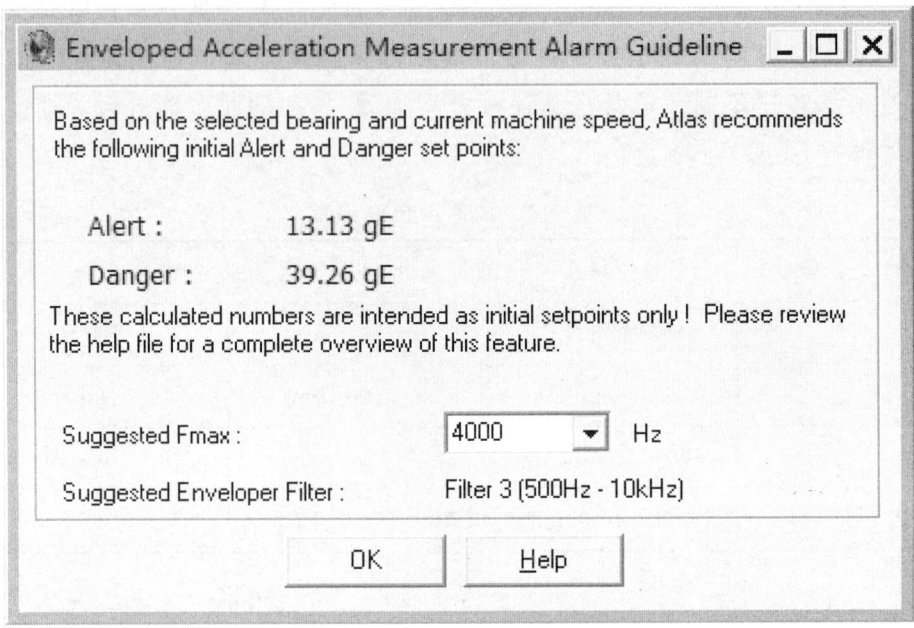

图 9.10　Atlas 软件界面

9.5　振动监测系统搭建

　　试验台要求能够方便地调节地铁齿轮箱的转速，能够对齿轮箱及联轴节的实际工况进行模拟，主要是对载荷和运动情况进行模拟，能够自动地测量齿轮箱各指定部位的温度。图 9.11 所示为某地铁齿轮箱型式试验台，其连接方式如图 9.12 所示。

　　该试验台是由变频调速器控制电机旋转作为试验台的驱动，由计算机进行数据采集和处理的电液伺服控制试验的加载系统，采用的是封闭功率流试验加载原理。功率封闭的加载原理是利用试验齿轮箱和与试验齿轮箱具有相同的几何、运动对称（指齿轮箱的传动比、轴数、中心距）的陪试齿轮箱构成一个封闭的回路，并在该回路中安装加载器，且在试验或陪试

图 9.11　某地铁齿轮箱型式试验台

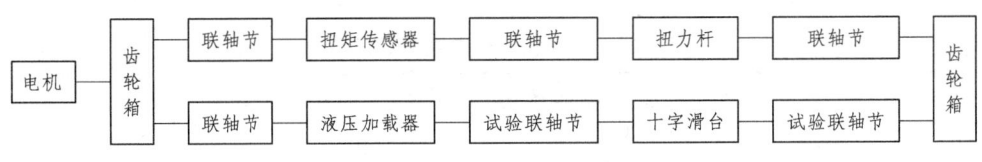

图 9.12　试验台的连接方式

齿轮箱的输出端连接电机,这样就组成一个能够让齿轮箱自由回转和加载的回路。它的最大特点是能量在这个试验台的内部循环,电机输入的能量只是为补充摩擦、齿轮箱搅油等造成的能量损失。因此,该试验台能量损失小,耗电量小,节省试验费用。

该齿轮故障源信号试验台主要由以下各部分组成:主传动动力及调速控制系统、扭矩加载装置、十字滑台、液压动力系统、电液伺服控制系统、信号检测系统、数据采集与数据处理系统等。

(1) 主传动动力系统。

试验台的驱动选择了功率为 260 kW 的 YTSP315L-4 型变频交流调速三相异步电动机。变频调速装置选用的是西门子公司的"Master Drives 6SE71"型三相传动系统电压源型变频调速柜。该控制调速柜工作性能稳定可靠，并带有电阻制动装置，可在试验台超速时进行制动，安全性能好。

（2）扭矩加载装置。

为了模拟齿轮箱实际运行工况，就必须给试验台施加载荷。载荷的施加由加载器来完成。常用的加载方式有机械式和液压式两种。机械式加载扭矩小，调节不方便；液压式加载扭矩大，调节方便。加载器选用了德国GAT公司制造的"VCM2000-100"型液压加载器。液压加载器实际上是一个特殊的液压伺服摆动油缸。液压加载是基于液压旋转叶片的原理。旋转叶片通过轴承安装在液压缸里，并把液压缸分成4个腔。相对2个腔连通，分别接在A口或B口上。当A口或B口接通压力油后，液压缸里的叶片根据压力油接通的情况，作相应的旋转，产生扭矩。叶片大小和转角限定以后，产生的扭矩大小与压力油的压力成相应的比例关系。加载器的主要技术指标见表9.5。该加载器体积小，转速高，能很好地满足试验要求。加载扭矩的方向通过电液换向阀控制，操作方便。

表 9.5 加载器的主要技术指标

扭转角度/（°）	启动压力/10^5 Pa	最大静压力/10^5 Pa	最大动压力/10^5 Pa	最高速度/（r/min）	额定压力/10^5 Pa
100	0.2	180	150	5 000	100
额定扭矩/Nm	最大静转矩/Nm	最大动转矩/Nm	过滤精度/μm	最高温度/°C	
2 000	3 600	3 000	3	60	

（3）十字滑台。

为了模拟联轴节的实际工况，要求试验联轴节在高速旋转时能够进行轴向、径向的水平运动，因而设计了十字滑台系统。十字滑台的主要作用是实现相互垂直的2个方向的水平运动。在本试验台中，十字滑台能够在轴向、径向两个相互垂直的方向自由运动。使十字滑台实现轴向和径向运动的方式也有多种，可以使用机械式的曲柄连杆机构，也可使用液压伺服油缸。前者在可控制性和可调节性方面不如后者，故选用后者。

十字滑台分为上下两层，在每一层上都安装了导轨和滑动轴承，运动灵活。在十字滑台的上层和下层相互垂直的方向上各安装了1个液压伺服油缸，通过控制液压伺服油缸来实现径向和轴向方向的运动。组装后的十字滑台如图9.13所示。

图 9.13　十字滑台图

（4）液压伺服控制系统。

液压伺服油缸的控制系统选用了北京佛力公司生产的"FCS全数字多通道协调加载控制系统"。该系统通过转换接口与计算机连接，操作方便；可使用的控制信号有正弦波、方波、三角波等波形信号。它最大的特点是可以自行编制波形谱块作为控制信号的波形。用户可以根据自己的实际需要，编制符合自己需要的波形来控制液压伺服油缸的运动。

9.6　振动信号采集及故障分析

9.6.1　振动信号采集

实例中采用MasCon48P便携式在线监测系统，它具有32振动通道，

16 数字通道,并包括 ProCon 软件。MasCon48P 是一个便携式 IP67 等级认证测量单元,适用于恶劣的工业环境并且符合 CE 要求,其外形及前面板如图 9.14 所示。MasCon48P 配有 32 个模拟信号输入,可以同步测量高达 2 kHz 的频率,单通道可测量高达 50 kHz 的频率。

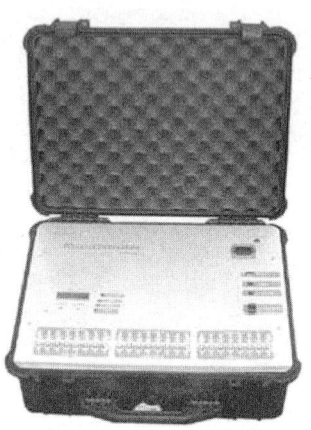

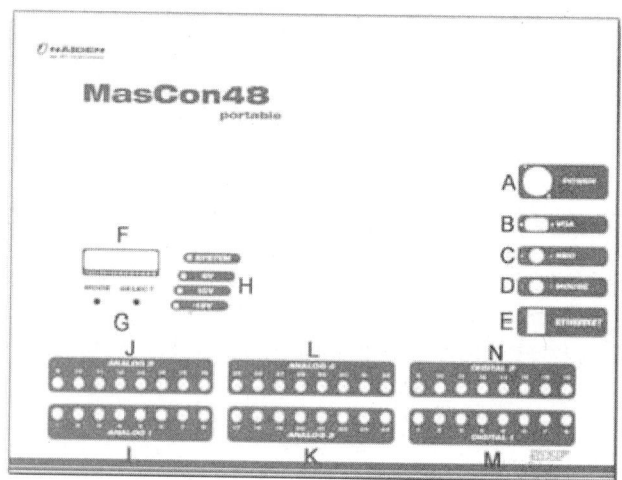

图 9.14　MasCon48P 的外形及前面板

MasCon48P 选用的振动传感器是 CMSS 793T-3 加速度温度双功能传感器,顶端出线,如图 9.15 所示,其参数见表 9.6。转速传感器采用 NMSS 1416,转速计(光电)采用 IFM5533,其性能参数见表 9.7。

9 轨道交通齿轮箱状态监测与故障诊断流程 　203

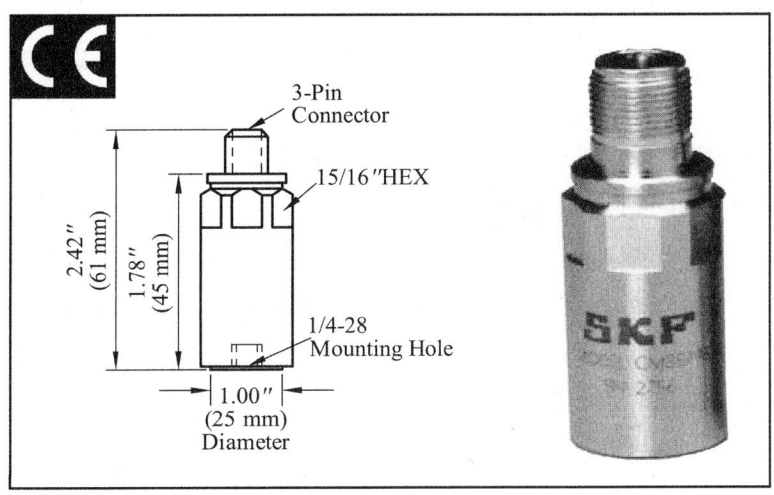

图 9.15　加速度温度传感器

表 9.6　加速度温度传感器性能参数

灵敏度	100 mV/g
精　度	±5%（25 ℃）
幅度范围	80g 峰值
频率范围	1.5 Hz ~ 5 kHz，±5%；1.0 Hz ~ 7 kHz，±10%；0.5 ~ 15 kHz，3 dB
温　度	－50 ~ ＋120 ℃

表 9.7　NMSS 1416 转速传感器性能参数

工作距离	8 mm
工作电压	10 ~ 60 V
工作电流	0 ~ 200 mA
频率范围	0 ~ 1 kHz
工作环境温度	－25 ~ ＋70 ℃

振动传感器采用磁性座布置在齿轮箱轴承座水平、垂直和轴向三个正交方向上。振动传感器的布置需要关注以下几个要点：

（1）尽可能在每个轴承座上测量振动，传感器应布置在离支撑齿轮的轴承尽可能近的地方。

（2）在水平、垂直和轴向三个方向上测量振动。

（3）斜齿轮、螺旋齿轮和人字齿轮会产生较大轴向振动，通常最佳的测量工况就是测量轴向方向的振动。

（4）直齿轮一般在径向方向测量振动，但有时也会产生较大轴向振动，尤其在齿轮不对中时。

（5）必要时可采用多个传感器。

（6）测量兼顾高低频段振动。

（7）不同齿轮的啮合具有不同的啮合频率。

（8）多级齿轮箱可当作多个单级齿轮看待。

9.6.2 故障分析

一旦齿轮箱系统的振动识别并采集完成后，便需要对其进行频谱分析，以便找到系统可能存在的故障。一般按照以下流程进行故障分析：

9.6.2.1 查看转频

在频谱上找到齿轮箱系统的转频。

9.6.2.2 查看振动总值

查看振动总值，并对比以前测量的振动总值，分析振动总值是否有明显的增加，以此判断故障的严重程度。同时，也可以与类似的齿轮箱设备进行比较，如果发现振动总值相对较高，则说明可能存在一定问题。

一个设备的某些部件可能振动非常大，但仍然可能在可接受的范围内；而有些部件振动非常低，但可能已经超出了可接受的限度。因此，振动总值是相对的，分析故障应在整个系统范围内进行评估，而不是只看振动总值。

9.6.2.3 查看转频的倍频

如果转频出现峰值，并且 2 倍频也出现峰值，则非常可能存在故障。如果转频没出现峰值，但在 2 倍频、3 倍频甚至 4 倍频出现峰值，则也可能存在故障。若无明显的倍频关系，可排除松动等引起的故障。

（1）不平衡频谱分析。

不平衡的频谱特征为：1 倍频振动比较大，约占总能量的 80%；径向振动比轴向振动明显（悬臂转子除外）；振动振幅和转速成比例增长。

（2）不对中频谱分析。

不对中的频谱特征为：2 倍频振动偏大，甚至 3 倍频振动也偏大；平行不对中时振动集中在径向；角度不对中时振动集中在轴向。

（3）松动频谱分析。

机械松动一般可以分为以下三种情况。

① 结构框架/基础松动：以较高的 1 倍频振动为主导，与不平衡或偏心转子特征一致。但通常情况下，高振动几乎只限于一个转子。

② 由于摇摆运动、结构断裂或轴承座断裂引起的松动：以较高的 2 倍频振动为主导。

③ 轴承在轴承座中松动或部件之间配合不当：在冲击作用下由于非线性产生多重谐波，有时会达到 10 倍频甚至是 20 倍频，这些谐波在频谱中非常明显；如果谐波幅值变大，也会产生间隔为 1/2 倍频（即 0.5 倍频、1.5 倍频、2.5 倍频等），甚至 1/3 倍频的谐波。

9.6.2.4 查看轴承缺陷频率

查看加速度包络频谱，在加速度包络频谱上若能见到与轴承相关的损伤频率出现，就基本上可判定轴承可能有损伤，但这种损伤可能是早期的损伤。若在损伤频率的周围出现对称的边频，就可判断轴承的损伤处在第三阶段，可考虑更换，但具体的更换日期需要结合振动速度信号来考虑，若速度值也在升高，这时就可更换轴承。轴承处在损坏的最后阶段时，加速包络值会急剧降低，同时振动速度值会升高。

滚动轴承失效主要表现为四个阶段：

第一阶段是轴承问题的最早期阶段，表现在超声频率的异常，从 250 ~ 350 kHz。此后随着故障的发展，异常频率逐步下移到 20 ~ 60 kHz，可由冲击包络监测到，一般可达到 0.5 gE。一般在工程应用中很难检测到此阶段。

第二阶段是轴承产生轻微缺陷的阶段，会激起轴承部件固有频率振动或轴承支承结构共振，一般在 500 Hz ~ 2 kHz。在第二阶段末期，固有频率周围开始出现边频带，而冲击包络值有所上升。

第三阶段是轴承缺陷频率及其倍频出现的阶段。随着轴承内磨损的发展，更多的缺陷频率倍频开始出现，围绕这些倍频以及轴承部件固有频率的边频带的数量也逐步上升，冲击包络值继续上升。

第四阶段是轴承失效接近尾声，甚至工频也受影响而上升，并产生许多工频的倍频的阶段；原先离散的轴承缺陷频率和固有频率开始"消失"，取而代之是随机的宽带高频"噪声振动"；高频噪声振动和包络值有所下降，但就在轴承最终失效前，包络冲击值会大幅上升。

9.6.2.5 查看齿轮的啮合频率

任何齿轮在运转的过程中，都会出现齿轮的转速频率、齿轮啮合频率以及它的很小的倍频，并分别伴有很小的转速边频带，这是一种正常的频谱，但没有齿轮的固有频率的振动频谱峰。齿轮磨损的较好指示不是齿轮啮合频率，而是齿轮的固有频率。但当啮合频率的周围出现较丰富的边频，并且幅值较高时，表明齿轮可能有磨损、不对中或偏心等现象出现。

齿轮磨损严重时，不仅齿轮啮合频率周围会出现边频带，还会出现齿轮固有频率振动。齿轮不对中一般总能产生齿轮啮合频率的高次谐波。通常啮合频率的 1 倍频幅值较低，但啮合频率的 2 倍或 3 倍频幅值比较高。齿轮断齿时，会在该齿轮转速 1 倍频和齿轮固有频率处产生较高振动，并在齿轮固有频率两侧产生间距为该齿轮转速的边频带。齿轮齿面有大块的剥落时也会产生相同的振动特征。

9.6.2.6　查看可能出现的低频信息

低于转频的频率可能与设备摩擦、松动或轴承的保持架损伤有关。

9.6.2.7　确认故障原因

同相关人员确认故障的可能原因。

9.6.2.8　处理故障

根据情况，安排拆解齿轮箱，并将拆解后发现的结果与判断结果相比较，分析偏差的原因和以后的改正结果。

10 轨道交通齿轮箱状态监测及故障诊断应用实例

齿轮箱包括轴、齿轮、轴承等零部件，是一个非常复杂的系统，对其进行状态监测及故障诊断比较困难。尤其对于铁路机车车辆使用的齿轮箱，其应用情况比较特殊，齿轮箱的设计寿命也比较长，一般不会出现大的故障，对其进行状态监测及故障诊断就尤为困难。目前主要在试验台上对齿轮箱进行状态监测及故障诊断，下面列举几个相关案例，同时附录中还给出了风电齿轮箱的应用案例以供读者参考。

10.1 地铁齿轮箱振动分析案例

10.1.1 地铁齿轮箱振动试验

利用 SKF 公司的 MasCon48P 采集仪器、加速度传感器、ProCon 分析软件等搭建地铁齿轮箱在线检测系统，对正常传动装置进行振动试验，并利用频谱分析、加速度包络等手段对采集到的信号进行分析处理。

试验地铁齿轮箱均为一级斜齿轮传动，其传动示意如图 10.1 所示。图中，①、②为小轴承，③、④为大轴承。测点 1 和 2 分别布置在传动装置高速轴（小齿轮轴）两小轴承座上，测点 3 和 4 分别布置在传动装置低速轴（车轴）两大轴承座上。

试验前需确定传动装置低速轴（车轴）转速及大、小齿轮齿数，并通过传动比计算出高速轴（小齿轮轴）转速、轴转频、齿轮啮合频率。利用 ProCon 分析软件计算出大、小轴承故障频率，包括轴承外圈故障通过频率（BPFO）、轴承内圈故障通过频率（BPFI）、保持架故障通过频率（FTF）和滚动体故障通过频率（BSF）。

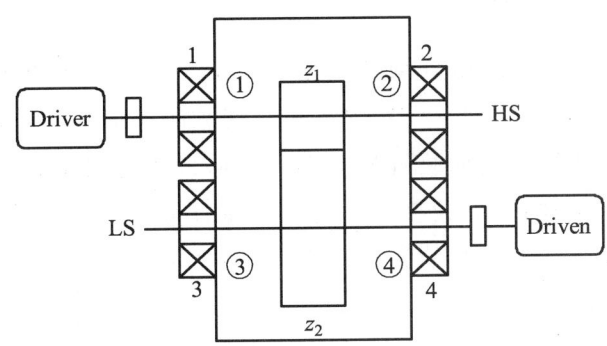

图 10.1 传动示意及测点布置图

10.1.2 振动试验结果及分析

为统计分析正常地铁传动装置的振动特征，对 3 种地铁传动装置（分别用字母 A、B、C 表示）进行了振动试验。试验传动装置均为新组装产品，振动试验在传动装置出厂前进行，因此，振动试验记录的是该类齿轮箱正常状态下的振动数据。

3 种地铁传动装置试验基本参数见表 10.1。按 10.1.1 节所述方法确定试验参数和方案后进行振动测试。

表 10.1 传动装置试验基本参数

地铁传动装置	A	B	C
传动比	7.059	6.688	6.316
试验转速（低速轴）/(r/min)	280	270	285

振动测试时，传感器布置在轴承座垂向（V）、轴向（A）和水平（H）3个方向上。测试时须在齿轮箱运转平稳后再采集振动信号，并在每个测点处采集多组数据。

10.1.2.1 转频及其倍频分析

图10.2所示为C地铁传动装置振动试验测点1的振动速度信号（v），图中，1×、2×、3×、4×⋯表示高速轴转频的1倍频、2倍频、3倍频、4倍频⋯⋯A、B地铁传动装置的振动速度信号图与图10.2类似。

任意选取各个测点上的多组信号进行统计分析。首先分析信号的振动总值（Overall值），再借助频谱分析等方法进一步分析振动信号特征，如在频谱图中观察转频及其倍频、轴承故障通过频率、齿轮啮合频率及其倍频对应幅值大小等。本小节先分析转频及其倍频，关于轴承及齿轮振动的分析将在后文详细介绍。

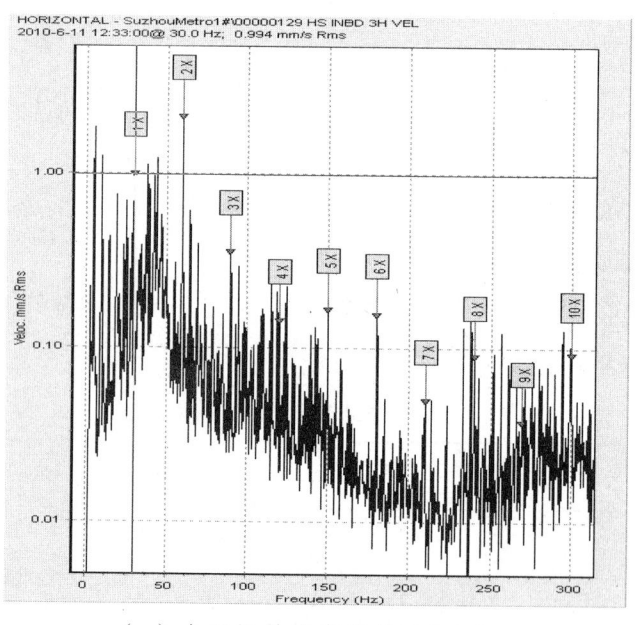

（a）水平振动速度信号（$1Hv$）

10 轨道交通齿轮箱状态监测及故障诊断应用实例 211

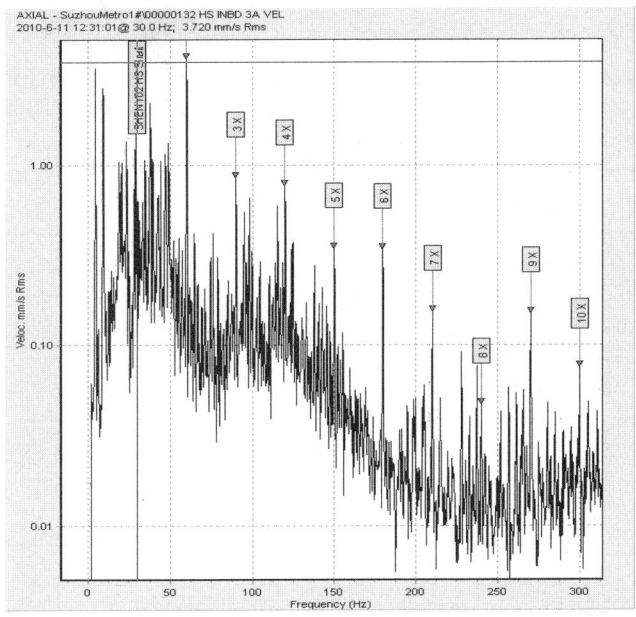

（b）轴向振动速度信号（1Av）

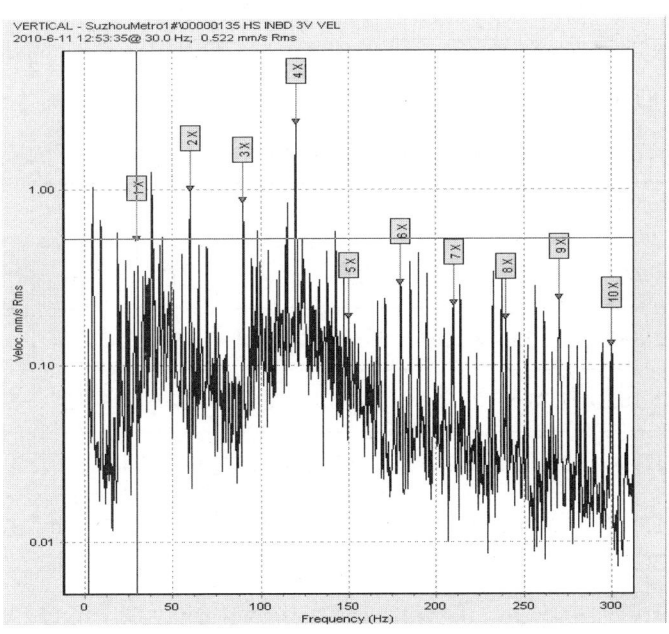

（c）垂向振动速度信号（1Vv）

图 10.2 测点 1 振动速度信号（1v）

测试完成后，分别记录各测点水平（H）、轴向（A）、垂向（V）测试信号的振动总值，并取平均值，将得到的平均值在表 10.2 中列出。

表 10.2 各测点信号振动总值的平均值　　　　　　　单位：mm/s

各测点	A			B			C		
	H	A	V	H	A	V	H	A	V
测点 1	4.022	12.339	7.479	5.019	12.979	10.889	4.58	8.614	4.782
测点 2	4.886	11.202	8.379	6.841	12.021	9.013	5.559	10.750	8.698
测点 3	1.759	3.214	1.402	1.748	2.831	1.725	2.455	3.771	7.479
测点 4	1.237	3.443	2.806	1.771	3.296	2.878	3.639	6.315	4.776

再借助频谱分析方法分析振动速度信号的 RMS 值，速度 RMS 值代表振动烈度，表示振动能量的大小。统计分析 3 种地铁传动装置各测点测试信号水平（H）、轴向（A）、垂向（V）的振动速度 RMS 值，分别记录其前 5 阶倍频对应的最大 RMS 值，并对记录的最大 RMS 值取平均，将平均值在表 10.3 中列出。

表 10.3 各测点测试信号最大 RMS 值的平均值　　　　单位：mm/s

各测点	A			B			C		
	H	A	V	H	A	V	H	A	V
测点 1	2.882	7.752	6.103	1.838	5.941	3.972	2.124	4.015	1.006
测点 2	3.203	7.779	6.886	2.461	7.883	3.771	3.722	6.851	4.683
测点 3	1.104	2.197	1.258	0.62	1.757	0.397	2.119	1.869	2.116
测点 4	1.044	1.796	1.488	1.771	1.91	1.488	1.306	1.703	1.118

结合图 10.2，根据表 10.2 和表 10.3 中的统计数据，可以得出正常地铁齿轮箱振动速度信号规律：

（1）轴承座各测点3个方向振动速度信号均出现转频的多个高次谐波，这是由于试验齿轮箱安装在悬空布置的轴承座上，造成支撑刚性不足而引起的高次谐波振动，与齿轮箱无关，属于正常现象。

（2）振动速度信号各倍频对应的幅值相差不大，振动能量分布比较均匀。

（3）轴承座各测点轴向振动速度峰值通常比水平和垂向振动速度峰值要大。

（4）轴承座各测点3个方向振动速度RMS值均在8 mm/s以下，通常此数值可作为评价该类传动装置振动是否正常的参考限值。

（5）轴承座各测点测得的各信号基频及倍频对应幅值均未超过相应的振动总值，且各信号振动总值均在13 mm/s以下，一般来说，评价该类传动装置振动是否正常的参考限制建议设置为18 mm/s。

10.1.2.2 齿轮啮合频率及其倍频分析

图10.3所示为C地铁传动装置试验测点1的齿轮轴向加速度信号。图中标示的是齿轮啮合频率（1×GMF）及其2倍频（2×GMF）和3倍频（3×GMF）。A、B地铁传动装置的齿轮加速度信号图与图10.3类似。

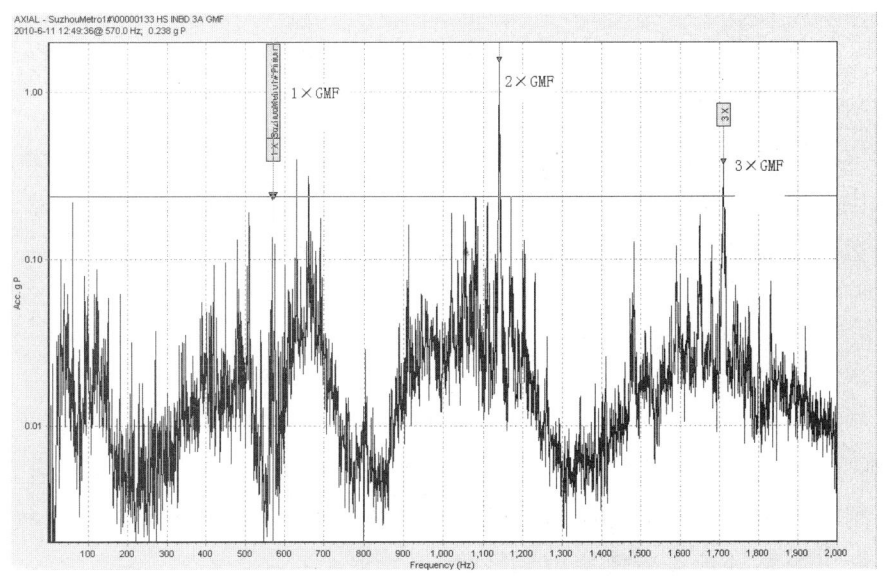

图10.3 测点1齿轮轴向加速度信号

齿轮振动属于高频振动，用加速度信号进行分析比较合适。此外，由于加速度信号对方向不敏感，因此可取轴向加速度信号进行分析，以考察正常地铁传动装置的齿轮振动情况。根据3种地铁传动装置各测点轴向加速度测试信号，统计分析大小齿轮啮合频率及其倍频对应幅值，取平均值，并将平均值列于表10.4中。

表10.4 啮合频率及其倍频对应加速度值的平均值　　单位：gP

各测点	A			B			C		
	1×GMF	2×GMF	3×GMF	1×GMF	2×GMF	3×GMF	1×GMF	2×GMF	3×GMF
测点1	1.182	0.145	0.191	0.456	0.672	1.912	0.238	1.573	0.381
测点2	0.07	0.013	0.058	0.234	0.584	1.1	0.943	1.198	0.388
测点3	3.079	0.314	0.093	0.782	0.153	0.845	1.487	0.772	0.101
测点4	0.223	0.035	0.059	0.491	0.306	0.201	1.574	3.266	0.162

结合图10.3，根据表10.4中的统计数据，可得出正常地铁传动装置齿轮振动规律：

（1）低速轴齿轮啮合频率对应幅值比其倍频对应幅值要大，而高速轴齿轮啮合频率对应幅值较大，同时啮合频率倍频对应幅值也变大。

（2）低速轴齿轮啮合频率前三阶倍频对应幅值最大值为 1.912 gP，高速轴齿轮啮合频率前三阶倍频对应幅值最大值为 3.266 gP，一般来说，评价该类传动装置齿轮振动是否正常的参考限制建议设置为 10 gP。

10.1.2.3　轴承故障通过频率分析

图10.4所示为C地铁传动装置试验测点1的轴向加速度包络信号。A、B地铁传动装置的加速度包络信号图与图10.4类似。通过加速度包络方法可监测轴承运转过程中可能出现的高频冲击信号，并由此来分析轴承故障。图中标出的是轴承故障通过频率。

10 轨道交通齿轮箱状态监测及故障诊断应用实例

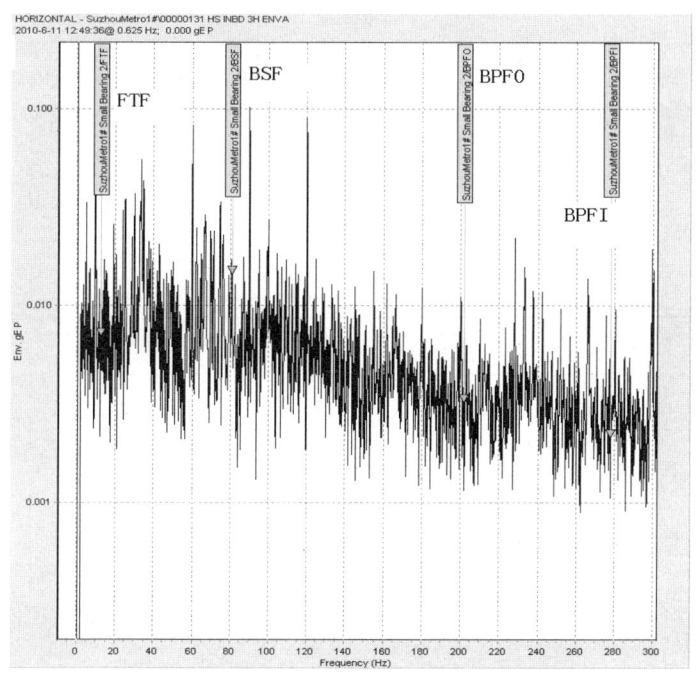

图 10.4 测点 1 轴向加速度包络信号

由于加速度信号对方向不敏感,因此可取轴向加速度信号进行分析。应用加速度包络检测方法,根据 3 种地铁传动装置各测点轴向加速度信号,统计分析大小轴承各故障通过频率对应的加速度包络值,取平均值,并将平均值列于表 10.5 中。

表 10.5 各故障通过频率对应加速度包络值的平均值　　　　单位:gE

各轴承		轴承故障通过频率对应加速度包络值的平均值			
		FTF	BSF	BPFO	BPFI
A	轴承①	0.12	0.039	0.052	0.148
	轴承②	0.122	0.165	0.097	0.198
	轴承③	0.024	0.042	0.022	0.02
	轴承④	0.039	0.086	0.039	0.03

续表 10.5

各轴承		轴承故障通过频率对应加速度包络值的平均值			
		FTF	BSF	BPFO	BPFI
B	轴承①	0.114	0.184	0.155	0.177
	轴承②	0.059	0.085	0.102	0.12
	轴承③	0.02	0.027	0.083	0.035
	轴承④	0.041	0.077	0.065	0.028
C	轴承①	0.02	0.028	0.015	0.009
	轴承②	0.063	0.049	0.017	0.014
	轴承③	0.032	0.019	0.02	0.009
	轴承④	0.035	0.041	0.043	0.012

从表中可以看出，高速轴轴承包络值较大。由表 10.5 可得到 3 种地铁传动装置大小轴承 3 个方向上各故障频率对应的最大包络值，在表 10.6 中列出。

表 10.6　各故障频率对应的最大包络值　　　　单位：gE

轴承	A				B				C			
	FTF	BSF	BPFO	BPFI	FTF	BSF	BPFO	BPFI	FTF	BSF	BPFO	BPFI
大轴承	0.039	0.086	0.039	0.03	0.041	0.077	0.083	0.035	0.035	0.041	0.043	0.012
小轴承	0.122	0.165	0.097	0.198	0.114	0.184	0.155	0.177	0.063	0.049	0.017	0.014

10.1.3 地铁齿轮箱振动特征

结合图 10.4，根据表 10.5 和表 10.6 中的统计数据，可得出正常地铁齿轮箱轴承振动规律：

（1）轴承各故障频率对应的加速度包络幅值都较小，均未出现峰值。

（2）低速轴轴承各故障频率对应的最大包络值为 0.086 gE，高速轴轴承各故障频率对应的最大包络值为 0.317 gE，两数值可作为评价轴承是否正常的参考值。根据 SKF 滚动轴承加速度包络 gE 值评估标准，通常在线检测时低速轴轴承报警值建议设置为 0.41 gE，危险值建议设置为 1.24 gE；高速轴轴承报警值建议设置为 2.94 gE，危险值建议设置为 8.8 gE。

根据 3 种正常地铁齿轮箱的振动试验结果，统计分析其振动试验数据，获得了正常地铁齿轮箱的振动总值、振动速度值和轴承加速度包络值、齿轮振动加速度值及其振动规律，并提出了在线检测时通常建议设置的轴承报警值和危险值，这些数值及规律可为今后该类传动装置出厂试验、故障诊断提供借鉴，并可为将来制订该类传动装置振动试验标准提供参考。

10.2 动车组齿轮箱振动分析案例

10.2.1 概 述

采用比利时 LMS Test.Xpress 测试系统，在跑合试验台上对某动车齿轮箱进行振动测试，考察齿轮、轴承运转情况。跑合试验台示意如图 10.5 所示。电机与小齿轮轴之间采用 V 带连接，扭矩从小齿轮轴输入。小齿轮轴为测试的高速轴，车轴为测试的低速轴。

振动测试时，布置的测点位置如图 10.5 所示。G1、G2、G3、G4 为齿轮箱测点，M1 为电机测点，Z1、Z2、Z3 为支撑测点。其中，传感器测试方向水平 H、轴向 A 如图中所示，垂向 V 可通过右手坐标系得到。

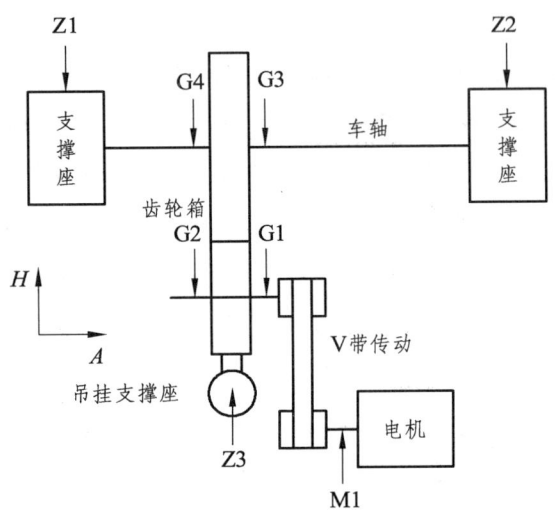

图 10.5　跑合试验台示意及测点布置图

齿轮箱级数：一级。

齿轮类型：渐开线斜齿轮。

传动比：2.379。

10.2.2　参数计算

为了能更好地分析齿轮箱运行中的振动情况，试验分别在小齿轮轴转速 4 141 r/min、5 811 r/min 下进行。

在进行振动试验之前，需要计算测试参数，包括齿轮箱高速轴转频、低速轴转频、齿轮啮合频率及根据轴承故障缺省频率计算出的对应状态下轴承的各个故障频率。表 10.7 是在两种转速下计算得到的测试参数。

表10.7 两种转速下各频率计算

序号	代号	名称	计算结果	
1	i	传动比	2.379	
2	n_1	高速轴转速	4 141	5 811
3	f_1	高速轴转频	69	96.85
4	n_2	低速轴转速	1 740	2 442.6
5	f_2	低速轴转频	29	40.7
6	GMF	齿轮啮合频率	2 001	2 809
7	FTF	高速轴轴承保持架	29.01	40.7
		低速轴轴承保持架	13.3	18.6
8	BPFI	高速轴轴承内圈	519.7	729.3
		低速轴轴承内圈	439.3	616.7
9	BPFO	高速轴轴承外圈	377.2	529.3
		低速轴轴承外圈	372.6	523
10	BSF	高速轴轴承滚动体	185.9	260.8
		低速轴轴承滚动体	170.2	238.8

10.2.3　试验结果

10.2.3.1　高速轴转速 4 141 r/min

首先分析测点 G1 轴向（G1A）测试信号。

图 10.6（a）、(b) 所示分别为测点 G1 轴向（G1A）测得的加速度信号（G1Aa）、速度信号（G1Av）。图 10.7（a）~（c）所示为加速度信号的频谱图，其中，图 10.7（a）所示为加速度信号频谱图，图 10.7（b）所示为轴承故障频率频谱细化图，图 10.7（c）所示为转频及其倍频的细化图。

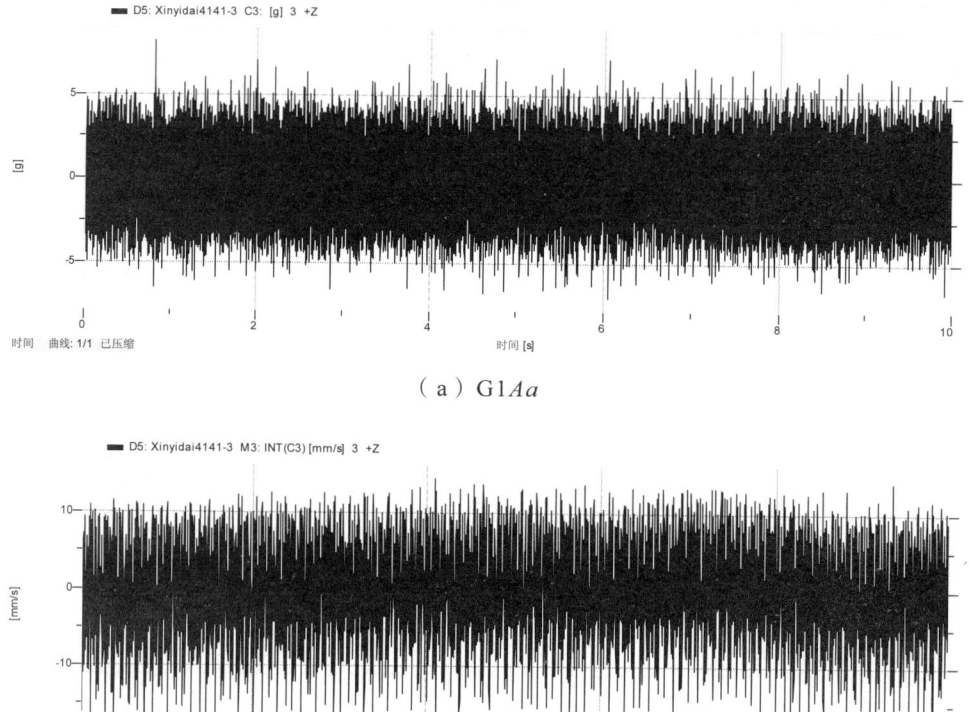

（a）G1Aa

（b）G1Av

图 10.6　测点 G1 轴向（G1A）测得的加速度信号（G1Aa）、速度信号（G1Av）

10 轨道交通齿轮箱状态监测及故障诊断应用实例

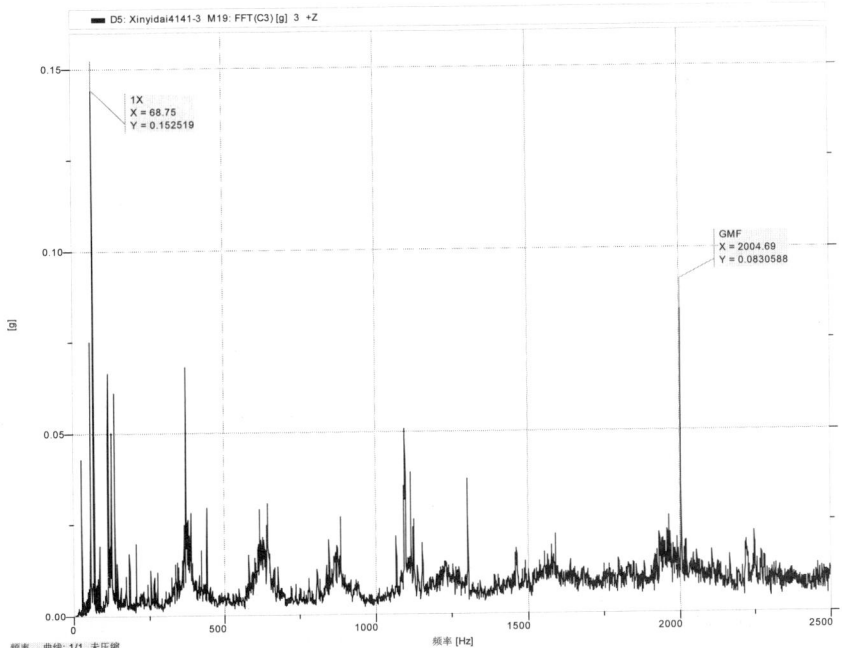

（a）加速度信号频谱图

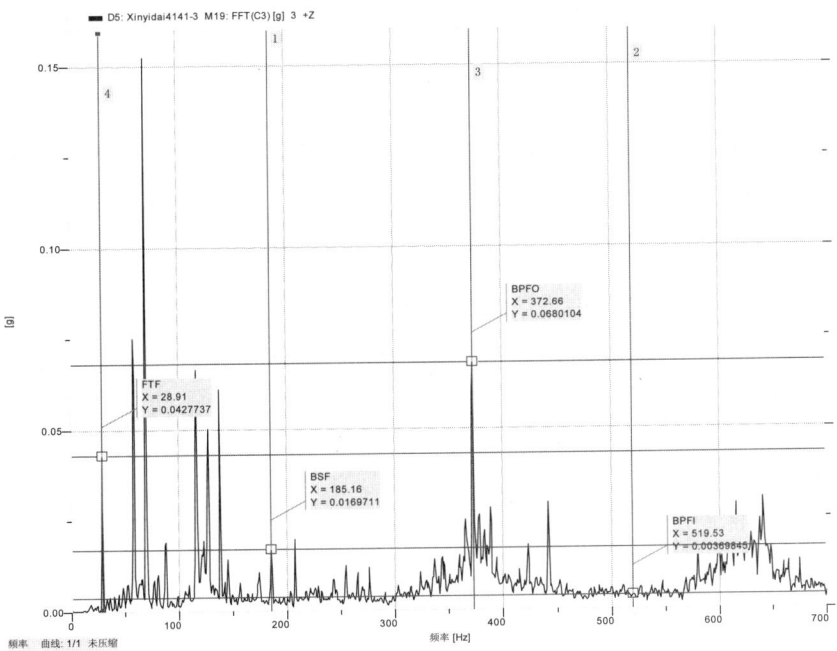

（b）轴承故障频率频谱细化图

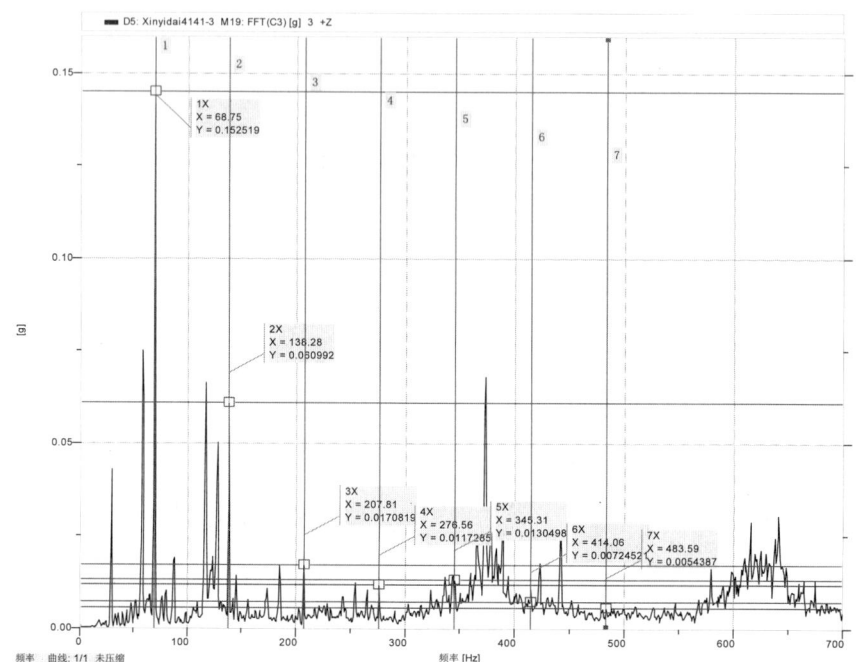

（c）转频及其倍频的细化图

图 10.7 加速度信号的频谱图

测试得到的 $G1Aa$ 有效值为 $1.62g$，$G1Av$ 有效值为 $5.5\ mm/s$。同时从图 10.6 中可以看出，测试信号平稳，无突变。图 10.7（a）中出现齿轮啮合频率，这是齿轮啮合出现的正常现象。齿轮啮合频率对应峰值很小，未出现明显边频带，啮合正常。从图 10.7（b）中可以看出，各故障频率对应的峰值均很小，轴承运行正常。图 10.7（c）中转频（1X）出现峰值，这是旋转机械出现的正常现象。图中转频出现谐波，但峰值很小，可能是由于齿轮箱吊挂支撑处基础不牢所造成的。

采用同样的分析方法对测点 G2、G4 进行分析，并将测得的加速度及速度有效值列于表 10.8 中。

表 10.8　各测点加速度及速度有效值

信号类型	G1H	G1V	G1A	G2H	G2V	G2A	G4H	G4V	G4A
a/g	0.81	0.93	1.62	1.12	1.02	2.55	1.03	1.12	1.13
$v/(\text{mm/s})$	3.75	6.1	5.5	3.91	3.13	7.51	4.76	6.57	5.06

10.2.3.2　高速轴转速 5 811 r/min

首先分析测点 G1 轴向（G1A）测试信号。

图 10.8（a）、（b）所示分别为测点 G1 轴向（G1A）测得的加速度信号（G1Aa）、速度信号（G1Av）。图 10.9（a）~（c）所示为加速度信号的频谱图，其中，图 10.9（a）所示为加速度信号频谱图，图 10.9（b）所示为轴承故障频率频谱细化图，图 10.9（c）所示为转频及其倍频的细化图。

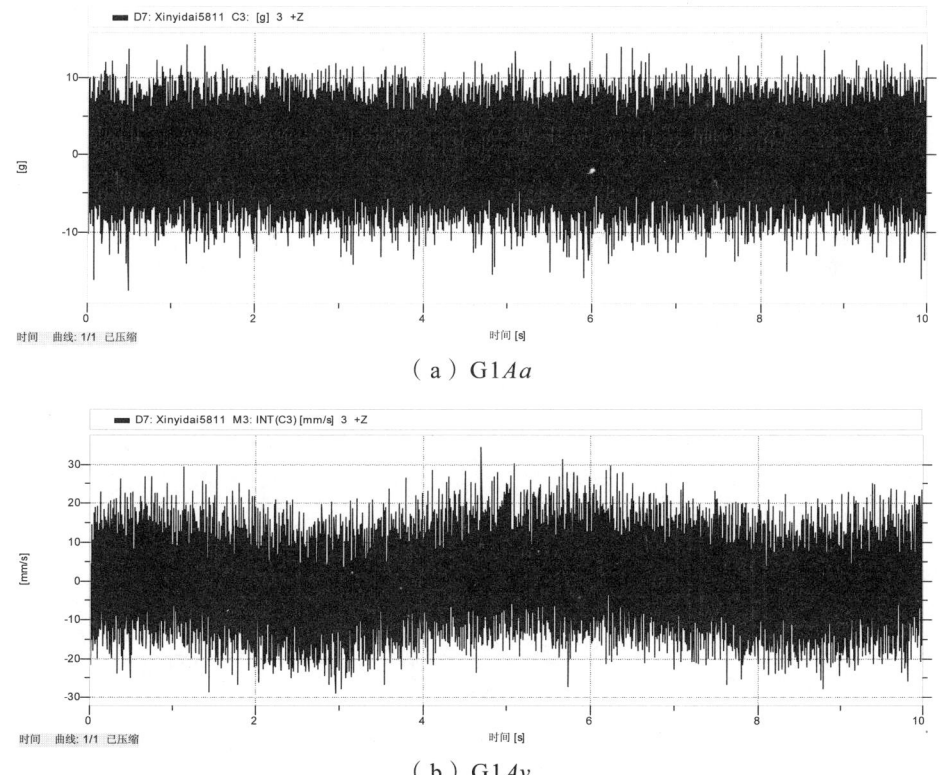

（a）G1Aa

（b）G1Av

图 10.8　测点 G1 轴向（G1A）测得的加速度信号（G1Aa）、速度信号（G1Av）

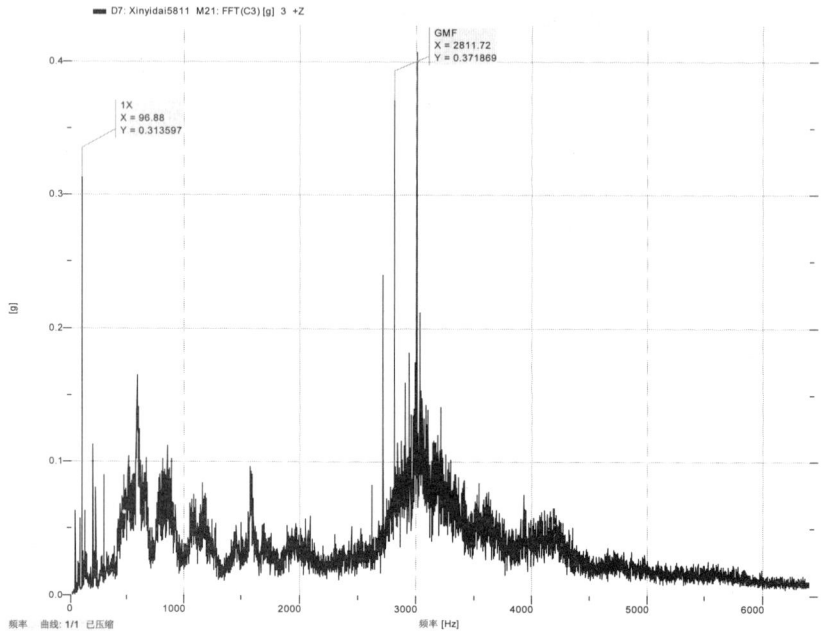

（a）加速度信号频谱图

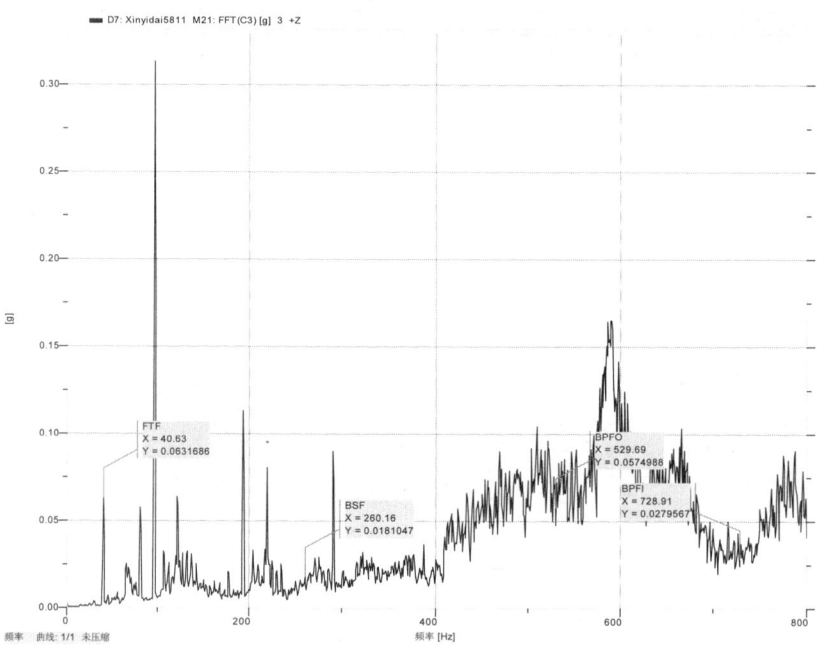

（b）轴承故障频率频谱细化图

10 轨道交通齿轮箱状态监测及故障诊断应用实例

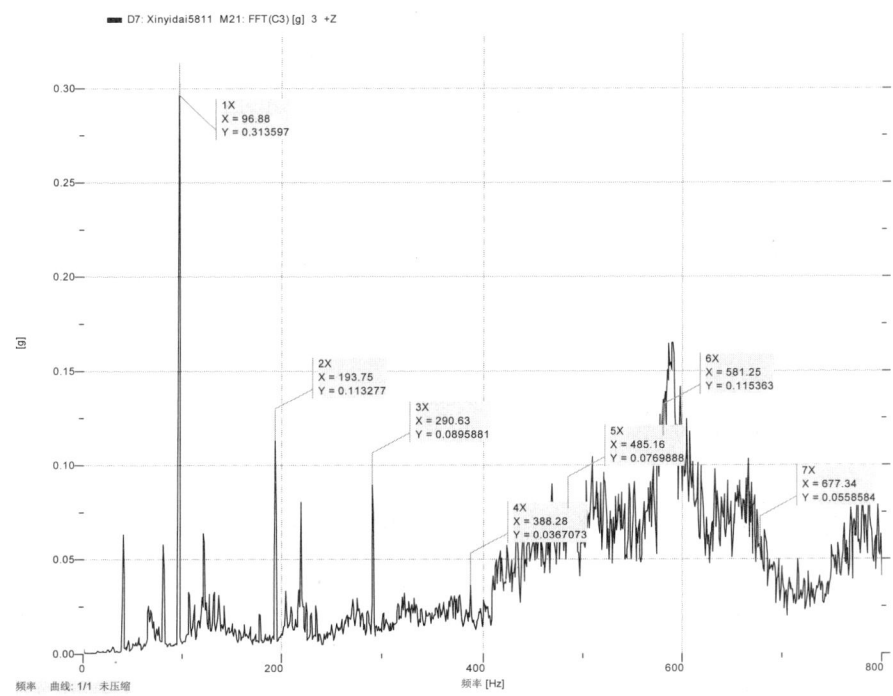

（c）转频及其倍频的细化图

图 10.9 加速度信号的频谱图

测试得到的 G1Aa 有效值为 3.27g，G4Av 有效值为 7.94 mm/s。同时从图 10.8 中可以看出，测试信号平稳，无突变。图 10.9（a）中出现齿轮啮合频率，这是齿轮啮合出现的正常现象。齿轮啮合频率对应峰值很小，未出现明显边频带，啮合正常。从图 10.9（b）中可以看出各故障频率对应的峰值均很小，轴承运行正常。图 10.9（c）中转频（1X）出现峰值，这是旋转机械出现的正常现象。图中转频出现谐波，但峰值很小，可能是由于齿轮箱吊挂支撑处基础不牢所造成的。

比较图 10.7（a）～（c）与图 10.9（a）～（c）可看出，速度升高后，转频峰值和齿轮啮合频率峰值有所增大，但轴承故障频率对应峰值变化很小。

采用同样的分析方法对测点 G2、测点 G4 进行分析，并将测得的加速度及速度有效值列于表 10.9 中。

表 10.9 各测点加速度及速度有效值

信号类型	G1H	G1V	G1A	G2H	G2V	G2A	G4H	G4V	G4A
a/g	1.77	1.54	3.27	3.25	2.47	6.56	2.19	2.23	2.44
$v/(\text{mm/s})$	6.44	6.4	7.94	6.84	5.83	11.19	6.85	8.2	8.49

10.2.4 结果分析

综合上述测试谱图及数据，对齿轮箱振动测试信号进行分析可得以下结论：

（1）试验台悬空布置，导致测得振动相对比较大，但根据 GB/T 6075.3—2001（等同 ISO 10816-3:1998）标准，各工况下的速度 RMS 值符合要求。

（2）从各工况下测得的水平、轴向和垂向的 VEL 信号可以看出，轴向 VEL 振动值峰值比水平和垂向的振动峰值大，这主要是采用斜齿轮产生的正常现象。

（3）齿轮啮合频率处未出现峰值及明显的边频带，齿轮啮合正常。

（4）各工况下测得的轴承各故障通过频率峰值均非常小，表明轴承在正常运行。齿轮箱在试验中运行正常，符合标准要求，没有出现故障及异常现象。

10.3 地铁齿轮箱模态分析

10.3.1 概　述

地铁车辆是一种电传动动车组，即以电力传动方式来实现能量变换及传递的机车。齿轮箱是地铁车辆的关键部件,其运转状况直接影响到整车的正常运行。

在齿轮箱运行过程中,箱体承受着较大的载荷,因而箱体的动态特性对齿轮箱的振动特性将产生重要影响。齿轮啮合传动中的异常振动可能激励起传动箱体的固有频率,为避免共振发生,应保证箱体固有频率不能等于或接近齿轮箱持续运营时转频、齿轮啮合频率等。模态测试的主要目的是测试分析固有频率、振型、模态阻尼等。因此,准确识别齿轮箱箱体的振动模态及其特点具有重要的现实意义,综合分析后可为箱体结构优化设计提供借鉴及依据。

10.3.2 齿轮箱基本结构

试验地铁齿轮箱为一级斜齿轮传动,其传动示意图如图10.1所示。

模态测试对象为齿轮箱箱体,箱体材料为 EN-GJS400-18LT,箱体三维模型如图10.10所示。

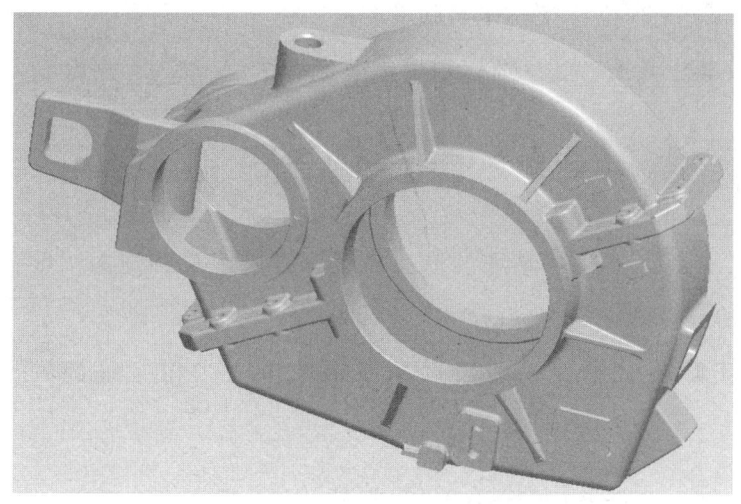

图 10.10 箱体三维模型

10.3.3 模态试验理论

试验模态测试的基本原理是将齿轮箱箱体离散化,箱体的振动可以假设为具有 n 自由度的线弹性振动系统,其振动微分方程为

$$[M]\{\ddot{x}(t)\}+[C]\{\dot{x}(t)\}+[K]\{x(t)\}=\{p(t)\} \quad (10.1)$$

式中　$[M]$、$[K]$、$[C]$——系统的质量矩阵、阻尼矩阵和刚度矩阵,各为 $n \times n$ 阶的实对称矩阵;

$\{x(t)\}$、$\{\dot{x}(t)\}$、$\{\ddot{x}(t)\}$——系统位移、速度和加速度响应列向量,各为 n 阶;

$\{p(t)\}$——n 阶激振力列阵。

将式(10.1)两边分别作傅里叶变换,令 $\{x(t)\} = \{x\}\mathrm{e}^{\mathrm{j}\omega t}$ 可得到

$$\{x(\omega)\} = \{H(\omega)\}\{P(t)\} \quad (10.2)$$

式中　$\{H(\omega)\}$——位移频响函数矩阵。

当在 i 坐标激振时,j 坐标测量频响函数为

$$H_{ji}(\omega) = \sum_{r=1}^{n} \frac{\phi_{jr}\phi_{ir}}{-\omega^2 M_r + \mathrm{j}\omega C_r + K_r} \quad (10.3)$$

式中　M_r、K_r、C_r——系统的模态质量、模态阻尼和模态刚度;

ϕ_r——各阶模态振型。

但在实际测试中,一般通过功率谱密度来求得系统的频率响应函数,即

$$H(\omega) = \frac{G_{px}(\omega)}{G_{pp}(\omega)} \quad (10.4)$$

式中 $G_{px(\omega)}$、$G_{pp(\omega)}$——输入/输出互功率谱密度和自功率谱密度。

采用互谱分析多次平均后，可减少噪声，利于模态识别。

10.3.4 箱体模态测试和分析

10.3.4.1 测试方案

根据地铁齿轮箱箱体结构特点，综合目前国内外常用测试方法，本次测试采用锤击法。选用PCB公司力锤，塑料锤头，灵敏度为0.242 6 mV/N。采用ICP型加速度传感器作为拾振传感器，灵敏度为100 mV/g。选用比利时LMS Test.Lab测试系统进行信号记录及模态分析（包括LMS SCM05V数据采集前端、LMS Test.Lab Impact Testing信号采集软件、LMS Test.Lab Modal Analysis结构模态分析软件）。测试中，齿轮箱箱体自由悬挂。模态测试现场如图10.11所示。

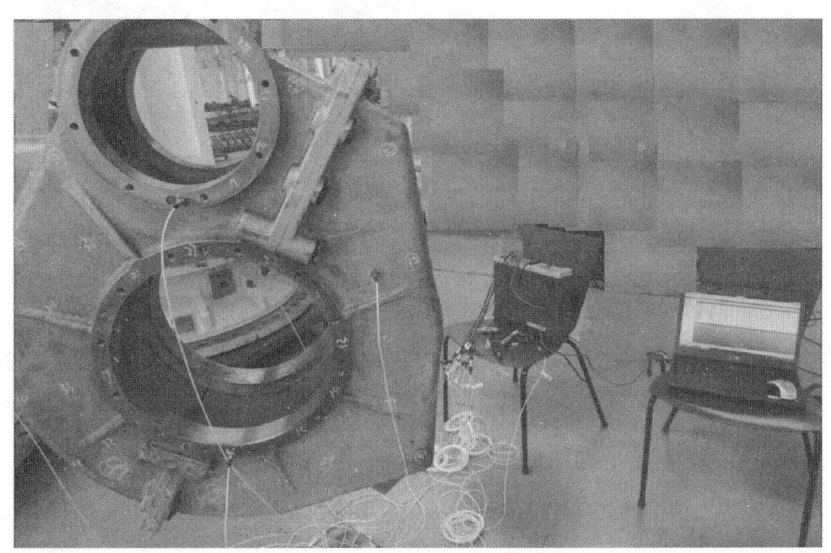

图 10.11 模态测试现场

10.3.4.2 测点布置

首先根据箱体结构及尺寸，在 LMS Impact Testing 中建立箱体几何模型，在模型中定义测点，并建立线、面，如图 10.12 所示。测点位置、测点数量及测量方向的选定应考虑以下两个要求：① 能在变形后明确显示在试验频段内的所有模态的变形特征及各模态间的变形区别；② 保证所有关心的结构点都在所选的测量点之中。本齿轮箱箱体共布置了 118 个测点。

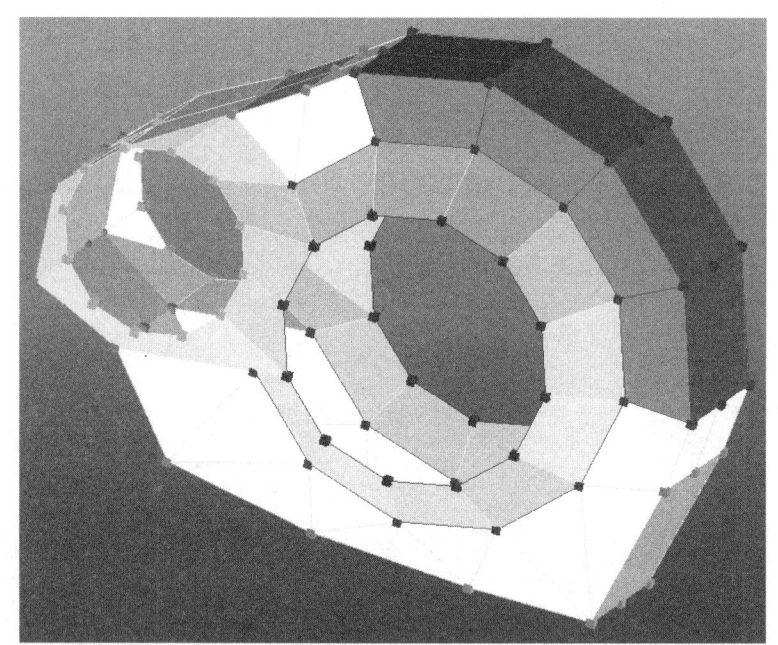

图 10.12　箱体测试几何模型图

建立几何模型后，根据几何模型中测点的位置，在实物箱体上标出各测点位置，并逐一对其进行编号。箱体上放置 3 个 ICP 型加速度传感器作为拾振点，移动力锤进行测试。

测试时，每点锤击 3 次进行平均，由数据采集分析系统进行现场处理，计算每点测量的输入/输出的相干函数，确认相干情况良好后，即表明这一点的测量结果可靠，再更换测点。

10.3.4.3 测试结果及分析

采用移动锤击法，即逐点敲击，一点拾振，以测出频响函数矩阵的一行，根据互易原理，可得到整个频响函数矩阵。分析时采用 LMS Test.Lab Modal Analysis 中的 PolyMax 方法。分析计算得出极点稳态图，如图 10.13 所示。

根据极点稳态图得出齿轮箱的前 10 阶模态，对其进行归一化处理后，列入表 10.10 中。

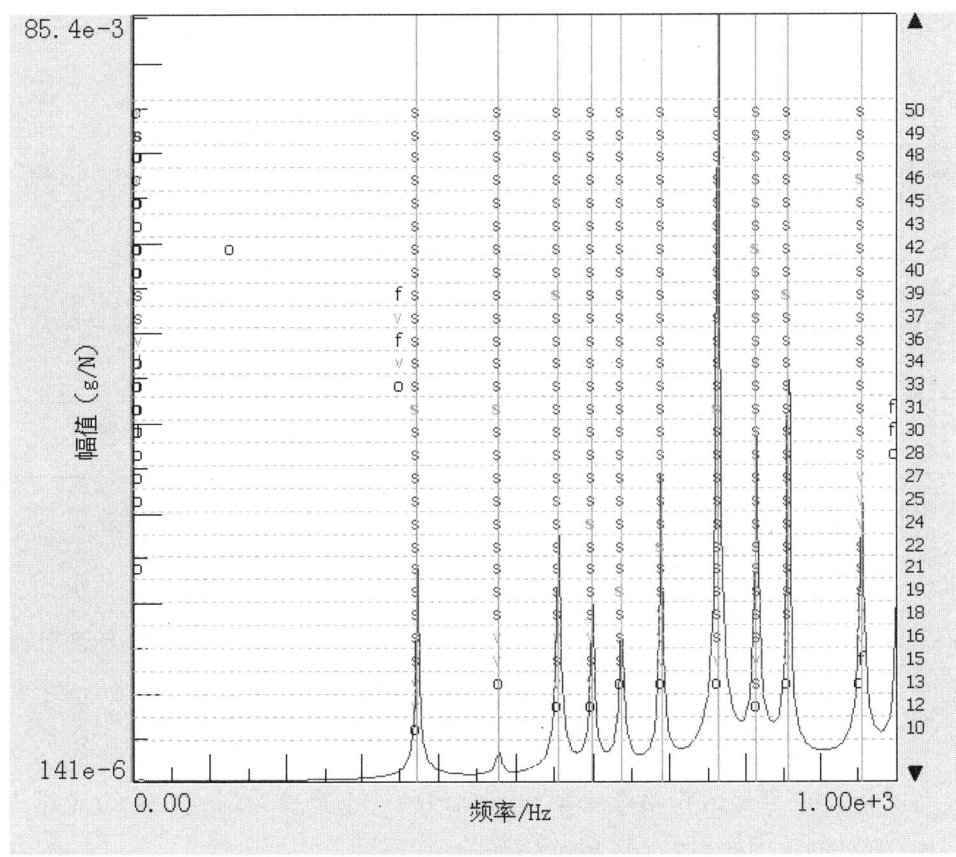

图 10.13 极点稳态图

表 10.10 齿轮箱箱体前 10 阶测试模态

阶次	频率/Hz	阻尼/%
1	371.891	0.14
2	478.731	0.65
3	556.300	0.17
4	599.448	0.23
5	637.221	0.26
6	689.500	0.07
7	764.404	0.11
8	815.154	0.16
9	856.340	0.07
10	954.590	0.18

从分析得到的振型动画图 10.14~10.16 来看，1 阶振型大体沿 Z 轴向平动；2 阶振型大体沿 Y 轴弯曲；3 阶振型大体沿 Y 轴摆动，其他振型皆是上述振型的复合运动。从振型动画图来看，齿轮箱箱体的大轴承座孔振动比小轴承座孔的振动大。箱体的大幅度振动使得轴承座的振动也比较大，这就使得齿轮在运转过程中的对中受到影响，进而敲击齿面，引发振动与噪声，这也是齿轮箱产生振动与噪声的一个重要原因。在对齿轮箱进行振动控制时，要对其进行相应的处理。

10 轨道交通齿轮箱状态监测及故障诊断应用实例

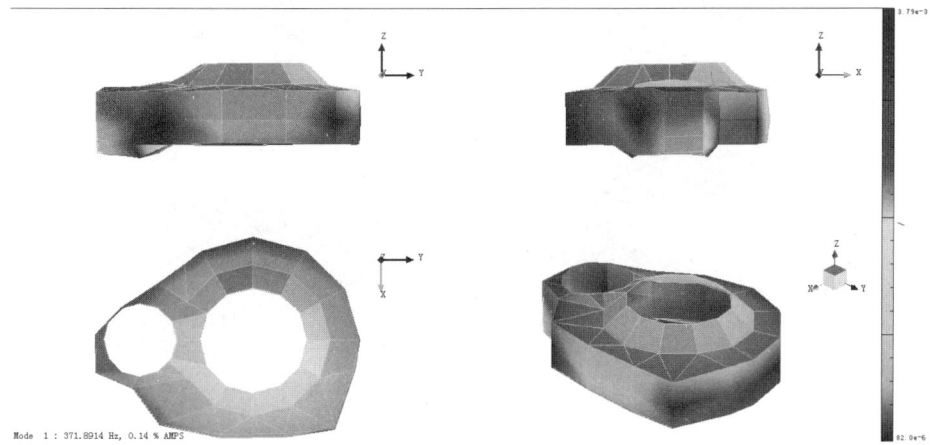

图 10.14　箱体 1 阶振型动画图

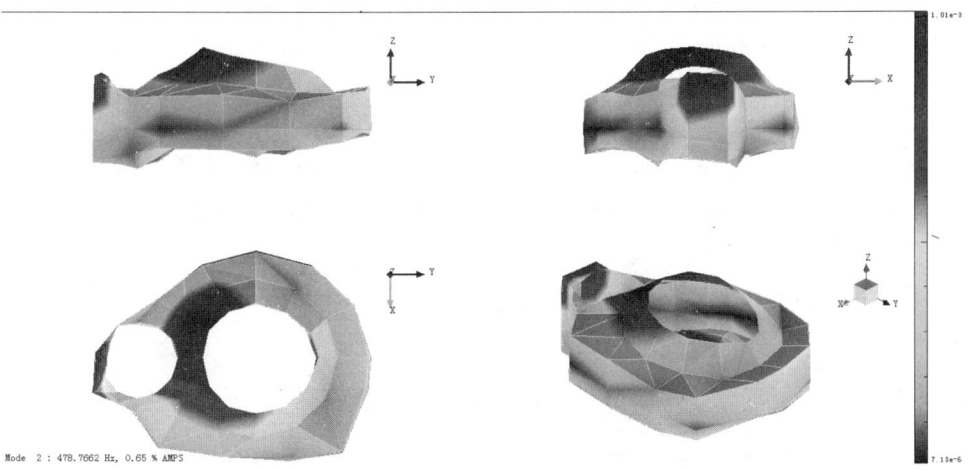

图 10.15　箱体 2 阶振型动画图

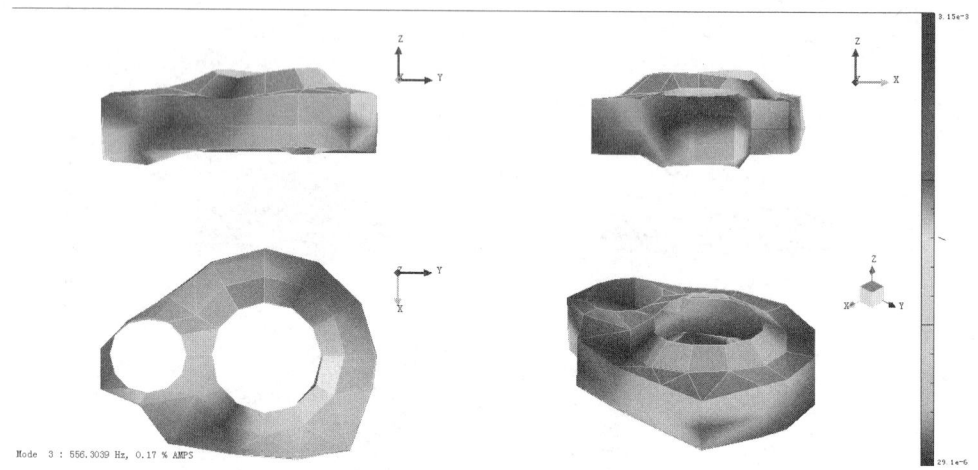

图 10.16　箱体 3 阶振型动画图

为分析齿轮箱运转下的动态特性，需要考察齿轮箱额定转速下的特征频率，即确定齿轮箱低速轴（车轴）和高速轴（小齿轮轴）转频及齿轮啮合频率等，同时利用软件计算出轴承外圈故障通过频率（BPFO）、轴承内圈故障通过频率（BPFI）、保持架故障通过频率（FTF）和滚动体故障通过频率（BSF）。本齿轮箱电机输入额定转速（高速轴转速）为 1 800 r/min，计算得到的齿轮箱特征频率见表 10.11，表中 BPFO1/BPFO2 等分别表示大/小轴承故障通过频率。

结合模态测试得到的箱体测试模态，从表 10.11 中可以看出，齿轮啮合频率、各转轴转频、轴承各故障频率均远离齿轮箱箱体前 10 阶固有频率，齿轮箱额定转速正常运转时不会发生共振，齿轮箱动态特性良好。

表 10.11　齿轮箱特征频率

传动比	6.316
车轴转速（齿轮箱低速轴）	4.75 Hz
电机额定转速（齿轮箱小齿轮轴）	30 Hz
FTF 1/ FTF 2	2.2 Hz /12.6 Hz
BSF 1/ BSF 2	31.9 Hz /81 Hz
BPFO 1/ BPFO 2	75.1 Hz /201.9 Hz
BPFI 1/ BPFI 2	86.4 Hz /277.8 Hz
齿轮啮合频率	570 Hz

该型齿轮箱箱体的固有频率比较密集，这与其复杂结构是一致的。通过比较测得的固有频率来看，箱体固有频率均远离齿轮箱特征频率，说明该齿轮箱设计较为合理，齿轮箱动态特性良好。通过模态测试及分析，有助于了解齿轮箱的动态特性及运转状态，并可为该类齿轮箱设计开发提供参考。

根据第 3 章中给出的轴承缺陷特征频率计算公式，通过轴承的特征参数，计算得到的该型号风电增速齿轮箱在额定转速下各轴承的缺陷特征频率见表 B.2。

表 B.2　额定转速下轴承特征频率汇总表　　单位：Hz

轴承序号	内圈缺陷特征频率	外圈缺陷特征频率
1	306	204
2	360	240
3	174.09	116.06
4	45.021 3	30.014 2
5	40.231 8	26.821 2
6	56.775 6	37.850 4
7	4.773 6	3.182 4
8	15.515 76	10.343 84
9	5.324 4	3.549 6

B3　风电增速齿轮箱振动测试及分析

B3.1　共振点扫描分析

该风电增速齿轮箱高速轴的额定转速为 1 800 r/min，在转速范围 100～1 800 r/min 对齿轮箱进行了升速扫描分析，同时采集振动加速度信号并对其进行跟踪转速的频谱分析，得到了图 B.1 所示的速度扫描瀑布图。

附录 A 在线监测分析系统

A1 SKF

SKF 是世界上著名的轴承研发制造商，同时也是设备可靠性维护方面的专业厂商。SKF 具有全系列的状态监测仪器，包括传感器、手持式测振设备、轴承故障监测仪、在线监测分析系统等。

基于轴承设计开发方面的专业背景，SKF 状态监测仪器在轴承状态监测及故障诊断上有自身的独到之处。SKF 在线监测分析系统集成有庞大的轴承数据库，拥有轴承信号加速度包络分析方法专利。SKF 在线监测分析系统自带故障诊断专家规则，能够对常见的故障进行有效的分析判断。

下面对 SKF IMX-P 测试系统和 SKF@ptitude Observer 分析软件进行简要介绍。

A1.1 SKF IMX-P 测试系统

IMX-P 是 SKF Multilog 在线监测系统 IMX 的便携式版本，该设计适用于各种状态监测应用场合，如图 A.1 所示。

Multilog IMX-P 与 SKF@ptitude Observer 软件配套使用，提供了一个适用于早期故障检测和预防，对改善当前存在或迫近现状问题提供自动化建议和先进的状态监测维修模式来提高设备可靠性、有效性和性能的完整系统。

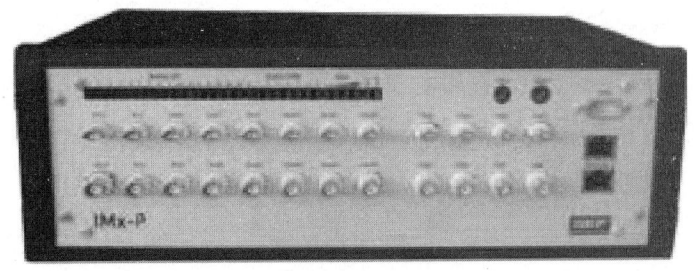

图 A.1　SKF 便携式在线监测系统 IMX-P

Multilog IMX-P 的主要特性如下：

（1）16 模拟（动态或 DC）输入和 8 数字输入；

（2）Multiple IMX-P 可以连接网络；

（3）真正所有通道同时测量；

（4）多参数门控制；

（5）数字包络峰值（DPE）；

（6）自适应的报警设置；

（7）电池寿命长达 4 小时；

（8）当系统停下时，数据缓冲存储稳定；

（9）输出开关驱动量；

（10）全面支持 SKF @ptitude Observer 分析软件。

SKF Multilog 在线监测系统 IMX-P 在连续工作的状态下，电池寿命可达 4 小时，并配置了模拟信号输入通道，其动态输入信号可适用于各种传感器如加速度、速度和位移或者其他容易采到的参数，每个输入通道可以配置给 ICP（加速度传感器）±25 V，等等。

另外，相对于模拟通道来说，8 个数字通道可以用来测量转速、触发或数字状态，如指示一个测量点什么时候开始测量。数字通道传感器供电由软件控制。多个测量点可以接入一个通道，一个通道可以同时进行 AC 和 DC 测量。

可以为每个测量点设置单独报警值和警报值。报警值和警报值可以通过设备转速和载荷来连锁控制。

Multilog IMX-P 状态监测测量单元可以和其他多个测量单元组成一个网络工作在 SKF@ptitude Observer 监控系统中。该系统使用现有网络中的计算机、打印机、服务器等，或通过互联网运行。

该单元唯一植入硬件中的自动诊断系统可以持续检查所有传感器，电缆和电气故障、信号中断、短路或电源失效以及其他故障会触发报警。如果系统电源失效，该系统会在电源恢复正常时自动重新启动。

A1.2 SKF@ptitude Observer 分析软件

SKF @ptitude Observer 是可靠性软件应用系统家族的一个中心平台，它能与 SKF @ptitude Monitoring Suite 一起工作。SKF@ptitude Observer 分析软件包含有轴承数据库，可完成轴心轨迹图、三维图、拓扑图、趋势图、历史数据比较等功能，能够完成轴承故障缺陷频率分析、谐波分析等，分析功能强大。系统内电机、轴承、齿轮副等通过三维图形显示，建立的齿轮箱模型更加方便形象，还可添加行星轮传动模型，使测试数据和机器数据相对应，便于故障诊断分析。

A2 LMS

LMS 公司总部位于比利时，是一家从事汽车、航空航天等制造业产品性能测试与仿真分析的国际化公司。LMS 提供对结构完整性、系统动力学、操纵性、安全性、可靠性、舒适性和声音品质等的虚拟仿真软件、试验系统和工程咨询服务等独特的组合方案。借助公司软件开发方面的巨大优势，LMS 公司试验系统分析软件界面简单，操作方便，用户基本按软件提示的流程就能顺利完成测试。LMS 公司在模态测试分析方面有很大优势，拥有 PolyMax 模态分析方法等专利。

下面对某 LMS SCADAS 数据采集前端及 LMS Test.Lab Desktop-Standard 分析软件进行简要介绍。

A2.1　LMS SCADAS 数据采集前端

该 LMS SCADAS 数据采集前端具有 24 个振动、噪声采集通道，2 个编码器采集通道，如图 A.2 所示。

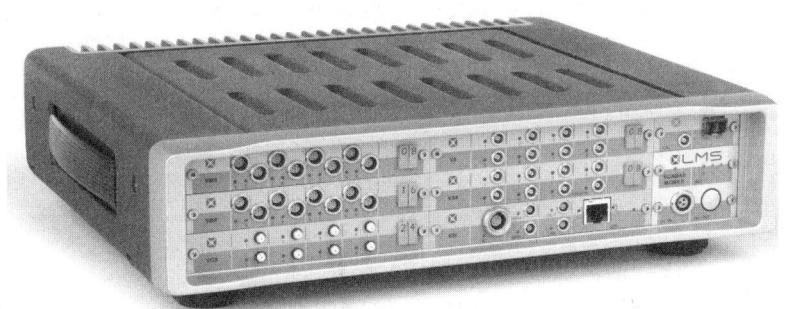

图 A.2　数据采集前端

数据采集前端由以下几部分组成：

（1）SCM05V 主机箱，5 槽振动控制。

供电方式：AC 或 9.6 ~ 36 VDC 供电；

功率：低于 40 W（满通道工作）；

制冷方式：传导无风扇制冷；

主机接口：高速的标准 1G 以太网计算机接口，与主机数据传递率可以高达 14 M 采样点/s（24 bit）；

工作温度：-20 ~ 55 ℃；

存储温度：-20 ~ 70 ℃；

相对湿度：95%（无凝露）；

内置电池，满通道工作时，可独立工作 1 小时以上；

振动控制时，内建硬件安全关机功能，当系统掉电或通信中断时，可自动通过内置电池启动硬件关机步骤；

质量：6.2 kg（满通道配置）；

尺寸（宽×高×长）：340 mm × 78 mm × 295 mm；

抗振性能：7.7 grms（20 Hz ~ 2 kHz 随机振动），满足美军标 MIL-STD-810F 标准；

抗冲击性能：60 g pk（3 方向 11 ms 锯齿波冲击），满足美军标 MIL-STD-810F 标准。

（2）3 块 V8-E 输入调理与模数转换模块，如图 A.3 所示，其主要参数如下：

8 通道 ICP/V 输入，并支持 TEDS。支持固定采样、阶次跟踪、倍频程滤波和角度域分析功能。

每通道最大采样率：204.8 kHz。

每通道 24 位 A/D 转换。

每通道最大分析带宽：92 kHz，与通道数多少无关。

耦合方式：AC、DC、ICP。

电压输入范围：±3.16 mV ~ ±10 V。

ICP 传感器供电方式：2.8 mA，28 VDC，适合各家公司的 ICP 型声学、振动传感器。

输入幅值精度：优于 0.2% @ 1 kHz。

相位匹配：优于 0.2°@10 kHz。

任意通道间抗串扰：优于 –120 dB。

总体动态范围：优于 180 dB。

接口：CAMAC，保证线缆连接的稳定可靠性；提供相应通道数的 CAMAC 转 BNC 接线。

测量过程中，每通道信号过载检查及 LED 信号灯指示。

检查每通道 ICP 传感器和电缆连接是否正常，并用 LED 信号灯指示。每通道均有模拟和数字抗混淆滤波器和信号增益放大，软件控制。

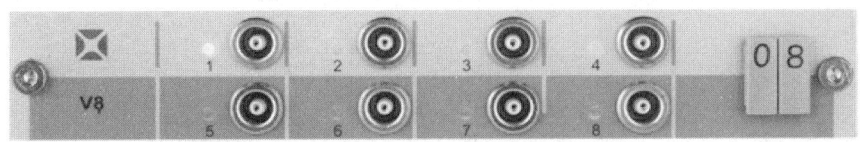

图 A.3　输入调理与模数转换模块

（3）Tacho 转速脉冲输入通道，如图 A.4 所示，其主要参数如下：

2 通道转速脉冲输入，可作为测试触发，阶次跟踪，扭振脉冲输入以及角度域分度脉冲输入通道；

最大脉冲输入频率：5 Hz～40 kHz；

电压输入范围：200 mV～40 V；

接口：Lemo，保证线缆连接的稳定可靠性；提供相应通道数的 Lemo 转 BNC 接线。

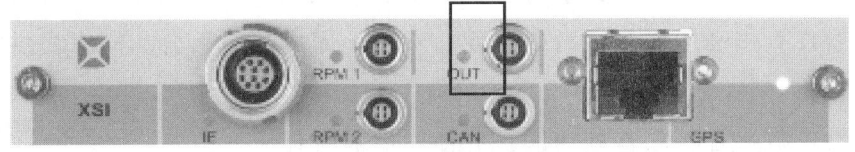

图 A.4　转速脉冲输入通道

（4）Signal generator 源信号输出通道，如图 A.5 所示，其主要参数如下：

2 通道信号源输出，可作为激振器等源信号的输出；

每通道 24 位 DA 转换；

最大输出信号带宽：40 kHz；

动态范围：110 dB；

输出波形：各种随机、正弦信号（由软件程控）；

电压输出范围：±300 mV～±10 V；

接口：Lemo，保证线缆连接的稳定可靠性；提供相应通道数的 Lemo 转 BNC 接线；

振动控制或结构试验时和采集同步，软件控制。

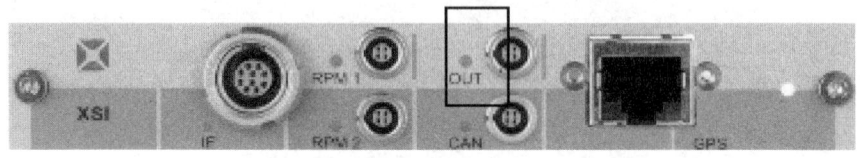

图 A.5　源信号输出通道

A2.2　Test. Lab Desktop-Standard 分析软件

Test. Lab Desktop - Standard 完全基于 MS WindowsXP 软件平台，用于运行所有软件的应用模块，并提供了类似于 Windows 的显示、图标和粘贴功能。主要功能包括预先定义的操作环境、项目和文件管理、数据接口、数据显示和解释、报告等功能。试验数据和分析数据结果可以和 MS 办公软件直接动态连接，可以方便、快速地完成试验报告。同时提供以下功能：

（1）数据查找和管理功能，方便数据的管理。

提供多种显示图形，包括 Frontback 图、Bode 图、UL 图、Nyquist 图、倍频程图、瀑布图、Colormap 图、几何模型（三维视图及三方向投影图）以及 XY 图等。

配置多种光标灵活变换，如单光标、区间双光标、谐光标。每种光标都可以分别设置为平行于 $X/Y/Z$ 各轴、十字光标、频率光标及阶次光标。另外，还可以直接添加波峰波谷峰值自动搜索光标。

（2）各种基于显示曲线的数据处理功能：FFT、FFT 结果形式变换、平均自功率谱、多项式曲线拟合、曲线平滑、积分、微分、声学计权、四则运算、冲击响应谱计算等，处理结果可以单独保存。

（3）活动图片功能：可以在脱离试验软件环境，各种图形和 MS Office 的各种软件直接动态接口。在任意一台电脑上对图片进行编辑，包括线形、坐标轴属性、光标、动画旋转和缩放等。

（4）数据接口功能：支持 Cada-X、SDF、UFF、TXT、Matlab 和 Wav 等格式。

A3 NI

美国国家仪器公司（NI）是国内外著名的测试设备及分析软件开发商，该公司一直致力于帮助测试、控制、设计领域的工程师与科学家解决从设计、原型到发布过程中所遇到的种种挑战。通过现成可用的软件，如 LabVIEW 以及高性价比的模块化硬件，NI 帮助各领域的工程师不断创新，在缩短产品问世时间的同时有效降低开发成本。NI 公司的硬件种类非常广，几乎覆盖试验测试的各个领域。NI 公司的软件相对开放，用户可以利用 LabVIEW 软件进行编程，定制开发适合自身需要的软件产品。NI 公司产品目前已形成多个系列，下面简要介绍基于 NI cRIO 系列产品及 LabVIEW 软件开发的某在线监测分析系统，如图 A.6 所示。

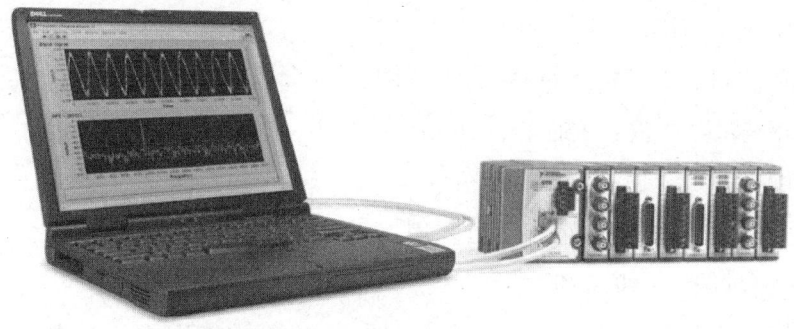

图 A.6 在线监测分析系统

该在线监测分析系统采集硬件基于 NI cRIO 系列产品配置，其组成部分见表 A.1。

表 A.1　在线监测分析系统硬件配置

序号	说　明	基　本　参　数	数量
1	cRIO 控制器	CRIO-9025，Real-Time PowerPC Controller for cRIO，533 MHz	1
2	cRIO 机箱	cRIO-9118，8-slot Virtex-5 LX 30 Reconfigurable Chassis for cRIO	1
3	位移采集卡	NI 9221 8 通道，±60 V，800 kS/s，12 位模拟输入模块	1
4	ICP 振动采集卡	NI 9234，4 Input，24-Bit，51.2 kS/s，SW Selectable IEPE & AC/DC	4
5	温度采集卡	NI 9211 热电偶输入模块，4 通道，14 S/s，24 位，±80 mV	1
6	数字量采集卡	NI 9403 C 系列 32 通道，5 V/TTL 双向数字 I/O 模块	1
7	附　件	电源适配器、电缆、端子等	19
8	cRIO 机箱	包括 cRIO 固定装置、接头、电池等	1

采集硬件主要功能参数：

振动噪声/电压：16 通道（ICP 激励，51.2 kS/s 采样率，24 bit 精度，102 dB 动态范围）；

位移测量：8 通道，60 V 电压范围；

频率/转速/计数：2 通道，20 kHz；

温度测量：4 通道，24 bit 精度；

声强：可以和振动噪声通道复用；

运行温度：-40～70 ℃；

工作可承受随机振动 5g（rms），10～500 Hz（IEC 60086-2-64）；

工作可承受冲击 30g, 11 ms 半正弦;50 g, 3 ms 半正弦(IEC 60086-2-27);
工作可承受正弦振动 5g, 10 ~ 500 Hz(IEC 60086-2-6)。

该数据采集硬件模块内建多种信号调理功能,可直接采集多种物理信号,并有多种接口与外部设备通信。硬件采用 FPGA 技术,保证系统运行可靠。

国内外有很多公司利用 NI LabVIEW 开发测试软件,搭配 NI 硬件后集成为测试系统。该在线监测分析系统软件 SingalPad 是由上海尚毅测控有限公司基于 LabVIEW 软件开发的一套测试软件。软件的基本配置见表 A.2。

表 A.2 软件基本配置表

序号	项目描述	数量
1	SignalPad 信号采集分析软件平台	1
2	SignalPad 信号处理模块-基本信号处理,包括滤波、积分、微分、功率谱	1
3	SignalPad 噪声振动(NVH)分析模块——声压级、振动级、倍频程	1
4	SignalPad 旋转机械分析模块——阶次谱、阶次跟踪、瀑布图、联合分析	1
5	SignalPad 声功率测试模块(声强、声压法)	1
6	SignalPad cRIO 支持模块	1

SignalPad 测控软件是一款专业信号采集分析软件。无需编程即可完成信号采集、存储、回放、分析和报告生成等功能。SignalPad 可采集和分析声音、振动、应变、转速等多种类型的信号。

SignalPad 支持在线和离线分析,分析功能包括功率谱、滤波、倍频程谱、阶次谱、阶次跟踪、振动级、声压级、联合域分析、瀑布图、XY 图、包络解调、扭矩等。另外，SignalPad 还有麦克风阵列声源定位、声功率、声品质分析等可选分析模块。

A4　B&K

　　Brüel & Kjær（B&K）是世界上著名的提供噪声与振动解决方案的测量仪器制造公司。公司可帮助客户解决噪声与振动问题——从测量交通噪声及汽车发动机的振动，到评估建筑声学及进行质量控制。公司客户遍及各个领域，包括汽车、航空航天、家电、通信和政府部门等。B&K 公司在振动、噪声测试方面有很大优势，并且该公司的硬件的功能及稳定性在同行业处于领先地位。PULSE 分析仪平台是该公司主要的在线监测分析系统。B&K 公司自从推出 PULSE 多通道声学和振动实时多分析系统以来，在全世界范围内已销售了 10 000 多套系统，在中国则达到了 2 000 多套的销售业绩，成为在声学振动分析领域数量最多、应用最广、用户最全的测量分析系统。

　　继 2009 年底 B&K 推出第五代智能化、可构成分布式系统的 LAN-XI 系统硬件后，2010 年该公司又推出了新一代的软件版本——PULSE REFLEX，使 PULSE 系统的操作界面更为友好，更加人性化，并在原有的基础上扩展了应用领域。下面就简要介绍 LAN-XI 系统硬件及 PULSE REFLEX 软件。

A4.1　LAN-XI——新一代采集硬件

　　LAN-XI——新一代采集硬件可在同一个系统中实现 2～1 000 多个通道测试，如图 A.7 所示。同一设备在同一天中既可以实现复杂的多通道测试，又可以实现简单的两通道测试。LAN-XI 数据采集硬件已将上述梦想变成现实。无论是在实验室还是在现场使用,用户只需要根据测试任务的特点进行相应的系统配置,一个系统就能完成用户所有的测试需求。

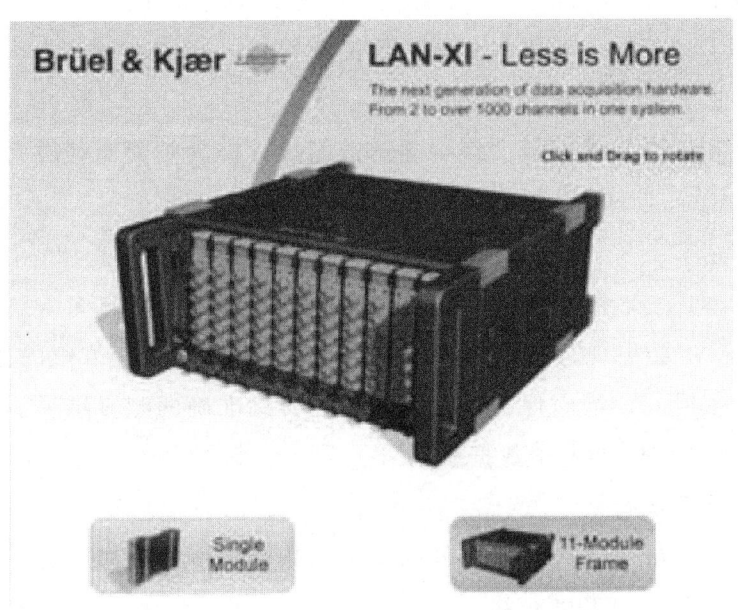

图 A.7　LAN-XI 机箱和模块的三维视图

LAN-XI——新一代采集硬件有以下优势:

(1)扩展面广——从 2~1 000 多个通道。

可以根据用户的需要配置 LAN-XI 系统,通道数量和测量带宽也完全由用户决定。千兆级的网络传输带宽能支持极大的数据传输,而且如果还不够,经过额外的系统设计,可以实现与更多网络的并行传输。

(2)一个系统,更加灵活。

任何一个模块本身就是一个测量系统,它既可以作为单机单前端使用,也可以作为分布式系统的组件。这样做的结果是——更短的线缆和更少的错误以及更快速的设置。

(3)一根电缆工作。

由于以太网供电(POE)技术的出现,用户可以利用标准以太网电缆实现各模块同步采样和自身供电。这不仅降低了所需的电缆数，同时降低了成本，减少了故障，维修更加方便，安装也更灵活。

（4）精确对时协议 PTP。

IEEE1588 精确对时协议实现了分布测量系统中所有模块的时钟同步，从而保证了测量传感器采集到的数据的相关性。

（5）适合实验室和现场使用。

模块和可拆卸前面板由镁合金铸造而成，极其坚固而轻质，适合于现场使用。

（6）精密工程。

LAN-XI 完美融合了众多独特技术，如 Dyn-X 和 REq-X 等，从而使设置更简单，不会出现过载，频率范围也得到了扩展，而全方位的性能优化，不仅节省了时间，同时保证初次测量就能得到准确的测量结果。输入模块支持 TEDS（传感器电子数据表格）。

（7）静音运行。

所有模块都没有风扇，更低的噪声意味着更少的测量干扰。

（8）智能化的人机交互。

每个输入模块都有一个面板显示屏，用以识别模块信息，监控运行状况，检测过载情况，显示不正确的解调方式。每个模块都有自己的主页用来存储这些信息。

（9）可互换前面板。

有了可互换前面板，用户可以自己决定采用何种类型的电缆，变换传感器变得很容易，因此需要的硬件也就更少。

（10）PULSE 和 I-deas 兼容。

LAN-XI 提供和用户现有的 IDE^e 硬件完全相同的 AES/EBU 同步技术，用户可以将这两者结合起来，继续进行精确的采样和相位测量。所以用户不必做一个新的大投资，也不必抛弃旧的硬件，就可以拥有最新的技术。

A4.2　PULSE Reflex 软件

PULSE Reflex TM 使全球最流行的声学和振动平台到达一个新水平。通过与全球不同行业专家的密切合作进行设计，PULSE Reflex 使得声学与振动分析更简便。

新的图形用户界面优化了工作流程，能在不同应用软件间共享数据，快速图形化显示结果，方便地生成高质量报告。随着三个新的应用软件——核心分析、模态分析和建筑声学以及完全重写的 Brüel & Kjær 世界领先的阵列声学应用软件，PULSE 将测量与分析链扩展到包括了世界一流的后处理技术。PULSE Reflex 软件有如下优点：

（1）易于使用。

直观的用户界面使得用户所需要的各种工具唾手可得。

易于操作的工作流程模式使得在各种应用软件中都能全程引导。

（2）功能强大。

高容量数据结构允许进行大型复杂项目的快速数据搜索、排序和过滤。

数据显示随用户所愿。无论是单幅图片还是多页图表，都能够依据用户事先定义的显示策略在分析中取得最合适的显示，或支持用户自己的内部方式。

（3）数据开放。

开放的数据策略能支持范围广泛的自身和第三方数据格式导入导出。

PULSE 和 Test for I-deas 数据可无缝导入，报告可以任由用户选用 Word、Excel 或 PowerPoint 来生成。

（4）界面一致。

相同的用户界面元素在不同应用软件中保持一致，使得学习新的应用软件更快速。

相关的操作在特定的屏幕区域组合在一起。用户可控制其可见或隐藏，使其能获得最大关注及屏幕空间。

PULSE Reflex Base 是 PULSE Reflex 系列应用的操作中心。它提供和 PULSE Reflex 项目数据库的连接通道，使用户能检查和对比 PULSE Reflex 所支持的各种渠道来源的数据。用户也能使用暂存计算器进行基本的数学运算和统计分析，并采用内置的报告任务来准备报告。

PULSE Reflex Base 的主要用途如下：

（1）多元测试数据的独立浏览和显示。

（2）对 PULSE Reflex 项目数据库和 PULSE Labshop 数据以及 Test for I-DEAS 数据文件的直接存取。

（3）通过 PULSE Reflex 数据库与其他用户分享数据。

（4）采用标准的 PULSE Reflex 后处理展示方式进行数据的显示与比对。

（5）通过单独或成组功能进行基本的数学和统计分析。

（6）使用内置的报告生成器准备报告。

PULSE Reflex Base 的主要特性如下：

（1）PULSE Reflex 工作流程引导的 GUI——即使是偶尔使用的用户也易于掌握。

（2）采用 PULSE 和 Test for I-DEAS 数据格式——PTI，ATI，UFF（Ascii 和二进制）。

（3）当 PULSE Labshop 在同一桌面上打开时，可以直接存取 PULSE Labshop 项目数据。

（4）能在任意独立的计算机上运行，能使用户用 PULSE Reflex 的所有显示特性来进行后处理，并生成报告。

（5）导入多组数据的测量和使用元数据进行排序。

（6）无需专门的数据库操作也能向元数据中添加域。

（7）由报告模板自动生成报告，或通过向 Microsoft Word，Excel 或 Powerpoint 文件拖放数据来生成报告。

A5 Commtest

Commtest（况得实）公司研发和生产中心坐落于风景秀丽的新西兰南部城市——基督城，在北美、大洋洲、亚洲、欧洲及中东地区均设有区域总部，亚洲区总部设在中国北京。该公司是全球振动分析和预测性维护领域里一支锐意进取的新力量，凭借创新的理念、最优性价比的产品和方案以及最大化客户价值的专业化服务精神，经过 20 余年的快速发展，Commtest 已经成长为该领域公认的新一代的市场和技术领导者之一，在该领域以善于创新和为客户不懈地提供卓越价值而受到业界尊重。

Commtest 振动分析产品和解决方案在钢铁及有色金属、烟草及食品饮料、汽车制造、化工及石油天然气、矿山水泥、玻璃制造、电力及清洁系统、军工、造纸及印刷、铁路运输、水处理、基础设施、地铁风机和大型空调系统、港口自动化等诸多行业得到广泛应用。

Commtest 已经拥有状态监测系列化产品，包括以振动监测和动平衡为主的 vbSeries® 系列仪表、vb2000™ 便携式振动分析仪、vbOnline® 数据采集系统、Ascent® 振动分析系统软件等。下面就 vbOnline® 数据采集系统及 Ascent® 振动分析系统软件做简要介绍。

vbOnline® 数据采集系统为设备提供 24 小时连续不断的巡检式在线状态监测，当设备运行状态出现异常时，监测系统将适时发出报警，提醒设备管理和运行人员及早采取相应措施，从而避免非计划停机；及时、有效、精确的数据采集为设备管理人员进行振动分析与故障诊断提供了可靠保证。数据采集系统如图 A.8 所示。

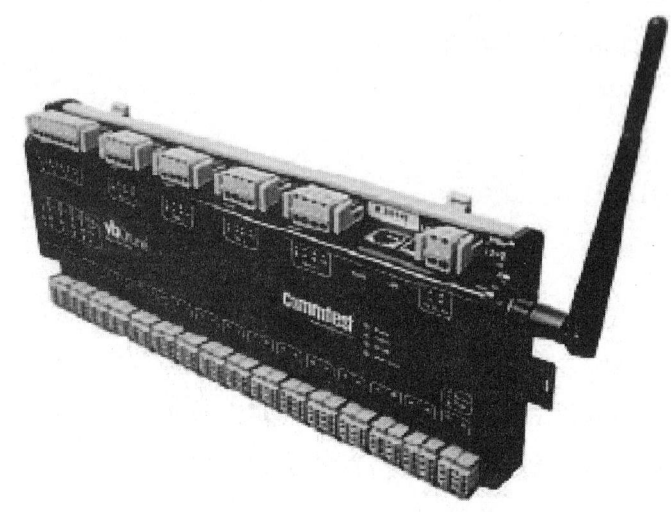

图 A.8　vbOnline®数据采集系统

vbOnline® 数据采集系统的特性如下：

（1）采用 35 mm DIN 导轨安装；

（2）可连接多达 32 个振动通道信号和 4 个转速信号；

（3）提供 4 个可组态通道的继电器输出节点，提供正常、报警、危险的状态输出；

（4）12～24 V DC 普通直流电源（每个 vbOnline® 装置最大 200 mA）；

（5）支持双通道同时高速采样；

（6）最高达 6 400 线的频谱和 16 384 个采样的时域波形；

（7）支持 SD 卡外设存储，可以提供振动异常时的前、后数据的动态分析，最少提供多于 1 周的动态数据（512 MB 卡）；

（8）提供通信状态和速度的 LED 显示；

（9）网络连接为 RJ45 10/100 MB 自适应；

（10）同一软件平台，支持 vbOnline®和 vb 系列便携式系统；

（11）自带无线局域网接口和天线；

（12）工作温度：-10~60 ℃；

（13）24 位模/数转换；

（14）智能设计以接受来自于下列类型传感器的振动数据：加速度传感器、速度传感器、涡流传感器、AC/DC 信号、4~20 mA；

（15）自动检测设备振动状态与报警；

（16）通过电子邮件或文本信息的形式，将报警信息通知设备管理人员；

（17）事件触发的数据采集，保证数据的真实可靠；

（18）基于网络的 AscentViewTM 设备报告工具。

Ascent® 振动分析专家软件，与 vb 系列和 vbOnline® 设备一起，构成了一套完整的、功能强大的数据采集和在线分析管理系统。根据需要可以配置成单机工作方式，也可以配置成客户机/服务器（C/S）或浏览器/服务器（B/S）模式。

Ascent® 支持利用"The Proven Method(Technical Association)"或 ISO 双标准自动设置测量参数和警报值，然后，用基于每个设备的历史数据的统计分析来调整报警限制。当设备出现问题时，Ascent®level3 软件还可以通过文本信息或电子邮件的方式发送信息给相关人员。

方便实用是 Ascent® 软件的最大特点：即使对于没有经验和缺乏机组标准数据的用户，只需输入设备的具体参数，就可方便地对监测设备进行设置和组态；同时也考虑到高级用户或振动专家的需求，允许高级用户根据需求，进行个性化的高级设置和组态。

Ascent® 软件可通过自己的 OPC 数据通信软件与其他 DCS 或 SCADA 系统进行数据通信。

Ascent® 软件共有特性如下：

（1）基准数据的记录和显示——用已记录的正常状态下的基准数据与当前数据进行比较。

（2）方便地将波形数据转换成频谱。

（3）支持 ISO 2372，ISO 10816，TA 国际标准。

（4）仅用一次点击就可以方便地将选中的图形和报告输出到 WORD 中。

（5）可对各项采集的振动参数做趋势分析，便于掌握设备振动发展趋势。

（6）直观的数据库备份和恢复功能中文汉化。

（7）设置能量边带、峰值边带及包络报警，并根据实际测量的数据对报警值进行无级微调，可在频谱图上直接进行调节，随时掌握机组整体能量报警状态与设定的某个特殊频率下的报警状态。

（8）基于高级统计的振动分析技术，提供多种类型的评估报告。

（9）集成超过 30 000 个型号的不同厂家的轴承数据库。通过测点组态挂接，便于查找滚动轴承的特殊故障频率。

（10）自动化的数据库文件管理——通过程序文件备份和进行数据瘦身。

A6　CRYSTAL instruments（CI）

美国 CRYSTAL instruments（晶钻仪器）公司位于加州硅谷，1996 年正式成立，是一家活跃在嵌入式系统开发、测试仪器、数字信号处理技术的高技术公司。在过去 10 余年的发展过程中，它开发的振动测试、信号分析和数据采集产品广泛应用于各国军工、航空航天、汽车和电子领域。终端客户包括波音、NASA、欧洲航天局、美国福特、通用、IBM、思科、戴尔等上百家著名公司。特别在振动控制器和动态信号分析仪方面取得了一系列成果，除产品外，CI 还提供硬件及软件定制开发的工程服务。公司在计算机、电子技术、机电控制及其他相关工程领域具有丰富的经验，CI 的工程师在数据采集、实时控制及信号分析领域拥有多项专利。下面简要介绍该公司的多通道监测分析系统 Spider。

Spider 是一个结构上高度模块化、真正分布式和可伸缩变化的动态测试系统，是需要方便、快捷和精确的数据记录、实时信号分析和振动控制的应用领域的理想设备，可广泛应用于机械状态监测、汽车、航空航天、电子及防务等需要进行在线状态监测的领域。

Spider 的硬件设计集艺术性、最优化性能和灵活性于一体，可以满足用户的各种需求。Spider-80 模块采用 SMB 接头，适用于动态信号测试和远程监测小型化设计，其结构非常紧凑，4 个 Spider-80 模块（共 32 通道）可以放入 1 个 1U 高度的 19 英寸（1 英寸 = 2.54 cm）上架机箱中，如图 A.9 所示。

图 A.9 Spider-80 模块

Spider 有如下特性：

（1）高度模块化、分布式、网络化结构的动态测试系统；

（2）4~1 024 输入通道数；

（3）全部通道的时钟同步精度可达 100 ns；

（4）支持与 PC 连机工作模式和独立的黑匣子工作模式；

（5）所有通道最高同步采样率为 102.4 kHz；

（6）24 位 A/D 和 D/A，130 dB 动态范围；

（7）电压、IEPE、电荷、AC/DC 电源和备份电池；

（8）内置信号发生器、数字 I/O、硬件控制面板；

（9）非常紧凑和坚固的结构设计；

（10）可配置的信号分析功能 CSA；数字滤波器、瞬态捕捉、FFT、功率谱 PSD、FRF 及相位；RPM 谱、瀑布图、倍频程滤波、模态数据采集。

Spider-80 的主要用途如下：

（1）旋转机械阶次跟踪。

高精度测量分析旋转机械的振动和噪声，需要一个高性能的、具有合适功能的分板设备，尤其是机械升速和减速的过程研究。Spider-80 对于旋转机械的解决方案，为用户推出了带有转子功能的声学测试和阶次跟踪分析技术。

同步阶次跟踪分析：用于转轴的转速发生快速变换的振动或者噪声分析。

阶次和频率提取：当振动或噪声现象中包括共振、不平衡或调制等多种故障现象时，观察和分析此信号的一个很好的办法就是瀑布图。瀑布图帮助用户从振动中分离阶次。

常带宽跟踪：齿轮箱产生的振动噪声与转速相关联。齿轮啮合的噪声必须按照一个合适的带宽进行采集。在汽车工业中，常带宽跟踪解决方案对于这种类型的测量来说是一个很专业的工具。

（2）振动分析各类频谱及相关函数。

Spider-80 采用了非常精巧的 FFT 算法，且为用户提供了齐全的窗函数、平均类型及谱线选择，最高谱线可达 64 000 线。

强大的动态范围不放过任何微小的信息。

Spider-80 还为用户提供了其他辅助的功能，如峰值的标定、细化分析、谐波总失真计算等。同时还提供了瀑布图与色谱图的显示，以满足不同用户的需要。

（3）结构分析（FRFs）。

通过力锤或激振器进行模态数据采集时，Spider-80 为用户计算出任何一个通道和其他所有通道之间的互谱、传递函数和平均相干。独立的触发窗口给用户提供了友好的用户界面，让用户选择是否接受本次采集。

通过 EDM 的数据转换，Spider-80 的数据很容易与第三方工具联合起来，为用户提供模态振型结构。

（4）声学测试倍频程和声级计。

Spider-80 良好的动态范围使其位列高端设备，基于 IEC61672 标准，一级的精度指标。Spider-80 的声学测试包括 $1/n$ 倍频程测试和声级计测试。

通过一个专业的友好界面，声学测试解决方案在最短时间里提供给用户最高精度的结果。

A7 东 华

东华测试成立于 1993 年，始终专注于结构力学特性智能化测试技术及应用，是国内领先的结构力学性能测试系统供应商。

公司为客户提供由传感器、调理放大器、数据采集仪、分析软件、工程应用统解决方案，广泛应用于航空航天、国防、科研、检测、教学、大型企业等领域，解决结构的安全性、可靠性、优化设计和故障诊断等。

该公司产品种类比较多，包括传感器、手持式仪器、动态信号测试系统、静态应变测试系统、模态测试软件、振动噪声测试软件等。下面以 DH5927 动态信号测试分析系统为例来介绍。

DH5927 系统包含动态信号测试系统所需的信号调理器、直流电压放大器、低通滤波器、A/D 转换器、嵌入式处理器以及采样控制和计算机通信的全部硬件，而且提供了充分考虑用户操作本系统所需的控制软件及分析软件，是以计算机为基础的、智能化的动态信号测试分析系统，如图 A.10 所示。

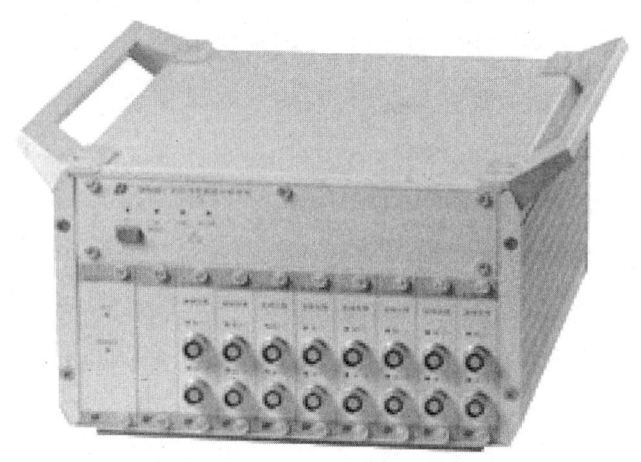

图 A.10　DH5927 系统

该动态测试系统的主要特性如下：

（1）内嵌工业级计算机，高速硬盘，Linux 操作系统：实现了无限多通道同步工作，每个通道最高 256 kHz 采样频率，长时间连续采样，利用内嵌计算机的 PCI 接口实时存储数据，硬盘容量用户可选。

（2）高度集成：模块化设计的硬件，每个模块有 16 通道、32 通道两种机箱形式（每台计算机可控制 2～512 通道数采同步并行采样）；满足了多通道、高精度、高速动态信号的测量需求。

（3）每通道有独立的 A/D 转换器：实现了多通道并行同步采样，通道间无串扰影响及采样速率不受通道数的限制，并且大大提高了系统的抗干扰能力。

（4）准确的采样速率：先进的 DDS 数字频率合成技术产生高精度、高稳定度的采样脉冲，保证了多通道采样速率的同步性、准确性和稳定性。

（5）数字磁带机信号记录功能：利用嵌入式系统中的 SCSI 硬盘，可长时间实时、无间断地记录多通道信号，2～512 通道并行同步工作，每通道采样速率可达 256 kHz。

（6）进口雷莫接插件：输入接插件采用了进口高性能雷莫头，大大提高了小信号输入的可靠性，操作也十分方便。

（7）信号适调器：配套各种可程控的信号适调器，不仅具有极强的抗干扰能力，而且由于参数由数采统一控制，系统的单位量纲实现了"傻瓜"设置。

附录 B　风电齿轮箱振动分析案例

风电增速齿轮箱是风电机组中最重要的传动部件，负责将风轮叶片的低转速转换为发电机所需要的高转速，其产品性能和可靠性将直接影响到风力发电机组的性能和寿命。在风电增速齿轮箱新产品开发时，通过试验检测可以及时发现设计或制造中存在的缺陷，掌握齿轮箱的运行状态。振动测试技术更是保证风电增速齿轮箱运行可靠性与寿命的关键技术，通过对振动信号进行分析，提取关键频率并与齿轮箱各零部件的特征频率比较，找出齿轮箱产生振动的主要原因。振动测试分析对评价风电增速齿轮箱的设计及加工制造有极重要的意义，也为改进设计及加工制造提供重要参考。

B1　齿轮箱故障类型及振动频率组成部分

B1.1　故障类型

齿轮箱发生故障的类型一般分为三类：

（1）齿轮故障：齿面点蚀、齿面胶合、齿面磨损、齿面剥落和齿面接触疲劳等；

（2）轴承故障：轴承内外圈磨损和滚动体磨损等；

（3）轴的故障：轴不对中和轴弯曲等。

B1.2 振动频率组成部分

齿轮箱的振动频率一般由以下某些频率成分构成：

（1）各轴转频及其倍频；

（2）齿轮的啮合频率及其倍频；

（3）以齿轮啮合频率及其倍频为中心频率，齿轮所在轴的转频及其倍频为主要成分的边频带；

（4）以齿轮固有频率为中心频率，以齿轮所在轴的转频及其倍频为主要成分的边频带；

（5）以齿轮箱体固有频率为中心频率，以齿轮所在轴的转频及其倍频为主要成分的边频带；

（6）以固有频率为中心频率和以滚动轴承通过频率为主要成分的边频带；

（7）干扰成分、隐含成分等其他成分。

B2 风电增速齿轮箱特征频率

B2.1 齿轮特征频率

在齿轮箱的振动频谱图中，与齿轮相关的频率主要是以齿轮的转频和齿轮的啮合频率为主，对于定轴传动，啮合频率计算公式为

$$GMF = z_1 \times n_1 = z_2 \times n_2 \quad (B.1)$$

式中 z_1、z_2——两齿轮的齿数；

n_1、n_2——两齿轮对应的转频。

对于 NGW 行星传动，啮合频率计算公式为

$$GMF = z \times \omega \quad (B.2)$$

式中 z——内齿圈齿数；

ω——行星架的转频。

以某风电增速齿轮箱为例，对其进行振动特性测试分析。该型号风电增速齿轮箱的传动形式为两级 NGW 行星传动加一级平行定轴传动。通过齿轮箱的参数，计算得到的该型号风电增速齿轮箱在额定转速下各级传动的啮合频率见表 B.1。

表 B.1 额定转速下齿轮啮合频率汇总表

传动级	啮合频率/Hz
第一级行星传动	29.68
第二级行星传动	174.0
平行定轴传动	630

B2.2 轴承缺陷特征频率

在运行良好的齿轮箱振动频谱图中，轴承的缺陷特征频率一般很少出现，只有当轴承有损伤时，才会出现较明显的轴承缺陷特征频率，一般只要检测到这个特征频率，就能够确定轴承缺陷的部位。下面将介绍几个特征频率的计算方法，并假定运行时外滚道固定，内滚道与轴一起转动。

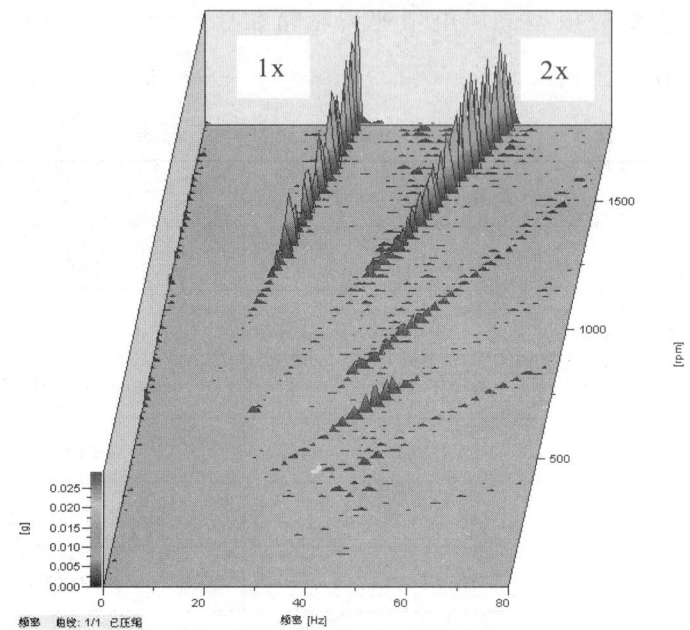

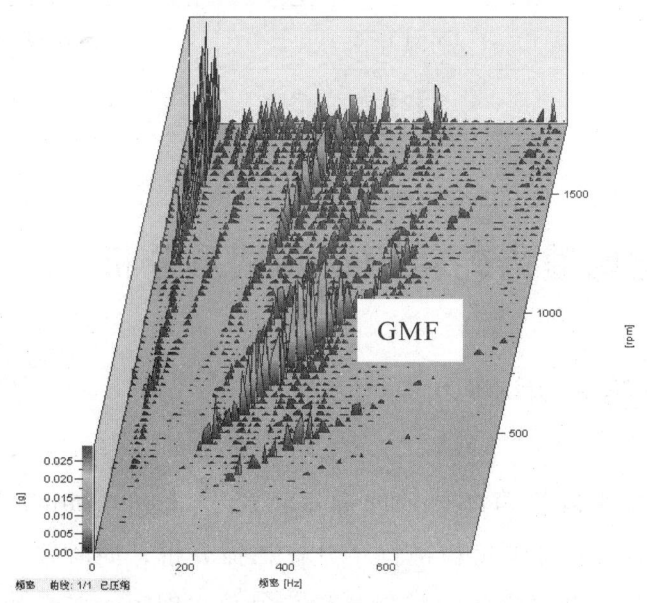

图 B.1　风电增速齿轮箱速度扫描瀑布图

从图中可以看出，振动的主要成分为高速轴转频的 1x、2x 及高速级的啮合频率 GMF。高速轴转频的 1x 和 2x 随着转速的增加幅值增大，这是由于高速轴不对中而引起的，但由于其幅值较小，高速轴的对中误差在可接受范围之内。另外，可以看到高速级的啮合频率 GMF 在齿轮箱运行至 900 r/min 左右时出现了极值，随着转速继续增大，啮合频率的幅值迅速减小，这表明齿轮箱在 900 r/min 时发生了共振现象，所以齿轮箱运行时要尽量避开在该转速下长时间运行。而在额定转速 1 800 r/min 时，没有发生共振现象，可以安全可靠地长时间运行。

B3.2 加速度信号分析

在该风电增速齿轮箱的额定工况下，采集了齿轮箱的振动加速度信号，采样率为 10 240 Hz，通过一次积分即可以得到振动速度信号，通过快速傅里叶变换可以得到相应的频谱图，下面对其具体分析。

（1）时域分析。

加速度时域信号是直接由振动加速度传感器采集到的数据，也是振动分析中最原始的数据。图 B.2 所示为采集到的加速度时域信号，图 B.3 所示为该加速度时域信号的细化图。

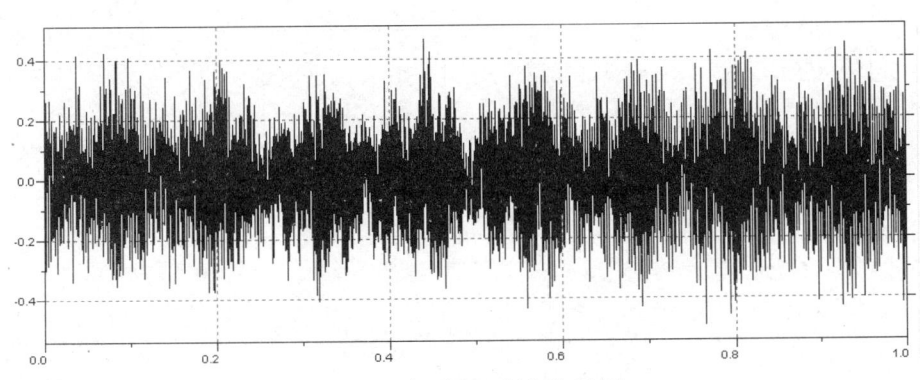

图 B.2 加速度时域信号图

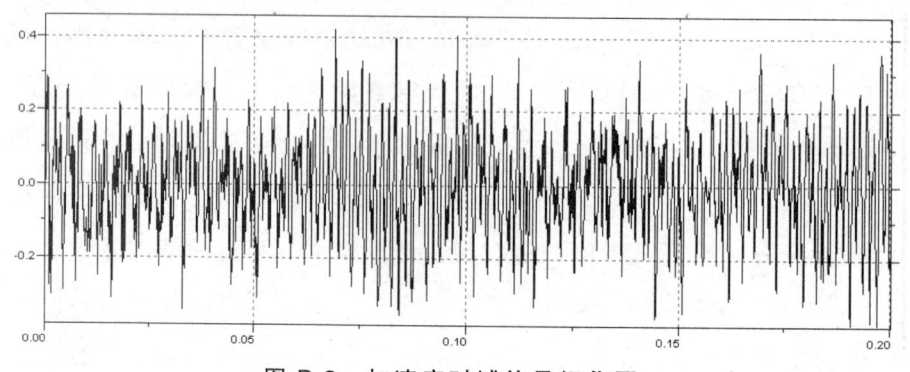

图 B.3 加速度时域信号细化图

从图中的加速度时域信号来看,信号中未出现较大的冲击信号,说明齿轮箱中各齿轮啮合良好。

(2)频域分析。

图 B.4 所示为加速度信号频谱图,图 B.5 所示为该频谱图的细化。

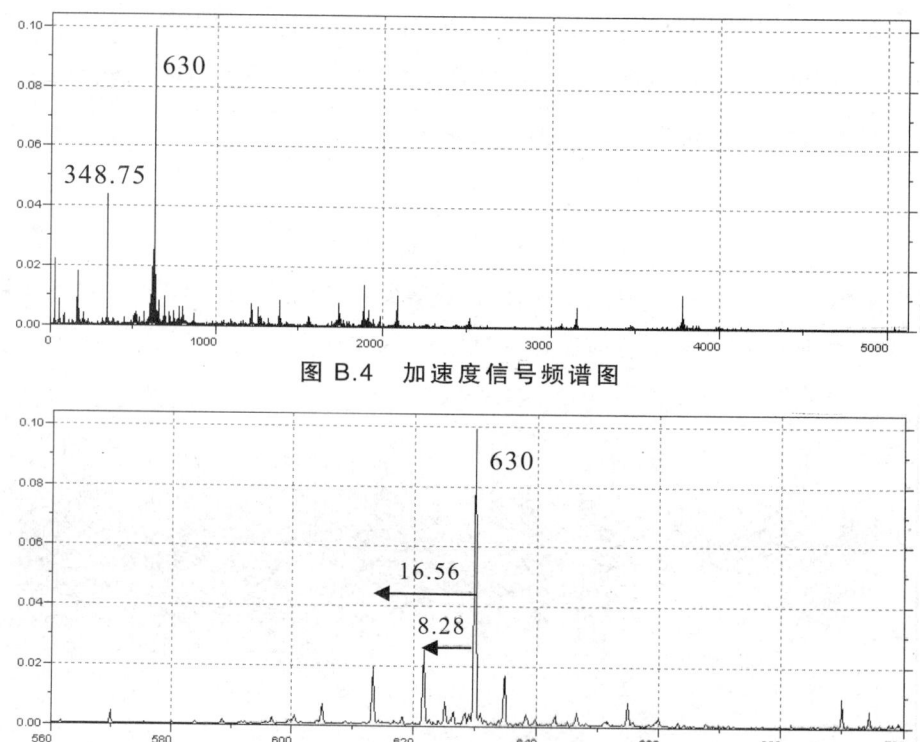

图 B.4 加速度信号频谱图

图 B.5 加速度信号频谱细化图

根据图 B.4 所示的加速度频谱图并综合齿轮箱的特征频率，可以发现 630 Hz 属于高速级啮合频率，348.75 Hz 为第二级行星传动啮合频率的 2 倍频，其他频率成分都较小，未出现轴承的特征频率。从图 B.5 的频率细化图中可以看出，在高速级啮合频率 630 Hz 的两侧出现了高速级大齿轮转频及其 2x 转频的边频带，而没有出现高速级小齿轮转频及其倍频的边带频，说明了高速级齿轮啮合过程中，小齿轮的啮合状态非常理想，大齿轮的啮合略有逊色，但总体上由于边带频的幅值非常小，属于齿轮啮合过程中出现的正常边频带范围。

从图 B.6 中可以更清楚地看出 348.75 Hz 和 630 Hz 是加速度时域信号中最主要的周期信号。

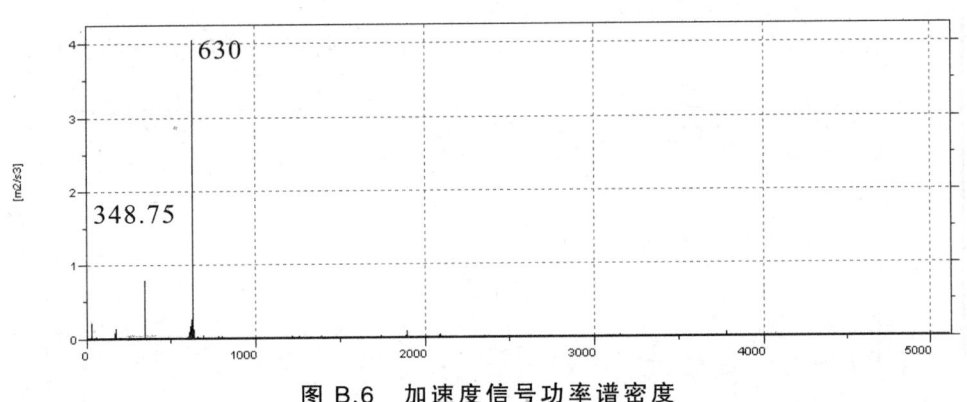

图 B.6　加速度信号功率谱密度

B3.3　速度信号分析

（1）时域分析。

通过对加速度时域信号进行一次积分，即可得到振动的速度时域信号，如图 B.7 所示。从图中可以看出，信号中产生了轻微的拍振现象，但由于其振动总值为 1.41 mm/s，未超出振动指标，故还在可接受范围之内，后面将详细分析产生该拍振的原因。

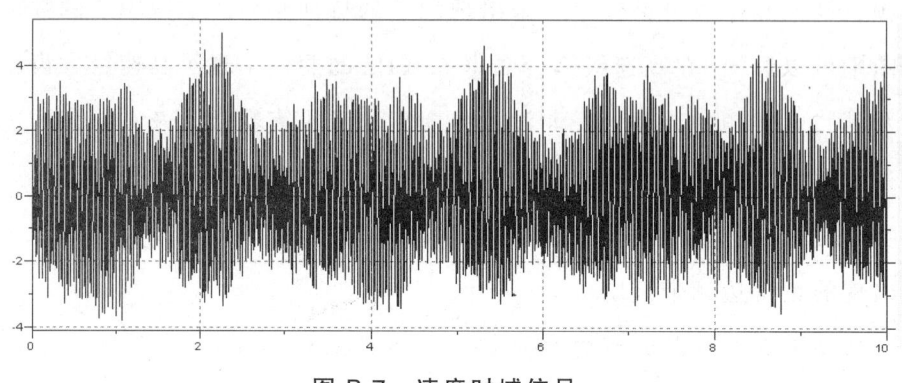

图 B.7　速度时域信号

（2）频域分析。

图 B.8 所示为速度时域信号频谱图，图 B.9 所示为该频谱图的细化。

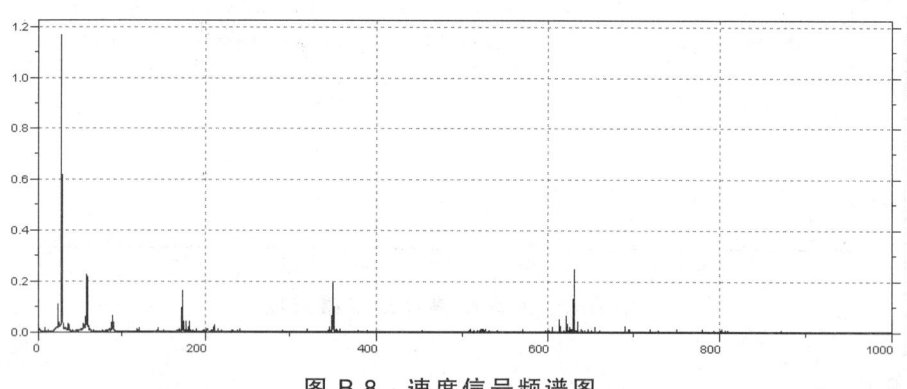

图 B.8　速度信号频谱图

从图 B.8 所示的速度频谱图中可以看出，频率成分以低频成分为主，而前面加速度频谱图中，以齿轮啮合频率及其倍频为代表的中高频占据了主要的成分，这也间接说明了振动测试中加速度测量对中高频部分比较敏感，速度测量对低频部分更敏感，这也是在测量齿轮箱振动时需要选用加速度传感器的原因，因为一般齿轮箱的啮合频率都较大。

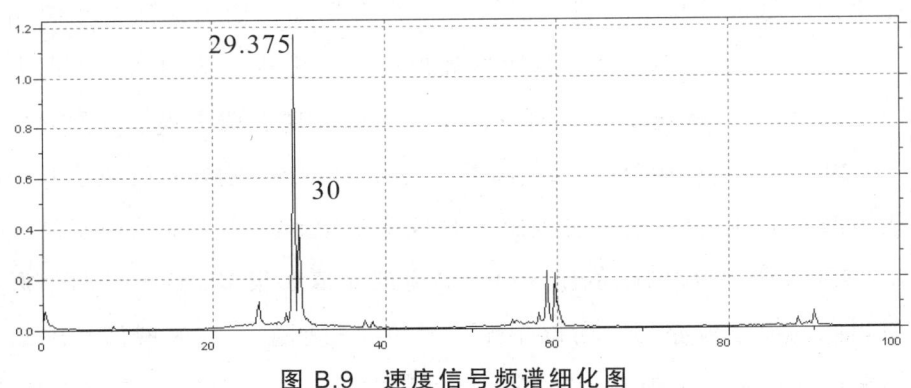

图 B.9　速度信号频谱细化图

另外，从图 B.9 所示的频率细化图中可以看到，在 30 Hz 的附近还有一个频率成分——29.375Hz，由前面计算的特征频率可以知道，30 Hz 是高速轴的转频，29.375 Hz 与一级行星传动的啮合频率很接近，而且附近没有其他的特征频率，所以判断频谱图中出现的 29.375 Hz 对应的应该就是一级行星传动的啮合频率。在整个速度频谱中，29.375 Hz 对应的幅值最大，即该频率成分产生的振动最大，说明了一级行星传动的齿轮啮合相对较差，但由于该频率成分对应的速度幅值为 1.17 mm/s，振动总值也未超出振动指标，故还在可接受范围之内。

但上面的频谱分析告诉我们，如果改善了一级行星传动的啮合状态将会对降低齿轮箱的振动有很大的效果，比如，在加工中提高一级行星架的加工精度或者对齿轮的修形参数进一步优化都是研究的方向之一。

B3.4　拍频振动分析

拍频振动是两个频率非常接近、振幅近似相同的简谐波叠加时，彼此同步进入和退出的结果，这两个频率之差就是拍振频率。

从图 B.7 所示的速度时域信号中不难看出，信号中发生了轻微的拍振现象，振幅随时间做周期性的缓慢变化，当一个频率的时域波形与另一个频率的时域波形同相位进入时，产生最大振动；而当这两个频率相位差 180°时，产生最小振动。从时域波形中可以发现，该拍频的周期大约为 1.6 s。另外，从速度频谱图中，确实可以发现有两个很接近的频率成分——29.375 Hz 和 30 Hz，二者的差值为 0.625 Hz，刚好和时域信号中的拍频周期 1.6 s 吻合，这也更确定了时域信号中确实产生了拍振现象。但由于 29.375 Hz 对应的幅值比 30 Hz 对应的幅值大很多，这不是两个振幅近似相同的简谐波叠加，所以拍振现象不是很明显，与时域信号中的轻微拍振也是一致的。但在齿轮箱运行过程中，应该尽量避免拍振的发生，它会加剧机器的振动，一方面在设计时要尽量避免两个特征频率很接近；另一方面在齿轮箱安装调试时应尽量让齿轮箱处于较好的对中状态，避免由于对中不好而导致高速轴转频 30 Hz 产生较大的幅值，出现更明显的拍振。

B4 结果分析

通过对某风电增速齿轮箱振动测试信号的分析，找到了齿轮箱不同速度测试下的共振点，当高速轴转速在 900 r/min 左右时，齿轮箱出现共振现象；在额定转速 1 800 r/min 时，齿轮箱没有发生共振现象。因此，齿轮箱运行时，应尽量避免在 900 r/min 附近长时间运转。齿轮箱在额定工况下，加速度时域信号未出现大的冲击信号，频域信号中主要以高速级齿轮啮合频率 630 Hz 为主，并且出现了高速级大齿轮转频及其倍频的边带频，但幅值都很小，在合理范围之内，齿轮啮合良好。从速度时域信号和频域信号综合看出，振动总值未超出振动指标，振动主要是由一级行星齿轮啮合频率产生的，并且振动信号中有轻微的拍振现象产生。在齿轮箱运行时，要避免拍振的发生，一方面在设计时要尽量避免两个特征频率很接近；另一方面在齿轮箱安装调试时应尽量让齿轮箱处于较好的对中状态，避免由于对中不好而导致高速轴转频 30 Hz 产生较大的幅值，出现更明显的拍振。

参 考 文 献

[1] 朱剑月，等. 地铁车辆运行舒适性与平稳性评价[J]. 城市轨道交通研究，2007.

[2] 夏禾，等. 城市轨道交通系统引起的环境振动问题[J]. 北方交通大学学报，1999.

[3] 崔培兴. 地铁车辆异常振动问题探讨[J]. 铁道车辆，2001，39（12）：17-20.

[4] 骆志高，等. 齿轮故障诊断研究的国内外现状与发展方向[J]. 矿山机械，2006.

[5] 韩振南. 齿轮传动系统的故障诊断方法的研究[D]. 太原：太原理工大学，2003.

[6] 刘炜. 齿轮故障分析及诊断方法的比较[J]. 工程科学，2007：341-342.

[7] 项文娟. 齿轮箱故障源信号分析方法及系统研究[D]. 杭州：浙江大学，2007.

[8] 成琼. 高斯复小波变换在齿轮故障诊断中的应用[J]. 机床与液压，2008，36（11）：197-198.

[9] 林京，等. 基于连续小波变换的简正波检测与提取技术[J]. 应用声学，2005，24（4）：221-226.

[10] 唐德尧，等. 共振解调技术与机车车辆传动装置故障诊断[J]. 电力机车技术，2002，25（5）：1-5.

[11] 孙振明，等. 齿轮箱故障诊断中信号解调方法的研究[J]. 中国机械工程，2002，13（17）：1 462-1 466.

[12] 赵章焰. 齿轮故障论断模糊判据的研究[J]. 振动与冲击，2000，21（2）：27-29.

[13] WHITE G. Diagnosing a low-speed gearbox problem. A PREDICT Case History. DLI Engineering Corporation,2000. www.DLIengineering.com.

[14] 成琼,于德介,程军圣. 基于高斯线调频小波变换能量谱的齿轮故障诊断[J]. 振动与冲击,2002,3(2):83-86.

[15] 林京. 机械动态信号的小波处理技术[D]. 西安:西安交通大学,1999.

[16] 唐德尧. 共振解调故障诊断技术的特点及应用[J]. 铁道经济研究,2000.

[17] 黄志坚,高立新,廖一凡. 机械设备振动故障监测与诊断[M]. 北京:化学工业出版社,2010.

[18] 杨志伊,郑文. 设备状态监测与故障诊断[M]. 北京:中国计划出版社,2006.

[19] 韩捷,张瑞林,等. 旋转机械故障机理及诊断技术[M]. 北京:机械工业出版社,1997.

[20] 林英志,等. 设备状态监测与故障诊断技术[M]. 北京:中国林业出版社,北京大学出版社,2007.

[21] 王江萍. 机械设备故障诊断技术及应用[M]. 西安:西北工业大学出版社,2001.

[22] 盛兆顺,尹琦岭. 设备状态监测与故障诊断技术及应用[M]. 北京:化学工业出版社,2003.

[23] 丁康,李巍华,朱小勇. 齿轮及齿轮箱故障诊断实用技术[M]. 北京:机械工业出版社,2005.

[24] 杨建刚. 旋转机械振动分析与工程应用[M]. 北京:中国电力出版社,2007.

[25] 陈维金,宋飞飞. 基于MasCon48P系统的高速动车组齿轮传动系统状态监测[J]. 机车车辆工艺,2009(3):34-36.

[26] 金思勤,陈维金. 地铁齿轮传动装置振动试验分析[J]. 机车车辆工艺,2011(2):5-8.

[27] 宋飞飞. 地铁车辆齿轮箱轴承故障诊断系统的应用[J]. 铁道机车车辆工人,2010(10):26-31.

[28] 韩业峰,等. 基于包络谱分析的滚动轴承故障诊断分析[J]. 机械研究与应用,2010,4:118-119.

[29] 喻洪流，陈志佳. 尖峰能量法（GSE）及其在轴承故障诊断中的应用[J]. 设备管理与维修，1999，10：25-27.

[30] 孙巩长. SKF 的加速度包络技术应用探析[J]. 设备管理与维修，2009，3：47-49.

[31] 姬广勤，等. 振动尖峰能量法在滚动轴承监测与诊断中的应用[J]. 电力设备，2005，6（9）：66-68.

[32] 张照煌，等. 基于小波变换的风电机组传动系统故障诊断与分析[J]. 应用基础与工程科学学报，2011.

[33] 张亮. 风力发电机组齿轮箱早期故障诊断方法研究[D]. 大连：大连理工大学，2010.

[34] 时轶. 风力发电机组振动测试技术研究[D]. 新疆：新疆农业大学，2007.